공부는
망치다

| 일러두기 |

《공부는 망치다》라는 제목은
"공부는 망치로 합니다. 갇혀 있는 생각의 틀을 깨뜨리는 것입니다."라는
고故 신영복 교수님의 글에서 아이디어를 얻었음을 밝힌다.

공부는
망치다

지식생태학자 유영만 지음

나무생각

Why • 2 왜 공부하는가?

How ● 3 어떻게 공부할 것인가?

How Much

공부의 정도正道에 이르는 길

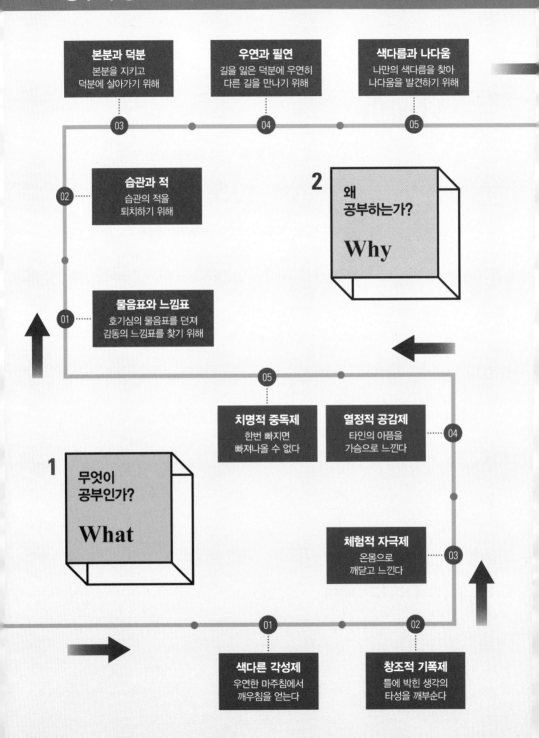

본분과 덕분
본분을 지키고
덕분에 살아가기 위해
03

우연과 필연
길을 잃은 덕분에 우연히
다른 길을 만나기 위해
04

색다름과 나다움
나만의 색다름을 찾아
나다움을 발견하기 위해
05

습관과 적
습관의 적을
퇴치하기 위해
02

2 왜 공부하는가?
Why

물음표와 느낌표
호기심의 물음표를 던져
감동의 느낌표를 찾기 위해
01

05

치명적 중독제
한번 빠지면
빠져나올 수 없다

열정적 공감제
타인의 아픔을
가슴으로 느낀다
04

1 무엇이 공부인가?
What

체험적 자극제
온몸으로
깨닫고 느낀다
03

01

02

색다른 각성제
우연한 마주침에서
깨우침을 얻는다

창조적 기폭제
틀에 박힌 생각의
타성을 깨부순다

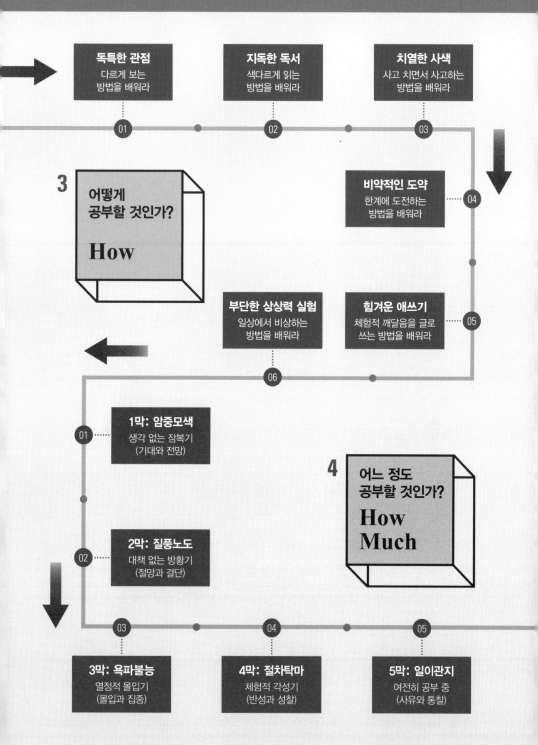

독특한 관점
다르게 보는
방법을 배워라

지독한 독서
색다르게 읽는
방법을 배워라

치열한 사색
사고 치면서 사고하는
방법을 배워라

01 02 03

3

어떻게
공부할 것인가?

How

비약적인 도약
한계에 도전하는
방법을 배워라

04

05

부단한 상상력 실험
일상에서 비상하는
방법을 배워라

힘겨운 애쓰기
체험적 깨달음을 글로
쓰는 방법을 배워라

06

1막: 암중모색
생각 없는 잠복기
(기대와 전망)

01

4

어느 정도
공부할 것인가?

**How
Much**

2막: 질풍노도
대책 없는 방황기
(절망과 결단)

02

03 04 05

3막: 욕파불능
열정적 몰입기
(몰입과 집중)

4막: 절차탁마
체험적 각성기
(반성과 성찰)

5막: 일이관지
여전히 공부 중
(사유와 통찰)

인포그래픽 제작: 리앤컴퍼니, 정리: 나무생각

나는 공부한다.
고로 나답게 살아간다!

공부에는 두 가지 유형이 있다. 성적을 올리거나 뭔가를 성취하기 위한 수단으로 하는 공부와 공부 그 자체가 재미있어서 자발적으로 몰입해서 신나게 빠져드는 놀이로서의 공부다. 성적을 올리기 위한 공부는 어쩔 수 없이 해야 되는 노동이자 수단으로서의 공부지만 나만의 재능이나 적성을 찾아가는 공부는 놀이로서의 공부다. 수단으로서의 공부는 목표가 달성되면 그 순간 공부를 멈추고 다른 목표가 주어질 때까지 기다린다. 나를 위한 공부가 아니라 남에게 보여주기 위한 공부다. 과시하기 위한 공부라서 하면 할수록 오만하고 자만에 빠질 수 있다. 반면에 놀이로서의 공부는 뭔가 되기 위해서 시작한 공부가 아니라 재미있어서 시작한 공부이기에 살아 있는 한 멈출 수 없다. 나다움을 찾아 행복하게 살아가기 위한 공부는 하면 할수록 세상의 모든 것으로부터 배우려는 겸손한 자세를 취하게 된다.

지금으로부터 30여 년 전, 나 또한 인생을 한 방에 역전시키는 방법이 고시 합격이라 생각하고 사법고시를 공부하기로 결심했다. 지금 생각하면 불온한 의도로 시작한 잘못된 공부였다. 나다움을 찾기 위한 놀이로서의 공부가 아니라 견디기 힘든 현실에서 벗어나 입신양명을 하기 위한 수단으로서의 공부였다. 이런 공부는 재미도 없을 뿐만 아니라 의미도 없고 가치도 없는 노동이다. 긴 고민과 방황 끝에 수단으로 붙잡고 있던 책들을 달밤에 불살라버리고 놀이로서의 공부를 시작했다. 우선 책 읽는 재미에 빠져 공부 자체의 즐거움을 만끽하기 시작했다. 내가 책을 읽고 글을 쓰며 공부하는 과정에 흥미를 느낀다는 사실을 발견하게 되었고, 점차 공부와 깊은 사랑에 빠진 나머지 먼동이 트는 새벽녘까지 몰입해서 공부하기 시작했다.

　"사랑하면 알게 되고 알면 보이나니 그때 보이는 것은 전과 같지 않으리라."

　유홍준 전 문화재청장의 《나의 문화유산답사기 1권》[1] 서문에 나오는 글이다. 이 구절의 원문은 "知則爲眞愛 愛則爲眞看 看則畜之而非徒畜也지즉위진애 애즉위진간 간즉축지이비도축야"다. 정조 때의 문장가인 유한준兪漢雋, 1732~1811이 당대의 서화 수장가였던 김광국金光國, 1727~1797의 화첩 《석농화원石農畫苑》에 부친 발문에서 따온 것이라고 한다. 원문은 "알면 곧 참으로 사랑하게 되고, 사랑하면 참으로 보게 되고, 볼 줄 알게 되면 모으게 되니 그것은 한갓 모으는 것은 아니다."로 해석된다. 즉, 원문에서는 '알면 사랑하게 되고'였지만 이를 유홍준이 '사랑하면 알게 되고'로 바꾼 것이다. 위에서 소개한 문장을 공부로 바꿔서 다시 쓰면 이렇다.

"사랑하면 공부하게 되고 공부하면 보이나니 그때 보이는 것은 전과 같지 않으리라."

사람은 사랑에 빠지면 그 상대나 대상에 깊은 관심을 갖고, 더 알기 위해 공부에 빠져든다. 공부에 빠지면 보이지 않았던 부분이 보인다. 그때 보이는 것은 공부하기 전에 봤던 것과는 다르다. 공부는 이렇게 돌이킬 수 없는 변화를 반복하는 과정이다.

공부를 통해서 우리가 닦아야 될 덕목은 단편적 지식이 아니라 내 몸으로 익힌 체험적 지혜다. 지식은 이미 발생한 문제를 푸는 열쇠를 제공하지만 미래를 예견하거나 선견력을 발휘하는 데는 도움이 되지 않는다. 지식이 많다고 저절로 지혜가 쌓이지는 않는다. 습득한 지식을 활용하여 다양한 문제 상황에 실제로 적용하면서 해당 지식이 어떻게 활용될 수 있는지, 어떤 상황에서 효력을 발휘하고 또 어떤 상황에서 무력한지를 체험해봐야 한다. 지능이 높아서 다양한 지식을 남보다 쉽게 습득하는 사람이라 할지라도 한 번도 겪어보지 못한 상황에 직면하면 속수무책인 경우가 많다. 지식이 풍부해도 결정적인 상황에서 신속한 판단과 의사 결정을 통해 과감한 실천으로 안내하는 지혜가 없으면 무용지물이다. 답이 없는 가운데에서도 답을 찾아 나서는 지혜를 습득해서 지성을 갈고닦는 공부가 필요한 이유다.

공부는 도처에 산재한 정보를 조직해서 지식을 만들고 그것을 실제 적용하면서 체험적 깨달음을 얻는 가운데 지혜를 익히는 과정이다. 그래서 지식은 밖에서 얻은 것이지만 지혜는 내 몸으로 터득한 것이다. 남에게 보여주기 위해 공부하는 사람은 화려한 지식으로 자신을 포장하지만 자기다움을 찾아가기 위해 공부하는 사람은 내면적 성찰을 촉진하는 지혜로 무장한다. 아인슈타인은 지혜는 학교 교육을 통해서 배우는 게 아니라 일생 동안 다양한 실험과 모색을 통해 체득한 결과라고 말한다. 진정한 공부는 지식을 습득하는 수준을 넘어 지혜를 쌓는 데 있다.

이 책에서 나는 공부는 낯선 마주침으로 색다른 깨우침을 얻는 과정이며, 굳어져가는 생각의 고치를 깨부수는 망치이자 즐거운 육체노동이라고 정의한다. 그리고 공부는 따뜻한 가슴으로 만나는 공감이며, 돌이킬 수 없는 변화라는 주장을 펼칠 것이다. 무엇보다도 공부는 생각지도 못한 우연한 사건과의 마주침이나 생각지도 못한 상황과의 직면에서 시작된다. 공부를 통해 색다른 깨우침을 얻기 위해서는 타성에 젖은 생각과 습관적인 반복에서 벗어나기 위한 몸부림이 필요하다. 공부는 그렇게 어제보다 나아지기 위해 안간힘을 쓰는 즐거운 육체노동이자 의미심장한 애쓰기다.

공부는 나에게 필요한 지식과 지혜를 습득하는 과정이기도 하지만 내가 습득한 지식과 지혜를 활용하여 나와 관계되는 다른 사람과 공동체가 안고 있는 문제를 해결하기 위해 기꺼이 나의 전문성을 활용하려는 노력이기도 하다. 그래서 공부는 타인이 겪은 아픔을 치유하기 위해 기꺼이 나의 전문성을 활용하는 과정에서 느끼는 깊은 공감이다. 이런 일련의 과정을 통해 공부는 공부하기 이전으로 돌아갈 수 없는 변화를 동반한다. 공부는 결국 나와 세계를 변화시키는 디딤돌이자 원동력으로 작용한다.

공부工夫는 공부功扶다. 있는 힘을 다해서다할 功 내공을 쌓은 다음 그

것으로 남을 도와주는도울 扶 게 공부라는 의미다. 공부工夫라는 한자에 각각 '힘 력力'과 '손 수手'가 추가되어 공부功扶가 되었다. 공부는 어제와 다른 내가 되기 위해 온 힘을 다하는 육체노동이며, 그렇게 쌓은 내공으로 남을 위해 기꺼이 손을 내미는 아름다운 미덕인 것이다. 남을 도와주기 위해서는 우선 남을 도와줄 내공을 닦아야 한다. 그래서 내면적 성숙을 위한 놀이로서의 공부가 우선이다. 공부와 사랑에 빠지면서 내면적 성숙에 필요한 다양한 지혜를 체득한다.

《논어論語》[2] 헌문편憲問篇에 "옛날의 학자들은 자기의 내면을 채우려는 공부를 했는데, 요즘 학자들은 남이 알아주기 위한 공부만 한다古之學者爲己 今之學者 爲人."는 말이 나온다. 자신의 인격을 수양하고 도道를 얻어내려는 공부가 위기지학爲己之學이라면 남에게 보여주고 이목을 끌기 위해 온 정신을 쏟는 공부를 위인지학爲人之學이라고 한다. 위기지학이 나다움을 찾아 나서는 놀이로서의 공부라면 위인지학은 남에게 과시하기 위한 수단으로서의 공부다. 위기지학의 공부는 할수록 자신의 내면적 성숙에 집중하지만, 위인지학의 공부는 할수록 남의 눈을 의식하면서 어떻게 하면 남에게 잘 보일 수 있을지에 집중한다. 위기지학의 공부는 절체절명의 위기 상황에서도 흔들리지 않는 자신을 구축하기 위해 깊은 뿌리를 내리는 데 주력한다. 반면에 위인지학의 공부는 외형적 포장과 치장에 치중한다. 그래서 위기지학이 자기다움의 발견과 인격적 성숙을 추구하는 공부라면, 위인지학은 타인에게 인정받고 이해타산을 따지며 주어진 목적을 달성하기 위한 공부다. 위인지학의 공부는 할수록 내면적 공허감이 깊어지지만 위기지학의 공부는 할수록 내면적 충만감이 깊어진다.

이성복 시인의 《네 고통은 나뭇잎 하나 푸르게 하지 못한다》[3]는 책에 보면 이런 말이 나온다.

"나무가 '되기 위해' 씨앗이 자라는 것은 아니다. 무엇이 된 것들은 또 다른 무엇이 되기 위해, 영원히 무엇이 되지 않기 위해, 끝내는 미쳐버리고 말 것이다. 그러므로 목적 때문에 생을 망쳐서는 안 된다."

무엇이 되기 위한 공부, 남에게 보여주기 위한 공부, 무엇인가를 달성하기 위한 공부는 되고 나면 또 다른 무엇이 되기 위해 공부를 계속해야 한다. 되기 위한 공부는 되는 순간 만족하지만 되고 나면 또 다른 뭔가가 되기 위해 다시 의무적인 공부를 시작한다. 위인지학의 공부가 결과에서 공부의 가치와 보람을 찾는다면 위기지학의 공부는 공부하는 과정 자체에서 가치와 보람을 찾는다. 그래서 공부하는 과정이 살아가는 과정이자 그 사람의 일이다. 앎과 삶과 일이 일체가 되어 행복한 삼중주를 연주하는 공부가 위기지학의 공부다.

공부는 그 자체가 삶이자 목적이다. 공부하는 삶을 통해 어제보다 더 나아지려고 노력할 뿐만 아니라 그 누구도 대체할 수 없는 나만의 아름다움, 즉 나다움으로 색다름을 드러내려고 한다. 나다움을 더욱 빛나게 만들기 위한 위기지학의 공부야말로 공부의 기본이자 핵심이다. 나는 공부한다. 고로 나답게 살아간다.

지식생태학자 유영만
가을이 다가오는 문턱에서

What¹

무엇이 공부인가?

시대가 바뀌어도 공부의 본질은 변하지 않는다. 다만 공부의 방식이 바뀔 뿐이다. 4차 산업혁명이 일어난다고 동시에 공부혁명도 일어나서 이제 인간은 공부를 하지 않아도 되는 세상이 오지는 않기 때문이다. 기술이 혁명적으로 발전한다고 공부를 대신해주는 기술이 발전하지는 않는다. 공부를 도와주는 방법이 효율적, 혁명적으로 발전할 뿐이다.

1장에서는 아무리 사회 변화가 극심하다고 하더라도 변하지 않는 공부의 본질이 무엇인지를 파헤쳐보려고 한다. 공부는 생각지도 못한 자극을 받는 마주침이자 생각의 고치 속에 들어 있는 고정관념이나 타성을 창조적으로 파괴하는 망치질이다. 공부는 생각의 한계를 온몸으로 체험하며 깨닫는 육체노동이다. 온몸으로 체험하는 공부를 하다 보면 타인의 아픔을 나의 아픔처럼 느끼는 공감 능력이 생긴다. 머리로 이해하는 수준을 넘어서 가슴으로 체험적 느낌을 공감할 때 공부의 질적 변화가 일어난다. 나의 공부가 다른 사람의 공부와 만나 공감의 연대로 발전하면서 세상을 변화시킬 수 있는 원동력으로 작용하는 것이다. 이런 공부를 계속하다 보면 공부하면서 깨달은 체험적 교훈 덕분에 공부하기 이전의 상태로 돌아갈 수 없다. 그래서 공부는 돌이킬 수 없는 변화다.

공부에 대한 5대 관점

공부는
낯선
마주침이다

1 색다른 각성제
우연한 마주침에서 깨우침을 얻는다.

공부는
고정관념을
깨부수는
망치질이다

2 창조적 기폭제
틀에 박힌 생각의 타성을 깨부순다.

공부는
즐거운
육체노동이다

3 체험적 자극제
온몸으로 깨닫고 느낀다.

공부는
따뜻한 가슴으로
만나는 공감이다

4 열정적 공감제
타인의 아픔을 가슴으로 느낀다.

공부는
돌이킬 수 없는
변화다

5 치명적 중독제
한번 빠지면 빠져나올 수 없다.

공부는
낯선 마주침이다

공부는 우연한 마주침에서 깨우침을 얻는 색다른 각성제다.

기계는 알고리즘에 없는 예외적인 사건이 발생했을 때 임기응변력을 발휘하여 상황 대응적인 대처를 할 수 없다. 대처가 가능하더라도 축적된 경우의 수에 비례하는 프로그램상의 대처일 뿐이다. 기계는 설계된 알고리즘이나 프로그램대로 반응하지 않으면 위험천만한 문제를 일으킬 수 있다. 그러나 인간이 살아가는 세상은 예측할 수 없는 일들이 많이 발생하는 시계 제로의 일상이다. 그래서 인간에게는 필연성 속에서 인과법칙을 토대로 미래 현상을 예측하는 능력을 개발하는 일이 중차대한 과제다. 하지만 삶은 우연성의 연속인 경우가 많다. 이때 사건과의 우연한 마주침을 통해 새로운 깨우침이나 뉘우침의 교훈을 얻는 인간의 능력은 기계가 대체할 수 없는 신비한 능력이다. 정해져 있지는 않지만 상황적 특수성과 고유함으로 인해 우발적으로 발생하는 사고事故에 대응하는 생각지도 못한 사고思考는 컴퓨터 프로그램으로 만들어 학습시킬 수 없는 인간 고유의 상황맥락지능이자 임기응변력이다. 이처럼 생각지도 못한 지혜는 생각지도 못한 우연한 만남의 축적에서 비롯된다.

"인생 최고의 감독은 우연이다."

영화 〈리스본행 야간열차〉에 나오는 대사다. 마르틴 하이데거도 《존재와 시간》[4]에서 생각지도 못한 사건과 조우하거나 마주칠 때, 낯선 마주침의 순간에 비로소 생각이 깨어나 활동하기 시작한다고 했으며, 프랑스 철학자 질 들뢰즈Gilles Deleuze도 《프루스트와 기호들》[5]에서 전혀 기대하지 않았던 예외적 사건의 발생, 그 사건과의 우연한 마주침, 그리고 그 사건의 '기호'에 대한 해석의 과정에서 인간에게 생각지도 못한 생각의 지혜가 발생한다고 했다. 생각지도 못한 사건과 사고, 우연한 마주침, 예기치 못한 사태 속에서 깨달음의 지혜를 얻는 가운데 생기는 체인지體仁知야말로 기계가 대체할 수 없는 인간 고유의 능력 중에 최고의 능력이 아닐 수 없다.

우연히 떠오른 생각의 단상을 메모장에 끼적거렸던 흔적이 지금 눈앞에서 현실로 펼쳐진다. 우연히 만난 사람과의 짧은 만남이 내 삶의 향방을 송두리째 바꿔놓는 운명적인 만남이 된다. 우연히 집어든 책 한 권이 운명을 획기적으로 바꿔놓는 전환점이 된다. 우연히 지나가다 만난 우발적 사건이나 사고事故가 내 사고思考를 획기적으로 바꾸는 혁명적인 전환점이 된다. 40여 년 전 시골 들판에서 수렵, 어로, 채취, 농경생활을 했던 체험이 생태학적 상상력을 키우는 텃밭이 될 줄 누가 알았으랴. 30여 년 전 우연히 읽은 책 한 권이 운명적인 결단을 내리게 하고 그 과감한 판단과 행동이 오늘의 나를 만드는 초석이 될 줄 누가 알았으랴. 유학 시절 당시 지적 거장들과의 우연한 만남과 학문적 야망에 밤잠을 설쳤던 순간들이 지금 나의 학문적 궤적을 결정할 줄 누가 알았으랴.

들뢰즈가 창안한 '리좀Rhizome'이라는 개념처럼 우발적 접속을 통한 지식의 수평적 확산이 어떤 결말을 맺을지는 아무도 모른다. 우연의 끝은 또 다른 우연으로 접속되어 무한대의 또 다른 우연으로 뻗어나갈 뿐이다. 그 어떤 가르침이 살아가면서 만나는 우연한 만남이나 마주침보다 강력한 깨우침과 뉘우침을 줄 수 있을까. 생각지도 못한 우연한 마주침이 생각지도 못한 삶의 계기나 전기를 마련하고, 그 계기나 전기 속에서 탄생하는 숱한 삶의 역사가 어제와 다른 나를 만드는 원천이다.

"꼭 요란한 사건만이 인생의 방향을 바꾸는 결정적 순간이 되는 건 아니다. 실제로 운명이 결정되는 드라마틱한 순간은 믿을 수 없을 만큼 사소할 수 있다."

영화 〈리스본행 야간열차〉에 나오는 또 다른 대사다. 이걸 공부로 바꿔도 여전히 의미심장하다.

"꼭 거창한 공부만이 인생의 방향을 바꾸는 결정적 순간이 되는 건 아니다. 실제로 운명이 결정되는 드라마틱한 순간은 믿을 수 없을 만큼 가벼운 마음으로 시작한 공부일 수 있다."

회의 전에 우연히 신문을 봤다. 〈경향신문〉의 '오늘의 사색' 코너에 들뢰즈의 《차이와 반복》[6]에 관한 내용이 실려 있었다. 실천적 지혜의 핵심을 정확하게 설명하고 있는 짧은 글이었다. 눈이 번쩍 뜨였다. 예전에 책을 읽을 때는 눈에 들어오지 않았는데, 역시 문제나 위기의식을 갖고 책을 봐야 내 것으로 흡수된다는 사실을 다시 한 번 깨달았다. 문제의식이나 위기의식이 있는 사람이 책을 읽으면 스펀지처럼 빨아들인다. 그렇지 않은 사람이 책을 읽으면 듬성듬성 건성으로 읽는다. 똑같은 책을 읽어도 누군가에는 한 줄기 빛과 같은 단서가 되지만 누군가에게는 의미 없는 정보로 전락해버린다.

세상의 모든 것으로부터 배우는 과정, 때와 장소를 가리지 않고 고민하고 화두의 단서를 잡으려는 집요한 노력이 바로 공부하는 과정이다. 거룩한 문제의식으로 무장한 사람, 평온한 삶 속에서도 현실에 안주하지 않고 언제나 새로운 돌파구를 찾아 떠나는 사람, 위기의식을 갖고 대안을 찾아 꾸준히 공부하는 사람은 어두운 밤길을 밝히는 빛줄기를 만날 수 있다. 한 권의 책을 다 집필하고 뭔가 아쉬운 감이 남아 있던 차에 우연히 발견한 들뢰즈의 메시지에 지금 내가 고심하고 있는 전문성을 어떻게 발전시키고 가르칠 것인지에 대한 핵심이 담겨 있을 줄 누가 알았을까.

생각지도 못한 통찰력은 생각지도 못한 어느 날 갑자기 다가온다. 한순간 갑자기 떠오르는 아이디어는 한순간에 찾아온 아이디어가 아니다. 문제와 오랫동안 씨름한 끝에 불현듯 찾아오는 것이다. 주어진 문제를 끌어안고 온몸으로 고심하는 사람에게만 기회의 문이 열린다. 짤막한 신문 기사에서 발견한 단상이 원전인 《차이와 반복》을 다시 들춰보는 계기를 마련했다. 동일한 텍스트라고 할지라도 언제 누가 어떤 문제의식으로 읽어내느냐에 따라 전혀 다른 의미로 다가온다. 저자의 손을 떠난 텍스트는 독자의 무한한 상상력에 의해 재창조되는 것이다.

다시 《차이와 반복》의 서문을 읽어보았다. 서문을 읽는 와중에 예전에 학술저널에서 읽은 김재춘, 배지현의 〈들뢰즈 철학에서 '배움'과 '가르침'의 의미와 관계 탐색〉이라는 논문이 연상되었다. 들뢰즈의 철학 중에서 배움과 가르침의 핵심을 도출, 그 의미를 분석한 논문이다. 들뢰즈의 책, 그리고 들뢰즈의 배움과 가르침을 주제로 한 논문을 동시에 읽어보면서 전문가 육성에 관한, 또는 전문성을 습득하는 과정에 관한 단서를 잡게 되었다. 동시에 인류학자 레비스트로스가 《야생의 사고》[7]라는 책에서 주장하는 브리꼴레르, 즉 답이 없는 가운데에서도 현재 사용 가능한 도구를 변용하여 주어진 문제 상황을 탈출하는 사람이 연상되었고, 아리스토텔레스의 《니코마코스 윤리학》[8]에 나오는 미덕을 갖춘 최고 경지의 전문성, 즉 아레테arete 와 실천적 지혜인 프로네시스phronesis, 그리고 맥가이버가 동시에 연상되면서 미래 사회가 요구하는 전문가가 어떻게 될 것인지를 구상했다. 지금 내 고민 중의 하나는 자기 전공과 직간접적으로 관련된 인접 유관 분야의 지식을 융합하여 새로운 지식을 창조하는 브리콜라주적 지식인에 대한 것이다.[9] 브리콜라주적 지식인은 깊이 파고들면서 정보의 바다에서 건져 올린 색다른 정보를 편집하고, 자신의 전공 지식을 남다른 방식으로 창조한다. 나아가 지식의 바다에서 색다른 전공 분야의 지식과 이전과는 다른 융합을 시도함으로써 새로운 지식을 부단히 창조한다.

책을 쓰는 과정 자체가 다양한 정보를 남다른 방식으로 뒤섞고 버무리는 정보 편집력과 색다른 전공 분야의 지식을 융합, 새로운 지식을

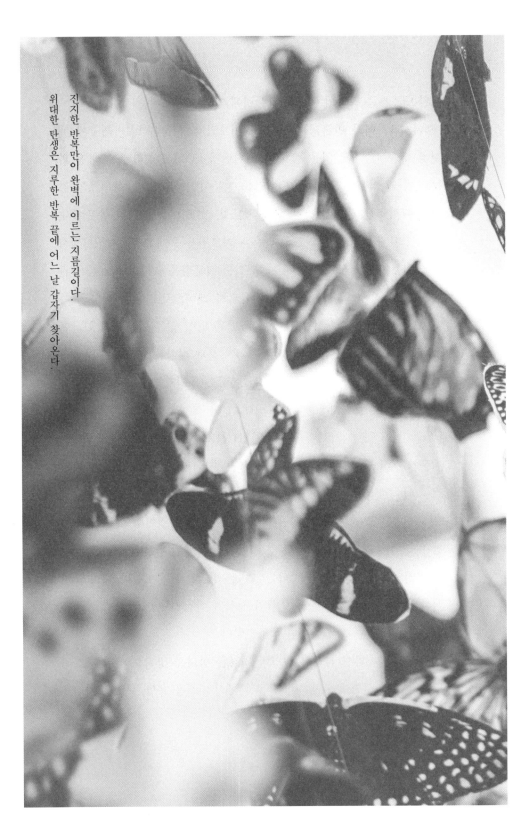

진지한 반복만이 완벽에 이르는 지름길이다.

위대한 탄생은 지루한 반복 끝에 어느 날 갑자기 찾아온다.

창조하는 지식의 연금술을 보여주는 좋은 사례가 될 수 있다. 들뢰즈가 《차이와 반복》에서 주장하는 배움과 가르침, 레비스트로스의 《야생의 사고》에 나오는 브리꼴레르, 그리고 아리스토텔레스의 《니코마코스 윤리학》이 지향하는 아레테와 프로네시스가 융합되어 이상적인 전문성을 습득하는 방법을 개발한 것이다. 그 방법을 알고 있는 브리꼴레르가 다름 아닌 맥가이버로 상정되면서 맥가이버가 보유한 비장의 무기에서 미래의 전문가가 지녀야 될 이상적인 전문성의 단초를 발견한다. 맥가이버는 세상의 사물과 물건 또는 도구들이 뿜어내는 의미를 주어진 문제 상황에 어떻게 활용할 것인지를 주체적으로 재인식하고 재해석하면서 해결의 실마리를 찾아 나선다. 맥가이버의 위기 탈출 능력을 배우고 싶은 사람은 맥가이버와 함께 문제 상황에 직면해서 엎어지고 깨지면서 몸으로 체득하는 수밖에 없다. 책상머리에서 배운 지식은 일상에서 형편없이 무너지고 만다. 일상은 책상과 다르게 시시각각 변화하는 상황에서 어떤 변수와 요인들이 개입되어 변화를 일으킬지 예측할 수 없는 상황이다. 관여하는 사람이 다르고, 사건이 발생하는 환경과 시간도 다르다.

들뢰즈에 따르면 가르치고 배우는 방법에는 두 가지 유형이 있다. '나처럼 해봐'형 교육과 '나와 함께 해보자'형 교육이다. '나처럼 해봐'형 교육은 가르치는 전문가의 전문성이 배우는 비전문가의 기준이자 정답이다. 비전문가는 전문가가 지닌 전문성을 그대로 모방하는 데 전력투구한다. 전문가는 어떻게 전문성을 습득할 것인지 계획을 세워 비전문가에게 구체적인 절차와 방법, 실무적 지침이 들어 있는 매뉴얼을 제시하고 그대로 따라 할 것을 강조한다. 이에 반해 '나와 함께 해보자' 형 교육은 전문가의 전문성이 비전문가가 그대로 모방할 수 있는 노하우는 아니라고 규정한다. 나아가 전문가의 전문성은 전문가가 비전문가에게 일방적으로 가르친다고 해서 습득되지 않는다. 전문가의 전문성은 비전문가가 그대로 모방하거나 이상적으로 지향해야 될 기준이나 표준이 되지 못한다. 가르침이라는 말이 과연 의미가 있을까? 일본의 경영 컨설턴트 오마에 겐이치는 《지식의 쇠퇴》[10]라는 책에서 누가 누군가를 일방적으로 가르치는 teaching은 더 이상 의미가 없을지도 모른다고 이야기한다. teaching은 답이 있다는 전제하에서 스승이 학생을 대상으로 무엇인가를 일방적으로 가르치는 행위다. 그런데 오마에 겐이치가 《난문쾌답》[11]에서 주장하는 바와 같이 '답이 없는 시대'에는 스승과 제자가 머리를 맞대고 함께 헤매는 방법밖에 없다. 스승과 제자가 머리를 맞대고 다양한 탐험과 시도를 하면서 생각지도 못한 대안을 찾아 나서는 배움의 여정은 들뢰즈가 《차이와 반복》에서 말하는 '나와 함께 해보자'는 가르침의 방법이다.

"수영하는 사람의 운동은 물결의 운동과 닮지 않았다. 정확히 말하자면, 우리가 모래사장에서 재생하는 수영 교사의 운동은 물결의 운동에 비하면 아무것도 아니다. 우리가 그 물결의 운동에 대응하는 방법을 배우는 것은, 실천적 상황 안에서 그 운동들을 어떤 기호들처럼 파악할 때나 가능한 일이다. 아무개가 어떻게 배우는가를 말한다는 것이 그토록 어려운 것은 바로 그런 이유 때문이다. 즉, 거기에는 선천적이든 후천적이든 어떤 실천적인 친밀성, 기호들에 대한 친밀성이 존재한다. 이 친밀성을 통해 모든 교육은 애정의 성격을 띤 어떤 것이 되지만 또한 동시에 치명적인 어떤 것이 된다. 우리는 '나처럼 해봐'라고 말하는 사람 곁에서는 아무것도 배울 수 없다. 오로지 '나와 함께 해보자'라고 말하는 사람들만이 우리의 스승이 될 수 있다."[12]

배움은 언제나 상황 의존적이다. 즉, 배운다는 것은 특정한 상황에서 특정한 생각과 행동을 몸으로 익히는 것이다. 수영은 물결이 시시각각 바뀌는 상황에서 배워야 한다. 그렇지 않고 책상에 앉아서 수영 코치로부터 듣는 설명과 시범을 통한 관찰은 실제 수영하는 데 필요한 지식과 기술의 극히 일부분일 뿐이다. 수영 코치가 '나처럼 해봐' 하며 보여주는 시범은 수영을 배우려는 사람들에게는 가까이 하기에는 너무나 먼 스승의 몸동작일 뿐이다. 수영을 배우고 싶은 사람은 물결치는 물속으로 뛰어들어가 직접 몸으로 익혀야 한다. 물이 나에게 보내주는 신호를 신체 감각으로 받아들이고 몸동작에 따라 다른 물결의 미묘한 차이 역시 신체적 감각으로 반복해서 익혀야 한다.

지루한 반복, 그러나 진지한 반복만이 완벽에 이르는 지름길이다. 지겹지만 어떻게 해서든지 해내려고 애쓰는 마음이 어제와 다른 나를 만들어준다. 위대한 탄생은 지루한 반복 끝에 어느 날 갑자기 찾아온다. 들뢰즈에 따르면 "이 반복은 더 이상 같음의 반복이 아니다. 그것은 다름을 포괄하는 반복이고, 하나의 물결과 몸짓에서 또 다른 물결과 몸짓으로 이어지는 차이를 포괄하는 반복, 이 차이를 그렇게 구성된 반복의 공간으로 운반하는 반복이다. 배운다는 것, 그것은 분명 어떤 기호들과 부딪히는 마주침의 공간을 만들어간다는 것이다."¹³ 우연한 마주침이지만 그 마주침이 어제와 다른 깨우침과 가르침을 주고 뉘우침을 준다. 마주침 없이는 깨우치는 공부가 발생하지 않는다. 당사자가 생각하기에는 지루한 반복이지만 어제와 다른 반복이다. 어제와 다른 차이를 발생시키는 반복인 것이다. 차이가 드러나는 무한 반복이 어제의 나와 질적으로 다른 차이를 만들어준다.

들뢰즈는 어떤 기호들과 부딪히는 마주침의 공간을 만들어가는 과정으로 배움을 정의하고 있다. 여기서 말하는 기호란 배움의 장면에서 마주치는 사물이 배우는 사람에게 보내는 신호다. 예를 들면 나무를 배우고 싶은 사람에게 기호는 나무가 말하고 싶은 내면의 목소리다. 수영을 배우는 사람에게는 매 순간 마주치는 물결이 말하고 싶은 의도다. 수영을 제대로 배우고 싶으면 물결의 신호를 해석하고 물결과 혼연일체가 되어야 한다. 그런데 지금 이 순간 만나는 물결을 동일한 장소에서 내일 만난다고 해도 그것은 오늘과 다른 물결이다. 매 순간 다른 물결을 만나 그 물결이 말하고 싶은 의도와 내가 혼연일체가 되는 과정이 바로 수영을 배우는 과정이다.

공부는 고정관념을
깨부수는 망치질이다

공부는 틀에 박힌 생각의 타성을 깨부수는 창조적 기폭제다.

철학자 강신주는《철학 삶을 만나다》[14]에서 독일의 철학자 하이데거와 프랑스 철학자 들뢰즈의 주장을 인용하면서 "인간의 생각이란 낯섦과 불편함을 친숙함과 편안함으로 바꾸려는 '자기 배려'"라고 표현하고 있다. 이 말은 내 앞에 펼쳐지는 일상이 낯설거나 불편하지 않고 평상시대로 편안하게 펼쳐진다면 생각도 틀에 박힌 대로 돌아간다는 말이다. 내 생각이 시작되려면 뭔가 낯선 상황과 부딪히거나 불편한 상황과 마주쳐야 한다는 것이다.

생각지도 못한 '생각의 임신'은 생각지도 못한 일을 마주치거나 생각지도 못한 일을 의도적으로 저질러서 색다른 체험을 할 때 일어난다. 공부가 이전과 다른 생각을 하는 과정이라면 결국 뭔가 새로운 공부가 시작되려면 기존 생각대로 풀리지 않는 문제에 직면해야 된다. 기존 생각을 넘어서는 생각지도 못한 공부는 생각지도 못한 마주침에서 비롯된다. 생각지도 못한 낯선 마주침은 생각지도 못한 뉘우침과 깨우침을 가져다준다. 진정한 공부는 내 생각에 파란을 일으키고 심각한 불안감에 휩싸이게 만들 수 있는 생각지도 못한 불편한 사건이 발생할 때 비로소 시작된다.

하이데거도 《존재와 시간》[15]에서 생각지도 못한 사건과 조우할 때 비로소 생각이 깨어나 활동하기 시작한다고 했다. 들뢰즈도 전혀 기대하지 않았던 예외적 사건의 발생, 그 사건과의 우연한 마주침, 그리고 그 사건의 '기호'에 대한 해석의 과정이 바로 생각하는 과정이라고 《프루스트와 기호들》[16]에서 말하고 있다. 여기서 말하는 기호는 주체가 하는 말과 보여주는 모든 몸짓을 포함한다. 평소에 볼 수 없었던 이상한 언행을 봤다면 그것이 어떤 의미인지를 해석해내려는 과정에서 생각이 시작된다.

"배우기만 하고 생각하지 않으면 사리에 어둡고, 생각만 하고 배우지 않으면 위태롭게 된다 子曰 學而不思則罔 思而不學則殆."

《논어》[17]의 위정편爲政篇 제15장에 나오는 말이다. 배우는 내용들이 지금 여기서 무슨 의미가 있으며, 이것을 안다는 것이 나에게 어떤 시사점을 던져주는 것인지 깊이 사색하는 시간을 갖지 않으면 나의 깊은 깨달음으로 연결되지 않는다. 또한 생각만 하고 내 생각의 틀을 깰 수 있는 새로운 내용을 공부하지 않으면 과거의 생각에 안주하여 비슷한 생각을 무한 반복하는 어리석음에 빠질 수 있다. 공자의 이 말을 다르게 바꿔서 확장 해석해도 큰 무리는 없을 것이다.

"배우기만 하고 실천하지 않으면 자기 고집에 빠질 수 있고, 실천만

하고 배우지 않으면 어제와 다른 나를 만날 수 없다."

배운 내용學을 내 것으로 만드는 시행착오 과정을 통해 내 것으로 만드는 과정習을 거치지 않으면 관념적 생각의 거품에 휩싸여 내 생각의 옳고 그름을 판단할 수 없다. 또한 배우지 않고 실천만 반복하면 올바른 실천의 방향을 설정할 수 없을 뿐만 아니라 이전과 다른 실천을 하기가 어려워진다. 올바른 공부는 배움과 익힘, 생각과 실천의 두 바퀴가 맞물려 돌아가는 깨달음의 과정이다. 배운 바를 익히는 과정에서 머리로 배운 관념이 실천적 지혜로 내 몸에 체화되는 것이다.

고故 신영복 교수는 《감옥으로부터의 사색》에서 "실천이 없는 이론은 한 발 걸음"이라고 주장하면서 다음과 같은 일화를 소개한다.

"우리 방에서 가장 빨리 달리는 20대의 청년과 가장 느린 50대의 노년이 경주를 하였습니다. 청년은 한 발로 뛰고 노년은 두 발로 뛰는 일견 공평한 경주였습니다. 결과는 예상을 뒤엎고 50대 노년이 거뜬히 이겼습니다. 한 발과 두 발의 엄청난 차이를 실감케 해준 한판 승부였습니다. 징역살이에서 느끼는 불행 중의 하나가 바로 이 한 발 걸음이라는 외로운 보행입니다. 실천實踐과 인식認識이라는 두 개의 다리 중에서 '실천의 다리'가 없기 때문입니다. 사람은 실천 활동을 통하여 외계의 사물과 접촉함으로써 인식을 가지게 되며 이를 다시 실천에 적용하는 과정에서 그 진리성이 검증되는 것입니다. 실천은 인식의 원천인 동시에 그 진리성의 규준이라 합니다. 이처럼 '실천 → 인식 → 재실천 → 재인식'의 과정이 반복되어 실천의 발전과 더불어 인식도 감성적 인식에서 이성적 인식으로 발전해갑니다."[18]

흐르지 않는 물이 썩고, 발전하지 못하는 생각이 녹슬 수밖에 없듯이 실천이 뒤따르지 않는 생각은 진위 여부가 검증되지 않은 채 반복되는 절름발이 사유에 머무른다. 신영복 교수에 따르면 실천 없는 생각은 곧 인식의 좌절이자 사고의 정지를 의미한다. 결국 공부는 책상에서 배운 이론적 앎을 문제 상황에 적용하면서 체험적으로 깨닫는 가운데 인식에 대한 재인식이 반복되는 과정이다. 앎이 삶을 무대로 싹트지 않거나 삶이 앎을 매개로 성찰되지 않는다면 앎과 무관한 삶, 삶과 분리된 관념적 앎이 자라기 시작한다.

문제는 공부를 하면 할수록 생각이 복잡해지고 밑도 끝도 없는 허탈감과 좌절감이 찾아들며 때로는 심한 우울증을 동반하기도 한다는 데 있다. 알면 아픈 게 공부다. 그래서 공부는 기존 앎에 생긴 생채기를 이전과 다른 공부로 치료하는 쉽지 않은 고행이자 수행의 연속이다.《정희진처럼 읽기》라는 책을 읽다가 다음 문장을 만나고 한참 동안이나 책을 덮고 이 글을 썼다.

"생각할수록 공부할수록 무지의 공포는 비례 상승한다. 나 자신이 작아지고 우울해진다. 우울은 공부의 벗. 공부를 멈추지 않는 사람은 겸손하다. 자신에게 몰두한다. 계속 자기 한계, 사회적 한계와 싸워야 하기 때문이다. 계속 공부하는 사람이 드문 이유다. 하지만 분명한 점은, 생각하기를 두려워하는 사회는 생각하는 고통보다 더 큰 고통을 치러야 한다는 사실이다."[19]

여기서 말하는 생각은 그냥 책상에 앉아서 생각하는 관념적인 생각이 아니다. 자신이 생각한 바를 실천하면서 이루어지는 생각이다. 실천 과정에서 부딪히며 나타나는 생각의 불협화음에 대한 생각과 새로운 깨달음에 대한 생각이다. 생각 없는 실천은 무모하며 실천 없는 생각은 관념으로 전락할 수 있다.

생각하면서 배우고 배우면서 생각하는 선순환의 과정을 거치면서 공부의 깊이와 넓이도 심화·확산되는 것이다. 그래서 생각에 머무는 생각은 아직 공부가 아니다. 사람은 태어날 때부터 자기중심적으로 생각하는 과정을 태생적으로 반복해왔다. 기존 생각의 범위 내에서 기존에 짜인 프레임대로 습관적으로 생각하는 것이다. 생각의 프레임에서 벗어나기란 불가능에 가깝다. 진정한 공부는 틀에 박힌 생각에서 벗어나 뜻밖의 비정상적인 생각을 하면서 내 생각도 틀릴 수 있음을 치열한 실천 체험을 통해 뼈아프게 깨닫는 과정이다.

"문제는 자기-생각이라는 게 워낙 타인을 배제하는 속성에 젖어 있다는 것이다. 실은 생각이 적어서 공부가 모자란 것이 아니다. 실없이 생각이 많은 데다 결국 그 생각의 틀 자체가 완고한 테두리를 이루는 게 오히려 결정적인 문제다… 생각은 외래적 기원을 잊고 무서울 정도로 자기 자신만을 돌아본다. 그리고 그 잡다한 생각이 다발들로 테두리를 짓고 벽을 쌓아 올리며 일희일비하는 것이다."[20]

공부는 결국 생각의 고치 안에 안주하고 있는 생각을 망치로 깨부수는 고통스러운 과정이다. 망치는 망치는 도구가 아니라 생각의 가치를 배가시키는 창조의 도구다.[21] 공부는 타성에서 벗어나 고정관념을 망치로 깨부수고 새로운 생각을 잉태하는 과정이다. 그래서 공부는 과거의 체험과 생각에 닻을 내리고 붙어 있는 통념을 버리고 비우는 망각의 과정이기도 하다. 즉, 뭔가를 배우기 이전에 버리고 비우면서 망각하는 과정unlearning이 필요하다. 새로운 배움 이전에 창조적 파괴를 통한 비움의 과정이 일어나야 색다른 깨달음이 동반되는 공부가 자리를 잡는다.

망치를 파괴의 도구가 아니라 창조의 도구로 활용하면서 생각의 고치를 깨부순 공부의 모델이 있다. 바로 철학자 니체와 예술가 미켈란젤로다. 니체를 망치 철학자라고 한다. 기존의 철학을 부수고 그 위에 새로운 철학의 집을 지었던 철학자였기 때문이다. '위험한, 너무나 위험한' 사상가 니체를 지금 우리가 읽어야 하는 이유는 그의 철학에서 낡은 틀을 깨부수는 망치 철학의 진수를 맛볼 수 있기 때문이다. 니체는 근대를 마감하면서 플라톤Plato 이후 2,500년간 서구인들이 신봉해왔던 전통적 가치관을 가차 없이 깨부쉈다. 그는 낡은 가치관을 전복하고 새로운 가치를 창조하기 위한 도구로 망치를 활용했다. 그는 기존의 사유 체계를 망치로 부수면서 이전 철학에서 보여준 자신의 얼굴과는 전혀 다른 천 개의 얼굴을 지니려고 노력했으며, 이전 철학이 추구했던 길과 전혀 다른 천 가지 길을 가려고 했다. 삶과 철학이 분리되지 않은 채 글이 곧 그의 삶이고 삶이 곧 그의 철학으로 반영되면서 앎과 삶과 옳음을 언제나 일치시키려 전력투구했던 생철학자였던 것이다.

니체가 주장한 철학적 개념 중에 영원회귀라는 말이 있다. 영원회귀는 동일한 사건이 반복해서 일어나는 게 아니다. 오히려 영원회귀는 모든 것을 반복하되 이전과 다른 차이를 반복해서 생성하는 움직임이다. 이전과 다른 차이를 반복할 때 그 반복은 단순 반복이 아니라 새로운 창조를 잉태하는 반복이며, 그 반복이 바로 영원회귀다. 영원회귀도 결국 니체에게는 새로운 차이를 반복해서 생성하는 창조적 파괴의 다른 이름이다. 미래를 창조하려면 과거를 파괴하고 그 위에 살고 싶은 새로운 미래를 건설해야 한다. 니체가 망치를 들고 부수는 행위는 새로운 창조를 전제로 하는 창조적 파괴다.

망치를 창조의 도구로 활용한 또 한 사람은 미켈란젤로다. 망치 하나로 대리석에 평생 영혼을 심으려 했던 미켈란젤로는 1475년에 태어나 89세로 눈을 감기까지 망치를 파괴의 도구가 아닌 위대한 창조의 도구로 삼았다.

"이제 예술에 입문했는데 벌써 이 세상과 이별이라니."

그가 죽음 앞에서 마지막으로 한 말이다. 그는 여섯 살 때부터 어딜 가나 망치를 들고 다니면서 예술적 영혼을 불살랐다. 죽기 3일 전에도 망치를 손에 들고 그의 마지막 예술적 열정을 불살랐다고 한다. 미켈란젤로와 관련된 의미심장한 일화도 많다. 하루는 미켈란젤로가 볼품없는 바위 앞에 서서 망치와 정을 꺼내 작품을 조각하기 시작했다. 한 사람이 지나가다가 그 모습을 보고 물었다.

"무엇하러 그런 흉측스러운 바위에 시간을 낭비하는 겁니까?"

그러자 미켈란젤로가 말했다.

"이 바위 안에 아름다운 천사가 갇혀 있거든요. 그 천사를 밖으로 꺼내려고 애쓰는 중입니다."

조엘 오스틴의《긍정의 힘》[22]에 실린 일화다.

실제로 미켈란젤로가 이 바위를 얻은 이야기가 전해진다. 어느 날 대리석 상점에 있는 대리석을 보고 미켈란젤로가 주인에게 값을 물었다. 그러자 상점 주인이 "그냥 가져가십시오. 지난 10년간 그것을 팔려고 했지만 아무도 사가지 않았습니다. 가게는 비좁은데 그것이 큰 자리를 차지하고 있으니 여간 골칫거리가 아닙니다."라고 말하지 않겠는가. 대리석을 공짜로 얻은 미켈란젤로는 그 후 약 1년 동안 마리아가 십자가에서 내려진 예수 그리스도를 껴안고 있는 조각상을 만들었다. 1년 후에 대리석 상점 주인이 그 조각상을 보고 물었다.

"어떻게 이런 훌륭한 조각품을 만들 수 있었습니까?"

미켈란젤로가 대답했다.

"내가 이 대리석 앞을 지나치려 하는데, 예수가 나를 불렀습니다. 그리고 이렇게 말씀하시더군요. '나는 지금 이 대리석 속에 누워 있다. 불필요한 부분들을 떼어내 내 모습이 드러나게 하라.' 대리석 안을 들여다본 나는 어머니 무릎에 누운 예수의 형상을 봤던 것입니다. 나는 단지 예수가 시키는 대로 불필요한 부분을 조아냈을 뿐입니다."

공부는 즐거운
육체노동이다

공부는 온몸으로 깨닫고 느끼는 체험적 자극제다.

공부가 시작되는 무대는 언제나 지금 여기다. 내가 서 있는 지금 여기의 위치를 파악하는 게 공부의 시작이다. 미지의 세계로 떠나기 위한 공부도 지금 내가 서 있는 위치를 정확히 파악하는 과정부터 시작해야 한다. 지금 여기에 발을 딛지 않고 저기를 지향하는 공부는 뿌리 없이 성장하려는 식물과 다를 바 없다. 뿌리를 깊이 내리지 않고는 높이 성장할 수 없다. 그 뿌리를 내리는 공부의 무대는 언제나 지금 여기다.

내가 살아가는 일상이 곧 공부의 무대다. 현장에서 일어나는 모든 현실이 내 공부의 진실을 결정한다. 지금 여기서 발생하는 삶의 여러 가지 문제 해결에 아무런 도움을 주지 않는 공부는 삶과 유리된 관념적 파편의 축적일 수 있다. 경영학이 경영 현장을 무시하고 교육학이 교육 현장을 무시한다면 경영학과 교육학의 존재 이유는 어디서 찾을 것인가? 지리학이 전국의 지리 현장을 발로 뛰어다니지 않고 책상에서만 연구한다면 지리에 담긴 현장의 의미를 이해하지 못할 뿐만 아니라 지리에 담긴 현실적 의미는 물론 역사적 의미를 왜곡할 수 있다.

공부는 현실을 박차고 지금 여기서 미지의 세계인 저기로 부단히 떠나는 과정이다. 만약 공부가 이상을 지향하지 않고 현실에 머물러 있다면 지금 여기가 전부인 것으로 착각할 수 있다. 지금 여기를 벗어나 다른 곳으로 가봐야 지금 여기가 전부가 아니라는 걸 알 수 있다. '부夫' 자를 가만히 보면 공工을 관통하는 사람人이 들어 있다. 부지런히 공부하다 보면 하늘天과 땅地 사이에 존재하는 격차를 메워서 연결하는 부夫가 될 수 있다는 말이다. 부夫는 '하늘 천天' 자 위로 사람의 의지가 하늘을 찔러 솟아오른 모양이다. 공부는 이상적인 목적지인 하늘에 도달하고도 거기에 만족하지 않고 또 다른 이상향을 향해 도전을 멈추지 않는 열정적인 탐험 여정이다. 공부가 미완성인 이유는 이 정도면 됐다고 생각하는 만족의 상태가 존재하지 않기 때문이다.

지금 여기에 도달한 공부는 지금 여기서는 최고의 수준이지만 아직 경지에 이르기에는 갈 길이 멀다. 경지는 언제나 상대적 개념이다. 최고 수준의 경지는 지금 여기에 명사 형태로 존재하는 현재가 아니라 미래의 언젠가 도달할 수 있는 동사로서의 미래 시제다. 경지는 도달한 결과로서의 명사적 개념이 아니라 영원히 노력해도 도달할 수 없는 과정으로서의 동사적 개념이다. 부夫에는 '큰 대大' 자도 들어 있다. 크게大 되기 위해 현실地을 발판 삼아 하늘 끝天을 향해 매진하는 인간人의 모습을 닮았다.

공功을 들여 공부工夫를 계속하다 보면 그 분야의 왕王도 될 수 있다.

왕王은 공부를 계속하면서 하늘과 땅을 연결하려는 인간의 노력工이 어느 정도 경지에 이르렀을 때 공工 사이에 가로로 줄이 하나 더 생겨서 비로소 될 수 있는 경지다. '임금 왕王'은 '주인 주主'가 변형된 글자다. 주主는 촛대의 심지에서 불丶이 타고 있는 모양이다. 어떤 분야의 주연 배우가 되려면 부단히 배워야 한다. 배우는 사람만이 자기 삶의 주인主人 행세를 할 수 있다. 주인이 된 사람은 주체적 의지로 '어둠'을 밝혀 '얻음'으로 창조해낼 수 있다. 배움learn은 그래서 얻음earn이다. 지금과 다른 뭔가를 얻기earn 위해서는 이전과 다른 방법으로 부단히 배워야learn 한다. 배우지 않고서는 색다른 깨달음도 얻을 수 없다.

경지에 이르는 공부의 왕도王道는 없다. 이상을 향한 꿈을 꾸면서 현실적 벽을 넘어서기 위해 안간힘을 쓰는 것만이 공부의 왕도에 이르는 길이다. 밭을 가는 농부가 게으름을 피우며 경작하지 않으면 밭에는 아무런 농작물이 자라지 않듯이 마음의 밭을 가는 공부를 게을리하면 아무런 사상적 열매도 거둘 수 없다.

"공부工夫의 옛 글자는 사람이 도구를 가지고 있는 모양입니다. 농사지으며 살아가는 일이 공부입니다. 공부란 삶을 통하여 터득하는 세계와 인간에 대한 인식입니다. 그리고 세계와 인간의 변화입니다. 공부는 살아 있는 모든 생명의 존재 형식입니다. 그리고 생명의 존재 형식은 부단한 변화입니다."[23]

공부工夫는 '장인 공工' 자에 '아비 부夫' 자가 합쳐진 말이다. '공工' 자는 도구 혹은 연장의 모양을 취하고 있다. '부夫' 자는 남편 혹은 사내를 나타낸다. 그래서 공부工夫는 도구를 들고 있는 건강한 사내를 일컫는다. 신영복 교수도 공부工夫란 쟁기를 들고 서 있는 사내, 즉 농사짓는 일과 같다고 해석했다. 농사짓는 일이 앉아서 머리만 굴리는 일이 아니듯 공부工夫는 몸을 움직여 애쓰는 과정이다. 공부는 그만큼 온몸으로 한다는 의미를 내포하고 있다.

공부工夫의 공工은 정신노동이 아니라 육체노동이다. 공부는 몸Mom을 전제로 한다. 몸이란 정신Mind과 육체Body의 이분법적 분할을 거부하는 인격 전체를 말하는 것이다.[24] 공부에 해당하는 중국말은 쿵후功夫다. 쿵후는 잘 아는 바와 같이 앉아서 생각을 단련하는 정신노동보다 직접 몸을 움직여 단련하는 육체노동에 가깝다. 물론 그 육체노동은 정신노동과 병행한다. 이런 점에서 책상에 앉아서 생각하고 머리를 쓰는 전통적인 의미의 공부는 몸과 마음이 분리되지 않은 인격체로서의 단련을 의미하는 쿵후와는 거리가 멀다. 무술을 배우기에 앞서 몸을 만드는 쿵후를 하듯, 제대로 된 공부를 시작하기에 앞서 몸을 단련하여 지식을 체화시키는 지루한 반복 학습이 필요하다.

"제대로 된 공부는 몸에 관성을 새겨넣는 것이다."[25]

체험하지 않고도 책상에 앉아서 머리로 이해할 수 있지만 체험하지 않고는 가슴으로 느낄 수 없다. 아무리 위대한 생각이나 아이디어라고 할지라도 내 몸이 수반되는 체험이 동반되지 않는 공부는 관념적 파편에 머무를 수 있다. 머리로 계산하고 논리적으로 판단하는 공부보다 몸으로 부딪히며 체험적으로 깨달은 통찰력과 직관적 판단력이 나에게 피가 되고 살이 되는 지식이자 지혜다.

제대로 공부를 하려면 발로 뛰어다니면서 현장을 만나야 되고 거기서 진실을 캐내야 된다. 관련된 사람을 만나 인터뷰하고 기록하고 관련 논문이나 책을 수없이 읽어내야 한다. 그리하여 조목조목 따지고 연결시키고 비교하고 대조하고 치밀하게 분석하여 그것이 우리 사회 또는 공동체에 던지는 의미가 무엇인지를 해석해야 한다. 그러려면 엄청난 체력이 요구된다. 집요하고 끈질긴 탐구심, 지치지 않는 열정, 수시로 찾아오는 좌절감을 이겨낼 수 있는 긍정과 낙관, 그리고 미래에 대한 불안감을 친구로 데리고 살아가야 한다. 체력이 뇌력을 낳고 근육량이 사고량을 지배할 수 있다. 나약한 몸으로는 엄청난 독서량과 자료 수집력, 그리고 언제 끝날지 모르는 분석 과정을 온전히 견뎌낼 수 없다. 공부는 머리가 하는 것이라고 생각하는 사람은 관념의 파편을 양산할 뿐 다른 사람의 공감을 일으키거나 신념을 흔들어 파란을 일으킬 수 없다.

공부는 앉아서 하는 게 아니라는 점은 철학자 김영민 교수의 일침에서도 확인할 수 있다.

"무릇 인문학의 공부란 자기 자신의 생각들이 자연스럽지 않다는 사실을 사뭇 뼈아프게 깨치는 일련의 사건들이다. 혹은 괴델K. Godel을 원용해서 말하자면 그 생각의 일부로써 그 생각의 틀을 정당화할 수 없다는 사실에 부딪쳐서 자빠지는 일이다. 혹은 내 '생각'만으로는 영영 너의 '사실'에 접근할 수 없다는 사실, 그래서 내 생각의 막을 찢고 나가는 모종의 실천적 근기가 없이 들먹이는 관념적 상호 소통의 이상이 종종 공소하다는 사실을 느리지만 지며리 깨쳐가는 과정들이다."[26]

그래서 진정한 공부는 생각의 고치를 망치로 깨부수고 밖으로 나가 생각의 한계를 온몸으로 체험하며 깨지는 과정이다. 생각은 아무리 거듭해도 자기 생각의 한계 내에서 틀에 박힌 생각만이 반복적으로 순환된다. 생각을 검증하는 실천이 실종된 채 자기 생각을 거듭하면 자기 정당화의 늪으로 빠지면서 악순환의 궤도를 벗어나기 힘들다.

"익사의 공포를 품고 범람하는 강물 속에 몸을 던지며 피안을 향해한 획 한 자락씩 내 몸으로써 나아가는 길이 공부의 요체다."[27]

실천이 실종된 생각은 현실에 뿌리를 내리지 못하고 무력하게 무너질 수 있는 사상누각이 될 수 있다. 생각이 살아 있는 생각으로 거듭나기 위해서는 손발을 움직이는 실천이 뒷받침되어야 한다.

나는 바로 내 몸이다. 몸과 나는 분리될 수 없다. 내 의식이 내 몸과 떨어져서 내 의식을 지배하는 것이 아니라 내 몸을 통해 내가 세계와 접촉하고 경험하는 것이다. 그래서 내 몸에는 나의 앎이 담겨 있고 삶이 들어 있다. 몸은 앎을 매개해왔고 앎은 몸을 통해 더욱 성숙한 지혜로 발전해왔다. 몸은 앎과 삶의 총체를 고스란히 담고 있다.

나의 역사는 내 몸의 역사다. 몸과 더불어 내가 살아왔고 내 삶은 몸이 주재해왔다. 몸이 없이 이루어지는 경험은 존재하지 않는다. 인간의 모든 경험은 몸을 통해서 이루어진다. 마음만으로 경험할 수 없다. 몸이 경험하는 과정에서 마음이 관여해 경험의 색깔을 다르게 입힐 수는 있다. 현상학자 메를로퐁티에게 경험은 몸을 통한 경험이고, 몸을 가지고 있어서 가능한 경험이다.[28] 몸이 없이는 그 어떤 경험도 할 수 없다. 꿈도 머리로 꾸는 것이 아니라 온몸으로 꾸는 것이다. 꿈을 머리로 꾸면 골치가 아프고 몸으로 꾸면 고통스럽다. 그러나 고통스러운 몸의 체험이 동반되는 꿈이어야 현실로 다가온다. 몸이 하는 고통 체험은 머리를 맑게 해준다. 몸을 움직이지 않고 머리로만 꿈을 꾸어서 골치가 아픈 것이다. 꿈을 온몸으로 꾸다가 힘이 들면 이전과 다른 방법으로 힘을 쓰기 시작한다. 즉, 힘들어야 이전과는 다른 방법으로 힘이 들어간다. 힘든 경험이 구체적인 상황에서 몸에 체화되면 그 누구도 갖고 있지 않는 나만의 체험으로 전환된다. 나만의 체험적 깨달음이 그 누구도 갖고 있지 않는 나만의 체험적 지혜로 발전하는 것이다.

꿈을 온몸으로 꾸면서 체험적 깨달음을 체화體化·육화肉化시켜 한 분야의 위업을 달성한 사람들이 있다. 고故 선일금고 김용호 회장은 전 세계 어떤 금고라도 열 수 있는 놀라운 재주를 지니고 있었다. 많은 사람들이 김용호 회장에게 비법을 물어보았다. 대답은 극히 간단했다. "요렇게, 조렇게, 이렇게." 다른 사람들도 김용호 회장이 가르쳐준 대로 따라 해보았지만 금고는 열리지 않았다. 차이가 있다면 김용호 회장은 금고 여는 노하우를 체험을 통해 몸에 각인시킨 것이고 다른 사람들은 타인의 체험을 간접경험한 것이다. 김용호 회장은 금고마다 열리는 원리가 다른 점을 손의 미묘한 감각과 오감을 총동원해서 체득했다. 온몸으로 체득한 노하우를 머리로 정리하거나 배울 수는 없다. 머리는 알지만 몸은 느낀다. 몸을 움직이지 않고 단순히 머리를 써서 기억한 지식은 오래가지 못하고 설득력도 없다. 몸이 체험하는 고통 끝에 고도의 노하우가 몸속으로 들어와 각인되는 과정이 바로 체득體得이자 체화體化다. 체화는 체득을 통해서만 가능하다. 체화된 지식은 체득을 통해서만 전수될 수 있다. 몸으로 익히는 체득과 체화의 과정은 그 어떤 테크놀로지로도 대체할 수 없다. 머리로 이해하는 지각과 인지 과정을 기계가 대신해주거나 효율적으로 도와줄 수 있지만 몸으로 익히는 과정은 절대로 대신해줄 수 없다.

청담동에서 초밥집 스시효를 운영하는 안효주 조리 명장도 체험적 깨달음을 실천한 사람이다. 그에게는 늘 '한국의 미스터 초밥왕'이라는 이름이 따라다닌다. 일본 만화 《미스터 초밥왕》에 한국인 초밥 요리사로 소개된 것이 계기라고 한다. 그는 초밥을 만들 때 밥알 350개를 오차 없이 손에 쥐는 '달인'이다. 어떻게 이런 경이로운 일이 가능한가? 밥알 350개를 집는 비법을 책으로 만들어서 인터넷에 공개했다고 가정해보자. 그의 기적 같은 비법을 배우고 싶은 사람이 검색해서 읽어보니 이렇게 써 있었다.

"우선 손을 깨끗이 씻는다. 밥을 손으로 잡아본다. 이 정도면 됐다고 생각하는 느낌이 오면 바로 밥알을 잡는다. 그렇지 않은 느낌이 오면 잡은 밥알을 놓고 반복해서 다시 해본다."

많은 사람들이 안효주 명장을 따라서 똑같이 해봤지만 밥알 350개는 잡히지 않았다. 안효주 명장은 무수한 연습practices과 연마를 통해 감각을 익혔다. 미묘한 감각의 차이는 머리로 알 수 없다. 몸속에 각인된 무수한 기억이 손가락에 체화된 것이다. 손에 체화된 초밥 만드는 노하우는 그 어떤 절차와 프로세스process로도 표현할 수 없다. 몸은 머리가 알 수 없는 것을 안다. 머리로 아는 것은 앎의 극히 일부분이다. 몸으로 아는 앎, 체험적 깨달음이 동반되는 앎이야말로 진정한 앎이다. 수많은 시행착오와 연습을 통해서 깨달은 체험적 노하우는 구체적인 프로세스로 정리할 수 없다.

경지에 이른 사람들의 지식에는

그 사람 특유의 신념과 열정과 용기가 담겨 있다.

지식은 바로 그 사람의 인격을 드러낸다.

마지막으로 1970년대 대본소용 아동만화에서 출발해 지금까지 꾸준한 작품 활동으로 작가주의와 대중성이라는 두 마리 토끼를 잡은 국가대표급 작가 허영만 화백이 있다. '허영만 불패신화'라는 별명까지 안겨준 그의 작품 《타짜》《식객》 등은 원작의 인기를 고스란히 스크린과 안방으로 옮겨 큰 성공을 거두기도 했다. 무엇보다 철저한 현장 검증과 취재를 바탕으로 한 그의 작업 방식은 후배들과 다른 사람들에게 큰 귀감이 되고 있다. 그의 작품이 독자나 관객에게 꾸준한 인기를 얻는 비결에는 여러 가지 이유가 있겠지만 '발이 땅에 닿은 메시지'를 갖고 있기 때문이다. 전국 방방곡곡을 발로 뛰어다니면서 철저한 자료 수집과 현장 취재를 근간으로 만들어내는 작품이라는 의미다. 어떤 기자가 허영만 화백에게 꾸준히 열정적으로 만화를 그릴 수 있는 비결을 물었다. 그는 잠깐 생각에 잠겼다가 기자에게 자신의 스케줄을 보여주었다.

"늘 규칙적인 생활이죠. 저는 늘 일정한 시간에 그림을 그리고 상상을 합니다."

기자가 규칙적인 생활이 사고를 딱딱하게 만들지 않는지 되묻자 그는 웃으면서 이렇게 대답했다.

"창의적인 생각과 행동은 방종에서 나오는 게 아니라 규칙적인 생활에서 나옵니다."

상상력 또한 꾸준히 가꿔야 할 생명체이고, 정성스레 매일 일정 시간을 갈고닦지 않으면 쉽게 달아나버린다는 이야기다. 꿈은 머리로 꾸는 것이 아니라 온몸으로 꾸는 것이다.

우리 주변에 보면 해박한 지식과 풍부한 어휘력을 동원해 현란한 수

사력을 구사하는 사람들이 많다. 그런 사람의 이야기를 들어보면 머리로 이해는 되지만 가슴에 와 닿지는 않는다. 자신의 체험으로 깨달은 지혜가 없기 때문이다. 체험적 지혜가 없는 사람들은 의미를 논리적으로 설명할 뿐 감성적으로 설득하지 못한다. 공부는 타인의 지식을 머리로 생각하며 이해하는 과정이 아니라 내가 직접 체험하면서 시행착오를 겪으며 온몸으로 깨닫는 과정이다. 체험적으로 깨달은 지식에는 그 사람 특유의 인간적 향기가 서려 있다. 경지에 이른 사람들의 지식에는 그 사람 특유의 신념과 열정과 용기가 담겨 있다. 지식은 바로 그 사람의 인격을 드러낸다. 선일금고 김용호 회장의 금고 여는 비법에는 김용호 회장만의 촉감으로 갈고닦은 체험적 지식이 담겨 있다. 안효주 초밥 명장의 노하우도 무수한 시행착오와 체험적 깨달음 끝에 체득한 말로 설명할 수 없는 지식이다. 허영만 화백의 인기 비결은 발로 뛰면서 드러내는 치열한 문제의식과 현장성에 있다. 이처럼 경지에 이른 사람들이 보유하고 있는 지식은 무수한 시행착오와 우여곡절 끝에 온몸으로 깨달은 체험적 지혜다. 책상에 앉아서 머리로만 공부하는 사람들이 쌓은 지식에는 그 사람 특유의 신념과 열정과 용기가 없다.

공부는 따뜻한 가슴으로 만나는 공감이다

공부는 타인의 아픔을 가슴으로 느끼는 열정적 공감제다.

상상력은 보이지 않는 관계를 이어서 연결하는 힘이다. 겉으로 보기에는 관계가 없지만 보이지 않는 이면을 분석해보면 겉으로 드러난 두 가지 이상의 현상 간에 구조적 관계가 있음을 깨달을 때 비로소 세상은 거대한 관계라는 사실을 알게 된다. 정채봉의 《날고 있는 새는 걱정할 틈이 없다》는 책에서도 관계없는 현상이 관계있는 실상으로 다가오는 사례를 만날 수 있다.

"이른 아침, 사장이 집을 나오면서 부부 다툼을 벌였다. 회사에 나온 사장은 상무를 불러 신경질을 부렸다. 상무는 부장을 불러들여 별것 아닌 것을 가지고 혼을 냈다. 부장은 과장한테 호통을 쳤다. 과장은 대리에게 화를 냈다. 대리는 맨 끝자리에 앉은 직원을 향해 삿대질을 했다. 말단 직원은 퇴근하여 아내에게 트집을 잡았다. 화가 난 그의 부인은 분풀이로 기르던 고양이를 집에서 내쫓았다. 집을 쫓겨난 고양이는 갈 데가 없었다. 담과 담을 넘어가며 처량히 울어댔다. 잠자리에 든 사장이 신경질을 부렸다. '웬 고양이가 저렇게 울어!'"[29]

잠자리에 들어 신경질을 부린 사장과 처량히 울어대는 고양이는 겉으로 보기에는 아무런 관계가 없어 보이지만 연결고리를 분석해보면 보이지 않는 관계가 드러난다. 사장으로부터 시작된 신경질은 부하 직원들을 차례로 거쳐 마지막으로 고양이의 처량한 울음소리로 이어지면서 사장에게 다시 돌아오는 것이다.

공부는 겉으로 드러난 현상을 움직이는 보이지 않는 구조적 관계나 보이지 않는 힘의 역학 관계를 밝혀내는 과정이다. 그리고 보이지 않는 것이 보이는 것을 움직이는 엄청난 힘을 갖고 있음을 깨닫는 과정이다. 겉으로 드러난 어떤 현상의 이면을 조사해보면 관계없어 보이는 현상 간에 밀접한 관계가 있음을 알게 된다.

신영복 교수의 《처음처럼》에 나오는 발과 건빵 이야기도 사연을 조사해보면 긴밀한 관계가 있음을 보여주는 사례다. 감옥의 조 목사라는 사람이 겨울밤 혼자 이불 속에서 건빵을 먹곤 하였다고 한다. 당연히 알게 모르게 원성이 쌓일 수밖에 없었다. 어느 날 조 목사가 한밤중에 화장실을 가다가 한 소년수의 발을 실수로 밟자 그 소년수가 벌떡 일어나 조 목사의 멱살을 잡고 흔들며 소란을 피웠다. 다음 날 조 목사는 "실수로 발 한 번 밟은 걸 가지고 새파란 놈이 멱살을 잡는다."라고 하소연했고, 그 말을 들은 신영복 교수는 속으로 "문제는 발이 아니라 건빵인데…"[30]라고 했다는 에피소드다. 싸움이 일어나게 한 원인 제공자는 발을 밟은 것이고, 발은 화장실 다녀오다가 밟았다. 화장실은 목이 말라서

물을 먹기 위해 다녀온 것이고, 건빵을 먹었기 때문에 목이 말랐던 것이다. 결국 겉으로 드러난 싸움이라는 현상을 설명하기 위해서는 발과 건빵 사이에 존재하는 보이지 않는 관계를 해명할 필요가 있음을 알 수 있다.

공부는 겉으로 보이는 현상을 움직이는 보이지 않는 이면의 힘이나 구조를 밝혀냄으로써 보이지 않는 힘이나 구조가 보이는 현상을 움직인다는 사실을 깨닫는 과정이다. 공부를 많이 한 사람과 그렇지 않은 사람의 차이는 보이는 것이 다가 아니라는 사실을 얼마나 체험적으로 깨닫고 있느냐의 여부다. 공부를 별로 하지 않은 사람은 겉으로 보이는 현상에 일희일비하면서 현상의 이면에서 보이는 현상을 움직이는 구조적 관계나 원리를 이해하지 못한다. 공부를 계속해야 되는 이유는 현상의 이면에서 세상을 움직이는 보이지 않는 근본 원리를 배워서 문제나 위기가 심각해지기 전에 현명하게 대처하기 위해서다.

공부는 "나는 생각한다. 고로 존재한다."는 데카르트의 존재론적 명제를 "네가 있기 때문에 내가 있다."는 관계론적 명제로 인식의 전환을 이루는 과정이다. 이 세상의 존재는 모두 연결되어 있다. 사람을 이해하기 위해서는 한 사람의 개성이나 능력을 독립적으로 이해하기보다 그 사람이 살아오면서 맺어온 인간관계를 파악할 필요가 있다. 왜냐하면 인간은 인간관계의 역사적 산물이기 때문이다.

나는 내가 그동안 살아오면서 맺어온 인간관계의 사회 역사적 결과다. 나의 인성도 내가 그동안 인간관계를 통해서 형성해온 인간성의 사회적 산물이다. 세상을 바라보는 나의 관점도 다양한 인간관계 속에서 형성되어온 관계의 산물이다. 관점은 인간관계뿐만 아니라 환경과의 관계, 그동안 보고 읽고 느낀 모든 책이나 영화, 그리고 여행과 같은 직간접적 경험의 총체적 결과다. 나라는 존재는 내가 맺어온 관계가 낳은 사회적 산물이며 나의 관점도 관계가 만들어준 세계관이다. 그래서 관계가 존재를 결정하고 처지가 입장을 결정한다.[31]

공부는 단편적인 정보의 질적 속성을 판단하는 과정이기도 하지만 아무런 관계없이 떠돌아다니는 수많은 정보들의 보이지 않는 관계를 파악, 당시의 시대적 상황과 사회적 이슈의 본질을 읽어내는 과정이다. 정보의 표피적 의미보다 정보가 어떤 맥락에서 생산되었으며 해당 정보를 통해 궁극적으로 전달하고자 하는 의도가 무엇인지를 밝혀내는 과정인 것이다. 텍스트 메시지보다 이미지나 영상 메시지로 주의를 집중시키고 판단을 흐리게 만드는 미디어의 편파적 의도를 읽어내지 못하면 우리는 주체적 자각 없이 다른 사람의 의도대로 끌려다닐 수 있다. 공부는 그럴듯한 위장으로 포장된 은유의 가면을 벗겨내고 그 속에 숨어서 사회를 움직이는 보이지 않는 권력을 읽어내는 과정이기도 하다. 기업의 매혹적인 마케팅의 이면에 자리 잡은 충동 소비 조장을 읽어내고, 정치가의 화려한 선동 문구 속에 담긴 야망을 읽어내는 과정이 바로 공부다. 공부는 미디어를 통해 보도되는 현상의 이면을 파고들어 겉으로 드러나지 않은 아픔을 읽어내는 과정이다. 현대인들은 홀로 고독하게 책을 읽고 몸을 움직이는 체험적 깨달음을 무장하는 사투보다 스마트폰으로 검색되는 단편적인 정보에 길들여져 있다. 진짜 앎은 떠도는 정보에 있지 않고 그 정보를 만들어내고 움직이는 보이지 않는 손에 있음을 깨닫는 과정에서 생긴다.

　보이지 않는 구조나 관계가 보이는 현상이나 증상을 움직인다는 사실을 간파하지 못하게 이성을 마비시키고 감성을 둔감하게 만드는 매스미디어의 위험한 폭력성을 깨닫는 과정이 참다운 공부의 길이기도 하다. 디지털 기술이 발전하면서 스마트폰에 접속할수록 오히려 인간의 공감 능력이 떨어진다는 연구 결과가 제기되고 있다. 2010년 미시건 대학교에서 진행한 연구 결과에 따르면, 20~30년 전의 대학생들과 비교해볼 때 요즘 대학생들의 공감 능력이 40%나 떨어진다고 한다. 이러한 공감 능력의 저하는 주로 2000년 이후에 발생했다고 한다.[32]

　《타인의 고통》[33]을 쓴 수전 손택은 이미지나 사진에 익숙해질수록 현대인은 타인의 고통에 공감하지 못한다고 지적한다. 《타인의 고통》에서 저자는 전쟁과 테러, 지진과 폭우와 같은 자연재해로 수많은 사람들이 죽어가고 있는데도 현대인들은 깊은 공감을 갖기보다 객관적 수치로 표시된 통계나 사진을 보고 단순한 연민을 느낄 뿐이라고 한다. 즉, 우리는 지구촌 곳곳에서 시시각각 발생하는 수많은 타인의 고통을 '그들'로 인식하고 이것을 무덤덤하게 받아들인다. '우리' 사이에는 공감보다 연민이 흐르고, 개인의 구체적 아픔이 대중적인 이미지로 희석되면서 실제 현장에서 발생하는 타인의 아픔이 갖는 본질과 실상을 왜곡해서 이해하는 현상이 발생한다는 것이다. 결국 '그들'의 고통을 지켜보는 '우리'의 입장은 언제나 단순한 방관자나 관람객 수준으로 전락한다. 공감은 타인의 입장에서 타인의 귀로 들어보고 타인의 시각으로 세상을 바라보면서 가슴으로 느끼는 역지사지의 감정이다.

《로봇 시대, 인간의 일》[34]을 쓴 구본권 기자에 따르면 디지털 기술과 인공지능을 활용하여 로봇이 인간 고유의 감정을 모방하고 표현한다고 해도 그것은 어디까지나 의도된 논리일 뿐이라는 것이다. 인간의 감정은 예측 불허의 정서적 대응이다. 하지만 그 어떤 것으로도 흉내 낼 수 없는 인간의 공감 능력은 감정 주체의 의지에 따라 통제되거나 조정될 수 있을 뿐만 아니라 자신에게 불리한 상황에서도 기꺼이 몸을 던져 타인의 고통을 나눠가지려는 살신성인의 정신이다. 인간의 지능을 닮은 로봇들이 개발되면서 더욱 궁금해진 점은 과연 로봇이 인간의 감정을 어느 정도 인식하고 대응하면서 반응할 수 있을지의 여부다. 이런 궁금함이 단순한 지적 호기심의 발로인가? 실제로 일본에서는 2015년 6월 세계 최초의 감정 인식 로봇인 페퍼가 개발되어 절찬리에 판매되고 있다. 그리고 2013년 할리우드 영화 〈그녀〉와 2015년에 개봉된 〈엑스 마키나〉에서도 보여준 것처럼 로봇의 감정 인식과 공감 능력이 현실로 구현되고 있다.

로봇의 다양한 감정 표현은 인간의 감정 표현을 분석해서 마치 사람과 같이 감정 표현을 하는 것처럼 설계된 로봇의 감정 연기다.[35] 사람처럼 외부적 자극에 대해 예측할 수 없는 다양한 감정 표현을 상황에 따라서 표현하는 능력을 지닌 로봇은 아직 나오지 않았다. 로봇이 표현하는 감정은 인간이 설계한 감정 알고리즘에 따라 기계적으로 반응하는 감정 연기다. 결국 로봇과 인간이 정서적으로 교감하고 감정적으로 공감하는 관계는 로봇에 대한 인간적 믿음 덕분에 가능하다. 로봇이 나의 정서와 감정을 읽고 나의 심리 변화에 적절하게 반응하는 연기를 보여준 덕분에 인간은 로봇이 자신의 이야기에 공감하는 것으로 생각하는 것이다.

4차 산업혁명이 가속화되고 사회 변화가 급격하게 진행된다고 해도 공부를 통해서 배워야 할 점은 기계가 대신해줄 수 없는 공감 능력이다. 보이지 않는 관계가 겪고 있는 아픔을 알게 되었을 때 우리는 단순한 연민sympathy의 감정보다 공감empathy을 느낌으로써 인간관계도 스쳐가는 한 순간의 관계가 아니라 더불어 행복한 공동체를 건설하는 희망의 연대임을 알게 된다. 《타인의 고통》[36]에서 수전 손택은 타인의 고통에 연민하는 감정과 공감하는 능력의 차이를 실감나게 보여주고 있다. 예를 들면 우리는 최근 빈번해진 일본과 에콰도르 등지의 지진 관련 뉴스를 보면서 연민을 느끼면서도 나와 직접 관련이 없는 다른 사람들의 이야기처럼 흘려보낸다. 엄청난 고통과 두려움에 시달리고 있는 지진 피해자들을 위해 애도의 눈물 한 방울 흘리지 않는다. 한국 사회의 보이지 않는 문제가 겉으로 드러난 세월호 사건을 보면서도 깊은 연민을 느끼지만 곧바로 일상으로 돌아와 치명적인 사건과 사고가 주는 깊은 슬픔에 무감각해진 상태로 살아간다.

매스미디어를 통해 보여지는 수많은 사건과 사고가 전해주는 천편일률적인 고통의 이미지에 길들여진 현대인들을 고발한 수전 손택은 타인의 아픔을 나의 아픔처럼 느끼는 공감 능력의 필요성과 소중함에 대해 역설하고 있다. 연민은 지금 있는 자리에서 느끼고 더 이상의 감정과 행동이 뒤따르지 않지만 공감은 지금 느끼는 감정으로만 그치지 않고 용기 있는 결단을 하고 고통으로 위협받고 있는 현장으로 달려간다.

공부는 먼발치에서 느끼는 연민이 아니라 가까이서 아픔을 같이하는 공감이다. 다른 사람의 눈으로 보고 다른 사람의 귀로 들으며 다른 사람의 가슴으로 느끼는 것을 공감이라고 한다.[37]

"연민은 아픈 사람이나 배고픈 사람의 고통을 안방의 텔레비전으로 시청하며 ARS로 3,000원을 기부하는 아늑한 자기만족으로 끝납니다. 그러나 공감은 당신이 지금 고통 받고 있는 그 자리로 달려갈 수 있는 용기의 시작이며 타인의 고통을 걱정의 대상이 아니라 내 삶을 바꾸는 적극적인 힘으로 단련시키는 삶의 기술입니다."[38]

정여울의 《공부할 권리》에 나오는 말이다. 연민은 상대방이 처한 상황을 불쌍하게 생각하지만 그게 전부다. 상대는 나와 관계없는 사람이다. 어쩌다 불행을 경험하는 장면이 목격되어 상대의 아픔에 잠시 안타까운 심정을 표현할 뿐, 그 이상도 이하도 아니다. 《강신주의 감정수업》에 보면 연민이 얼마나 잔인한 감정인가를 여실히 보여주고 있다.

"'그는 불행한 남자야. 내가 필요해.' 이것이 연민의 공식이다. 그렇지만 이때 연민에 빠진 여자가 원하는 것은 그 남자의 기쁨이나 행복이 아니다. 그녀가 진정으로 원하는 것은 불행한 사람을 돌보고 있다는 우월감, 혹은 내가 그 사람보다 행복하다는 느낌일 뿐이다. 이런 점에서 연민은 잔인한 감정이다."[39]

공부는 연민의 감정을 넘어 역지사지가 되어 타인의 아픔을 나의 아픔처럼 느끼는 측은지심으로 공감하는 과정이다. 공감은 사람에게만 해당되지 않는다. 공감은 사물과 내가 따로 떨어져 독립적으로 존재하는 개별적 존재가 아니라 우리 모두는 하나라는 물아일체의 사유이기도 하다. 사물이 나와 한 몸이라고 생각할 때 사물의 입장에서 가슴으로 생각할 수 있게 된다. 김형경의 《사람풍경》에서는 연민과 동감, 그리고 공감의 차이를 구분하고 있다.

"연민은 자신이 상대방보다 우월하다는 의식을 전제로 한 감정이고, 동감은 객관적 태도를 잃고 상대방에게 휩쓸리기 쉬운 감정이다. 반면 공감은 중립적이고 비판적인 태도로 상대방의 내면을 고스란히 함께 느끼는 것이다."[40]

지금 우리 사회가 겪고 있는 가장 심각한 위기는 연민조차 느끼지 않는 사람에게 있지 않고 공감의 필요성조차 느끼지 못하는 대중에게 있다. 공부는 한마디로 공감하는 능력을 스스로 개발하고 공감하는 길을 걸어가는 과정이다.

공부는
돌이킬 수 없는 변화다

공부는 한번 빠지면 빠져나올 수 없는 치명적인 중독제다.

인공지능이 발달하면서 자동화는 가속화되고, 다양한 정보기술들이 기술적으로 융합되면서 생각지도 못한 혁신적 변화가 일상화되고 있다. 이른바 4차 산업혁명이 몰고 오는 변화의 움직임이 거세게 일고 있다. 세상의 모든 것들이 연결되면서 그 어느 때보다 신속하고 정확한 제조와 서비스가 가능해져 경제 분야의 새로운 부가가치가 창출되고 있다. 흘러다니는 방대한 빅데이터를 순식간에 자동으로 분석할 수 있는 기술이 발전하고, 분석 결과를 토대로 일정한 패턴과 법칙을 만들고 미래의 시장과 사회 변화를 예측하는 기술도 함께 발전하고 있다.

4차 산업혁명은 유비쿼터스 모바일 인터넷, 더 저렴하면서 작고 강력해진 센서, 인공지능과 기계 학습Machine Learning을 기반으로 모든 기술이 융합하고 상호 교류하면서 혁명적인 변화를 촉진하는 추동력이 되고 있다.[41] 과거의 그 어떤 변화와도 비교할 수 없는 혁명적인 변화가 가속화되고 있는 시점에서 우리가 진지하게 고민해봐야 될 화두는 이런 변화의 시대에 어떤 공부를 해야 할 것인지다. 아니, 더 근본적으로는 무슨 공부를 왜 해야 되는지에 대한 물음에 답을 찾아 나가면서 어떻게 공부하면 이런 변화의 파고를 성공적으로 넘을 수 있는지에 대해 진지하게 고민할 때다.

초연결성과 융합, 그리고 지능형 로봇 기술이 발전하면서 일어나고 있는 4차 산업혁명은 교육 분야에서도 변화를 일으키고 있다. 첨단 정보통신 기술을 활용하여 필요한 지식을 배울 수 있는 새로운 교육적 대안이 등장하고 있다. 소위 개방형 온라인 강의인 MOOCMassive Open Online Course가 활성화되면서 온라인 교육 프로그램을 운영하는 혁명적인 교육 전략이 등장하고 있다. 세계에서 가장 큰 온라인 교육기관으로 인정받는 '칸 아카데미Khan Academy'가 대표적인 무크 프로그램이다.

칸 아카데미는 MIT에서 수학·컴퓨터공학 등 학위 세 개와 하버드 경영대학원에서 MBA를 취득한, 보스턴의 헤지펀드 분석가였던 살만 칸Salman Khan이 2006년 인도에 사는 사촌 동생에게 수학을 가르치기 위해 동영상을 만들어 유튜브에 올리기 시작하면서 폭발적인 관심과 투자자들의 지원으로 만들어진 무료 교육기관이다. 2015년 기준으로 칸 아카데미 가입자는 약 2,900만 명, 교사 사용자는 100만 명을 넘었다. 30곳이 넘는 기업 투자와 후원, 빌 앤 멀린다 게이츠 재단, 자선사업가 앤 도어, 넷플릭스 최고경영자 리드 헤이스팅스 등 개인 투자자들의 지원을 받아 수업을 무료로 운영하고 있다. 칸 아카데미 사용자는 미국인이 70%를 이루고 있지만 최근에는 전 세계적 서비스로 확대되고 있고,

완전히 취하면 이전에 얻을 수 없었던 색다른 깨달음을 취할 수 있다.

특히 인도, 브라질, 남아프리카에서 사용자들이 늘고 있다. 이런 추세에 맞춰 칸 아카데미 콘텐츠는 36개 언어의 번역을 제공 중이다. 칸 아카데미 이외에도 세계 유수 대학과 제휴를 맺고 대학 강좌를 제공하는, 2012년에 설립된 코세라Coursera와 2011년 스탠퍼드 대학교 세바스찬 스런Sebastian Thrun 교수가 설립한 유다시티Udacity 등이 있다.

교육은 효율성만으로 질적 수준과 성과를 판가름할 수 없는 전문 영역이다. 각종 온라인 교육 프로그램을 통해서 무료로 쉽게 지식을 습득할 수 있는 기반이 마련되었기 때문에 필요한 지식의 효율적 습득이 가능하다는 가정은 지나친 논리적 비약이다. 학습 과정에 기술이 관여된다고 해서 인간 학습자의 학습 과정을 기술이 대신해줄 수는 없다. 문제는 기술과 인공지능, 그리고 사물인터넷의 발달로 상상을 초월하는 4차 산업혁명이 산업은 물론 경제와 사회, 그리고 교육을 혁명적으로 바꾼다고 해도 인간의 생각을 혁명적으로 전환하는 사고의 혁명은 일어나지 않는다는 데 있다. 전술한 바와 같이 인간의 생각은 편리함 속에서 사고 기능이 발달하기보다 이전과 다른 불편한 상황에 직면하거나 이제까지 경험해보지 못한 색다른 상황과 마주칠 때 이전과 다른 사고 기능이 작동하기 시작한다.

따라서 4차 산업혁명이 4차 교육혁명을 불러온다고 해도 여전히 변하지 않는 공부의 본질은 기계가 대체할 수 없는 인간 고유의 능력을 밝혀내고 이를 어떻게 교육할 것인지를 밝혀내는 데 있다. 아무리 효율적인 지식 전달 시스템이 있다고 해도 여전히 디지털 기술이나 컴퓨터로 가르칠 수 없는 인간 고유의 능력은 존재한다. 기존 교육이 지식을 전달하는 전통적인 교육 내용과 방식에서 벗어나 최첨단 교육 전략을 선택한다고 해도 기술이나 시스템으로 해결할 수 없는 공부의 본질은 변하지 않을 것이다. 포르셰Porsche의 디자인 철학, "바꿔라. 그러나 바꾸지 마라Change it. But don't change it."를 여기서 되새겨볼 필요가 있다. 거의 모든 것을 바꾸지만 그럼에도 불구하고 바꾸지 말아야 할 공부의 본질을 생각해보는 것도 의의 있는 일이다.

공부는 현재의 삶에 만족하지 못하는 사람이 품고 있는 문제의식이나 위기의식에 단서를 제공하는 화두를 만났을 때 순식간에 일어나는 혁명적인 변화다. 그렇다고 공부가 아무런 노력 없이 운 좋게 뭔가를 습득하는 행운은 아니다. 골머리를 앓고 있는 문제를 끌어안고 집요하게 파고들다 우연히 만난 책이나 사람을 통해 번뜩이는 아이디어를 만나는 과정이다. 그 우연은 문제 해결의 단서를 찾으려고 노력하는 과정에서 만난 선물이다. 뭔가에 흠뻑 빠지면 쉽게 빠져나올 수 없고 어딘가에 완전히 취하면 이전에 얻을 수 없었던 색다른 깨달음을 취할 수 있다. 한번 빠지면 이전의 상태로 되돌아갈 수 없다. 공부는 이렇게 온몸을 던져 파고들다 만나는 새로운 얻음earning이다. 이전과 다른 얻음earning은 이전과 다른 배움learning의 여정이 가져다주는 선물이다. 공부를 육체노동이라고 언급했듯이 수고와 정성이 깃드는 가운데 힘겹게 얻는 깨달음의 정수는 시대가 바뀌고 사회가 변한다고 해도 불변하는 진리다.

《논어》[42] 자한편子罕篇에 욕파불능欲罷不能이라는 말이 있다. 본래는 아무리 재능이 있는 자라도 법에 걸리면 아무것도 할 수 없다는 의미지만 오늘날에는 '그만두려고 해도 그만둘 수가 없다'는 말이다. 우연히 시작한 공부가 재미있어지면서 여러 가지 여건상 공부를 그만두고 싶어도 도저히 그만둘 수 없는 상태가 욕파불능의 상태다. 공부는 우연한 만남을 통해서 내 삶이 송두리째 바뀌는 운명적인 사건이다. 사건을 만나기 이전과 이후는 비교할 수 없는 생각의 도약이 일어난다. 그래서 생각의 혁명이 일어나는 사건을 만나는 순간 나는 사건 이전으로 되돌아갈 수 없다. 공부는 그래서 돌이킬 수 없는 변화를 몰고 온다.[43]

"바울이 예수를 만난 사건, 엥겔스가 마르크스를 만난 사건, 조영래가 전태일을 만난 사건, 그리고 뉴턴이 사과를 만난 그 사건 속의 '돌이킬 수 없음'처럼, 그 만남 속에 개시된 공부의 물줄기는 돌이킬 수 없이 그 학생들을 휘어잡는다."[44]

석사 공부 시절 우연히 발견한 구바와 링컨Guba & Lincoln의《자연주의적 탐구 방법론Naturalistic inquiry》을 읽고 그길로 과학 철학과 방법론에 대한 공부의 물줄기를 타면서 멈추려야 멈출 수 없는 탐구의 길에 들어섰다. 인식 지평은 순식간에 과학 철학을 중심으로 인식론과 가치론을 포함한 방법론에 대한 공부로 이어졌고, 참다운 앎에 이르는 길이 무엇인지, 그리고 어떻게 하면 참다운 앎에 이를 수 있는지를 밤을 낮 삼아 탐구하고 공부했다. 중간 결과물로 자연주의적 탐구 방법론을 중심으로 교육공학 연구 방법론의 과거와 현재, 그리고 미래를 전망해보는 석사 논문을 썼다. 참다운 진리에 이르는 방법론 공부에 빠져 살면서 얄팍한 방법과 기술 또는 기교로 무장한 공부가 얼마나 참을 수 없는 인식의 가벼움인지를 온몸으로 느꼈다.

자연주의적 탐구 방법론을 만난 이후 내가 추구하는 앎은 시공을 초월하여 언제나 참인 보편타당한 절대적 진리眞理보다 끊임없이 공격받고 비판받으면서 일정한 시공간에서만 진리로 대접받는 일리一理로 자리 잡게 되었다. 자연주의적 탐구 방법론의 영향으로 나는 돌이킬 수 없는 인식론적 변화를 경험하였다. 관점의 차이는 존재하지만 절대적 진리, 지식의 객관성과 과학적 지식의 합리성을 믿지 않는 신념은 결코 돌이킬 수 없는 인식론으로 자리 잡았다. 새벽녘 교회 타종 소리를 들을 때까지 공부하면서 느꼈던 지적 희열감으로 어둠을 밝혔던 시간은 영원히 잊을 수 없는 깨달음의 추억이다.

지금은 담배를 끊었지만 유학 시절에는 담배를 피웠었다. 밤이 깊어갈 무렵 혼돈 이론에 관한 공부를 하다 내가 공부하는 전공과 혼돈 이론을 접목시키면 이전에 생각할 수 없는 극심한 혼돈이 발생하겠지만 새로운 인식 지평과 깊이의 심화가 일어날 수 있을 것이라는 섬광 같은 깨달음이 있었다. 그것도 아이디어를 구상하는 와중에 피우던 담배 연기의 혼돈 속에서 질서를 발견하면서 혼돈 이론과 내가 공부하는 전공을 접목하는 아이디어를 잉태하게 되었다. 그길로 혼돈 이론을 파고들어 방대한 공부를 하면서 내가 공부하는 교육공학 최고의 학술 연구지에 논문을 게재하는 의미 있는 성취를 이루어냈다.

사전에 계획된 절차를 따라 체계적으로 수행하는 철저한 과학적 합리주의 전통에 언제 어떤 일이 일어날지 모르는 예측 불허의 혼돈 이론이 접목된다는 사실은 파격을 넘어 혁명적인 학문적 성취다. 모든 일은 사전에 계획을 세워야 한다는 입장과 실천은 계획이 수립된 이후에 체계적으로 이루어져야 한다는 가정을 혼돈 이론은 부정한다. 미래의 사태는 사전에 철저하게 계획할 수 없으며, 체계적인 매뉴얼이 오히려 상황 변화에 임기응변적으로 대응하는 즉흥성과 우발성의 가치를 무시할 수도 있다. 혼돈 이론을 공부하면서 혼돈은 회피해야 될 무질서나 제거해야 될 역기능적 현상이 아니고, 우리가 살아가는 삶이나 배움의 여정 자체가 불규칙하고 예측할 수 없는 복잡한 현상이라는 깨달음을 얻었다. 이런 점에서 질서도 혼돈이 낳은 자식이다.

내 명함에는 '지식생태학자 유영만 교수'라고 쓰여 있다. 지식생태학자 하면 유영만을 떠올리고 유영만 하면 지식생태학자라는 타이틀이 떠오를 정도로 지식생태학자는 나의 브랜드가 되었다. 지식경영학을 공부하면서 들었던 의문은 과연 지식을 관리할 수 있는가였다. 서구 사람들이 주장하는 지식은 그것을 창조한 사람의 의지와 무관하게 분리 독립시켜 기술의 힘을 활용하여 저장하고 공유할 수 있는 실체다. 즉, 물건처럼 필요에 따라 저장했다가 필요한 시기에 인출해서 사용할 수 있고, 빛의 속도로 불특정 다수와 공유할 수 있다는 가정을 갖고 있다. 그런데 김치 맛의 결정적인 차이는 쉽게 말이나 글로 표현하거나 매뉴얼로 만들 수 없다는 데 있다. 손맛은 절대로 기술이나 시스템의 힘을 빌려 저장 또는 공유하거나 가르칠 수 없다. 손맛은 오로지 그것을 보유하고 있는 오리지널 지식 보유자와의 접촉을 통해 오랫동안 시행착오를 경험하면서 배울 수 있다.

삼성 재직 시절 우연히 미국 캘리포니아에서 당시 런던 비즈니스 스쿨 교수였던 조지 포George Por 박사와 만나 나눈 대화는 지식생태학적 상상력의 싹을 틔우는 결정적인 계기를 마련해주었다. 그 후 한국에 들어와 읽은 생태학 관련 책과 지식을 융합, 지식생태학을 책으로 펴내면서 나는 지식생태학자로 거듭나게 되었다. 공부가 가져다준 혁명적인 변화의 선물이다. 지식생태학자로 거듭나면서 나는 지식생태학 이전의 상태로 돌이킬 수 없는 비가역적 변화를 경험했다. 비가역적 변화는 변화 이전의 상태로 돌아갈 수 없는 변화다.

공부는 이처럼 우연한 만남이지만 돌이킬 수 없는 결정적인 변화를 일으킨다. 변화가 일어나기 이전의 상태로 결코 돌아갈 수 없는 혁명적인 변화가 공부로 일어난다. 공부는 삶living과 일working이 옳음right을 중심에 두고 일체가 되어가는 과정이다. 앎이 곧 삶이고 삶이 곧 일이 되어 한 박자로 맞물려 돌아가면서 언제나 옳음이라는 거울에 비추어 성찰하는 과정이 가장 아름다운 공부다. 만약 앎에 옳음이라는 소금이 빠진다면 공부는 올바르지 못한 목적을 위한 수단으로 전락할 수 있다. 삶에 옳음이라는 판단 기준이 없어진다면 삶은 사람을 살리는 살림life이 되지 못하고 어쩔 수 없이 살아가는 생활living로 전락할 것이다. 만약 올바르지 못한 방법으로 일이 이루어진다면 일의 결과 또한 올바른 목적으로 활용되지 못함으로써 부정과 부패가 판을 칠 것이다. 우리가 공부하는 목적은 앎과 삶, 그리고 일이 한 박자로 맞물려 돌아가는 삼위일체의 하모니를 만들어가기 위해서다. 지금보다 더 나은 삶을 살아가기 위해 나를 드러내는 일을 하면서 올바른 목적을 위해 부단히 배움의 행진을 멈추지 않는 여정, 그 속에 사람을 사랑하는 삶이 있고 살아가는 대로 일하는 전문가의 모습이 그려진다.

Why²

왜 공부하는가?

우리가 공부를 하는 이유는 이전과 다른 질문을 던지면서 당연했던 세상의 변화에 의문을 품고 그 답을 스스로 찾아가기 위해서다. 지금 우리가 겪고 있는 환경 변화, 즉 저출산·초고령화 사회에 능동적으로 대응하기 위해서는 어떤 공부를 계속해야 될지를 곰곰이 생각해볼 필요가 있다. 예를 들면 100세 시대가 열리면 은퇴 이후에 살아갈 날들이 지금까지 살아온 시간보다 더 많다. 이때 무슨 공부를 계속해야 여생을 행복하게 살 수 있을지는 공부를 계속하면서 준비한 사람만이 알 수 있다. 공부를 지속적으로 해야 되는 이유도 이전에는 경험해보지 못한 변화의 물결이 일상화되고 있는 사회에서 주체적으로 살아가기 위해서다.

지구상에서 호기심을 기반으로 질문을 하는 동물은 인간밖에 없다. 호기심의 물음표가 바뀌지 않으면 감동의 느낌표도 없다. 우리가 공부를 하는 이유도 답을 찾는 데 있지 않고 어제와 다른 물음표를 제기하기 위해서다. 이런 공부를 계속하다 보면 공부를 통해서 쌓은 지식과 지혜는 모두 '덕분'에 이루어진다는 점을 알게 된다. 공부는 덕분에 본분을 지키며 살아가는 삶이라는 사실을 깨닫기 위해서 시작하는 것이다. 공부를 하는 또 다른 이유는 현명하게 길을 잃기 위해서다. 공부는 지금 걸어가고 있는 길 위에서 부단히 던지는 물음을 통해 가장 나다운 길이 무엇인지를 탐구하는 과정이다. 그러다 보면 길 위에서 길을 잃고 다시 길을 찾는 과정이 반복되면서 진정 내가 걸어가야 될 길의 의미를 성찰하게 된다. 공부는 무엇보다 남들처럼 살기 위해 하는 게 아니라 나답게 살아가기 위한 평생의 탐구 과정이다. 자기다움을 찾아가는 공부 과정이 곧 깨어 있는 삶을 살아가는 과정이다.

공부하는 5가지 이유

호기심의 물음표를
가슴에 품기 위해

1 물음표와 느낌표
호기심의 물음표를 던져
감동의 느낌표를 찾기 위해

깨어 있는
삶을
살아가기 위해

2 습관과 적
습관적으로 생각하는
습관의 적을 퇴치하기 위해

덕분에
본분을 잊지 않고
살아가기 위해

3 본분과 덕분
본분을 지키고 덕분에 살아가는
방법을 배우기 위해

현명하게
길을 잃기 위해

4 우연과 필연
길을 잃은 덕분에
우연히 다른 길을 만나기 위해

내 인생의
주인으로
살아가기 위해

5 색다름과 나다움
나만의 색다름을 찾아
나다움을 발견하기 위해

호기심의 물음표를
가슴에 품기 위해

공부는 호기심의 물음표를 던져 감동의 느낌표를 찾는 과정이다.

인간을 다른 동물이나 인공지능과 구분하는 고유한 특징은 호기심을 기반으로 질문을 한다는 점이다. 물론 인공지능도 질문을 할 수 있다. 다만 인공지능이 던지는 질문은 인간이 사전에 논리적 알고리즘에 따라 설계한 프로세스상의 반응이다. 따라서 기계의 질문은 의문문 형태를 띤 정보 수집 행위에 불과하고, 기계는 객관적 사고를 통해 항상 동일하고 예측 가능한 답변을 내놓도록 설계된다.[45]

만약 기계가 예측 불허의 질문을 던지면서 전대미문의 답을 찾아 나선다면 이미 기계가 아니다. 사람과 기계의 질문의 차이는 사람의 질문이 주체할 수 없는 호기심에서 비롯된다면 기계의 질문은 사람이 사전에 설계한 알고리즘을 따른다는 데 있다. 이런 점에서 기계의 질문은 사람이 설계한 정보 요구 기능이고 사람의 질문은 본능적 차원의 호기심에 뿌리를 두고 있다는 점에서 같은 질문이라도 확연한 차이를 보여준다.[46] 인간이 갖고 있는 가장 강력한 한 마디가 바로 '왜'라는 질문이다. '왜'라는 호기심의 물음표에 담긴 인간의 지적 욕망이 미지의 세계로 향하는 탐구심을 자극해왔다. 그 결과 인류는 생각지도 못할 정도로 엄청난 문명을 창조했으며, 원래 그렇고 당연한 세계도 더 이상 그런 세계가 아님을 규명해왔다.

공부는 답을 찾는 과정이 아니라 어제와 다른 물음을 배우는 과정이다. 학문學問도 묻는 방법問을 배우는學 과정이다. 묻지 않고서는 아무것도 배울 수 없다. 내가 묻는 만큼 답도 생긴다. 내가 묻는 질문의 강도强度만큼 공부의 강도와 공부하는 과정에서 얻는 답의 강도도 달라진다.

"우리 청각의 한계: 우리의 귀는 대답할 수 있는 질문만 듣는다."[47]

니체의 《즐거운 학문, 메시나에서의 전원시, 유고》에 나오는 말이다. 대답할 수 없는 질문은 아예 귀를 막는다. 하지만 우리를 이전과 다른 곳으로 데려다주는 질문은 내가 지금까지 대답할 수 없었던 질문이다. 공부는 주어진 질문에 대한 답을 찾는 과정이라기보다 누구도 제기하지 않는 대답할 수 없는 질문을 던지는 과정이다. 질문이 없으면 새로운 깨달음도 없다.

문장 부호 중에 물음표?와 느낌표!가 하나로 합쳐진 인터러뱅?!이 있다. 우리말로 하면 의문경탄 부호다. 공부는 물음표로 시작해서 느낌표를 찾는 과정이다. 물음표의 성격과 방향이 내가 얻을 수 있는 느낌표의 성격과 방향을 결정한다. 물음표를 뒤집으면 낚싯바늘 모양이 된다. 내가 다른 물고기를 잡고 싶다면 낚싯바늘을 바꾸어야 하듯, 내가 얻고 싶은 답을 바꾸려면 세상을 향해 던지는 질문의 그물을 바꾸어야 한다.

물음이 있는 곳에 답도 있다. 공부를 해 색다른 깨달음이 일어나기 위해서는 내 마음속에 어제와 다른 물음표가 살아가야 한다. 어제와 다른 물음이 있는 곳에 어제와 다른 감동의 답이 있고, 어제와 다른 질문이 있는 곳에 어제와 다른 가능성을 탐색하는 시발점이 있다.

공부는 당연하다고 생각하는 타성에 물음표를 던져 당연한 게 없음을 깨닫는 과정이다. 공부는 원래 그렇다고 생각하며 별다른 관심을 가져보지 않은 영역에 물음표를 던져 생각의 타성에 탄성을 부여하는 과정이다. 공부는 당연히 그렇다고 생각하는 습관적인 상식에 몰상식한 질문을 던져 습관의 적을 깨부수는 창조적인 파괴 과정이다. 공부는 정상적인 생활을 오랫동안 하면서 자기도 모르게 익숙해진 관성에 물음표를 던져 낯선 자극을 부여하는 비정상적인 과정이다.

물음표는 공부가 시작되는 출발 신호다. 물음 없이 시작되는 공부는 기존 지식의 단순한 흡수에 지나지 않는다. 습관적으로 반복하다 보면 왜 그렇게 하는 줄도 모르고 무의식적으로 반복한다. 공부는 왜 그렇게 하는지 물어보는 가운데 의문이 들고 색다른 대안을 모색하는 과정이다. 질문은 정상적인 상태를 비정상적인 상태로 뒤흔드는 촉발제다. 질문을 던지지 않으면 뇌는 편안한 상태로 잠을 자거나 틀에 박힌 방식대로 움직인다. 내가 질문을 던지는 성격과 방향, 그리고 정도에 따라 공부의 강도와 정도도 달라진다. 답은 물음표가 이미 품고 있다. 물음표를 아래로 잡아당겨 보면 느낌표가 된다. 이미 물음표 속에 느낌표가 숨어 있는 것이다. 내가 던지는 질문 속에 이미 내가 얻을 수 있는 답이 내포되어 있다.

"가장 중요한 것은 질문을 멈추지 않는 것이다. 호기심은 그 자체만으로도 존재 이유가 있다. 영원성, 생명, 현실의 놀라운 구조를 숙고하는 사람은 경외감을 느끼게 된다. 매일 이러한 비밀의 실타래를 한 가닥씩 푸는 것으로 족하다. 신성한 호기심을 절대 잃지 말라."

알베르트 아인슈타인의 말이다. 살아가면서 무심코 던지는 질문이 불현듯 삶을 되돌아보게 만들고 이전과 다른 각오와 다짐으로 지금까지의 삶과는 다른 삶을 살게 만들어준다.

"나는 날마다 세 가지로 나를 돌이켜 살핀다. 첫째, 다른 사람과 더불어 일을 도모할 때 마음 깊이 충실했는가. 둘째, 나와 뜻을 함께하는 동료들과 더불어 교유하면서 신의를 다했는가. 셋째, 스승께 전해 받아 배운 것을 내 것으로 익히려고 노력했는가."

《논어》의 학이편學而篇에 나오는 말이다. 일에 임하는 자세를 지적한 첫 번째 질문은 성심성의껏 최선을 다했는지를 물어보는 것이다. 자기 일에 최선을 다해서 최고의 성과를 내는 사람이 있는가 하면 대충 일하는 사람이 있다. 최고는 최악의 상황에서도 최선의 노력을 경주해서 최대의 성과를 창출하는 사람이다. 둘째 질문은 내가 만나는 사람에게 나는 믿음을 주고 신의를 지키며 신용에 어긋나는 행동을 하지 않았는지 반성하라는 질문이다. 진심으로 상대를 대하고 신뢰를 주며 관심과 배려로 내가 먼저 존중하는 태도를 지켰는지 반성하고 성찰해야 한다. 마지막 질문은 왕양명의 《전습록傳習錄》[48, 49]을 연상케 하는 질문이다. 《전습록》은 왕양명의 어록과 서간문을 그의 제자들이 엮은 것으로, 주로 제자들의 물음과 그 답변으로 구성된 책이다. 전습傳習이란 《논어》에 나오는 '배운 것을 익히지 못했는가 傳不習乎.'라는 구절에서 따온 말이다. 이는 배운 내용을 근간으로 하여 자기다움을 드러내는 지식으로 창조하는 연습을 게을리하고 있지는 않은지를 되물어보는 것이다.

《논어》의 세 가지 질문과 비슷한 맥락을 가진 톨스토이의 세 가지 질문도 있다.

"첫째, 이 세상에서 가장 중요한 때는 언제인가. 바로 지금이다. 둘째, 가장 필요한 사람은 누구인가. 바로 지금 내가 만나는 사람이다. 셋째, 이 세상에서 가장 중요한 일은 무엇인가. 바로 내 옆에 있는 사람에게 선善을 행하는 일이다."[50]

간단한 질문이지만 나를 되돌아보고 행복한 삶을 가꾸는 데 곰곰이 생각해보아야 할 질문이다. 묻지 않으면 삶에 묻혀 살게 되고 대중의 삶을 따라가게 되고 자기다움이 드러나는 삶으로 거듭나지 않는다. 물음은 곧 모름을 해결하기 위한 기폭제다. 당장 이 책의 주제와 관련해서도 우리는 '왜 공부해야 하는가?', '공부란 도대체 무엇인가?', '어떤 공부가 참다운 공부인가?', '내 삶을 바꾸는 공부는 어떤 공부를 말하는가?', '공부는 어떻게 하는 것인가?', '나를 발견하는 공부를 하기 위해서는 무슨 공부를 어떻게 해야 하는가?' 등 한 가지 주제에 대해 무수한 질문을 던질 수 있다. 하지만 질문보다 주어진 문제에 대한 답을 찾는 공부, 분명한 목적의식과 문제의식 없이 주어진 내용을 효율적으로 공부하는 방법에 너무 매몰되어 있는 것은 아닌지를 스스로에게 물어보아야 하지 않을까.

공부는 내 생각의 중심을 뒤흔들어 불편한 생각을 갑자기 의도적으로 조성하는 과정이다. 내가 먼저 나를 뒤흔들어봐야 외부의 힘에 흔들리지 않는다. 공부는 스스로를 먼저 흔들어 남의 힘으로 흔들리지 않는 중심을 잡아나가는 과정이다. 나를 흔드는 가장 확실한 방법은 스스로에게 질문을 던지는 것이다. 질문은 평온했던 뇌에 지적 충격을 가하는 자극제이자 이전과 다른 방법으로 생각하도록 유도하는 각성제이기도 하다. 내 사고 체계에 파란을 일으키는 낯선 질문을 통해 나를 주기적으로 흔드는 과정인 것이다. 내가 먼저 나를 흔들지 않으면 다른 사람의 힘으로 흔들리며, 한번 흔들리기 시작하면 중심을 잡고 나를 찾아가기가 쉽지 않다.

요동搖動이 만들어가는 혼돈 상태가 결국 질서를 낳는 원동력임을 연구한 사람이 있다. '열역학의 시인'으로 일컬어지는 노벨 화학상 수상자이자 사상가인 일리야 프리고진Ilya Prigogine은 자신의 책《혼돈으로부터의 질서》[51]를 통해 기존 질서 전체를 뒤흔드는 요동이야말로 타성에 젖어 평형 상태를 유지하려는 기존 체계에 극심한 혼란과 교란을 일으킨다고 밝힌다. 이 무질서와 혼돈을 낳은 요동은 결국 기존 질서에 생명력을 불어넣는 새로운 질서를 만드는 원동력으로 작용한다.

마찬가지로 타성에 젖은 기존의 사고방식에 이전과 다른 질문을 던져 평온했던 뇌리를 뒤흔들어야 내 사고가 흔들리지 않는다. 공부는 인지적 불협화음을 일으켜 뇌를 불균형 상태로 만들어야 비로소 시작되는 안간힘의 과정이다. 배가 부르면 음식을 먹으려는 식욕이 생기지 않듯이 뇌도 평형 상태를 유지하면 외부로부터 정보나 지식을 습득하려는 결핍 욕구가 생기지 않는다. 불균형 상태나 비평형 상태처럼 뭔가 정상적인 상태에서 벗어나 이상적인 상황이 발생하면 우리 몸은 평형 상태를 회복하려고 한다. 공부는 불안정한 결핍 상태를 안정 상태로 되돌리려는 사투라고 볼 수 있다.

공부의 정도는 미지의 세계에 대한 호기심의 강도나 궁금증의 정도에 따라 결정된다. 호기심이 많아질수록 색다른 공부가 시작될 가능성도 높다. 호기심이 죽으면 늙기 시작하고 삶에 대한 열정도 식는다. 호기심의 정도는 어떤 질문을 마음속에 품고 있느냐에 따라 결정된다.

호기심 하면 떠오르는 상이 있다. 노벨상을 패러디한 상 중에 '이그 노벨상Ig Nobel Prizes'이 있다. 보통 노벨상 발표 한 달 전, 미국 하버드대 유머과학 잡지 '기발한 연구 연감Annals of Improbable Research'에서 수상자를 발표한다. 불명예스러운Ignoble 노벨상Nobel Prize이란 뜻인데, 실제로 논문으로 발표된 과학적인 업적 가운데 재밌거나 엉뚱한 점이 있는 논문을 선정, 매년 10월 초순 하버드대의 샌더즈 극장에서 시상식이 열린다. 수상 기준을 초기에는 '이루어질 수도 없고 이루어져서도 안 될' 연구로 제시했지만 근년에는 '사람들을 처음에는 웃게 만들고, 이어서 생각하게 만드는' 연구로 바뀌었다. 이처럼 엉뚱한 호기심을 해소하기 위해 꼬리에 꼬리를 무는 질문으로 특정한 현상에 대한 탐구를 시작한 사람들이 있다. 궁리에 궁리를 거듭하다 마침내 단서를 포착, 사물이나 현상이 움직이는 근본 원리를 파고들어간다. 그로부터 탄생되는 혁신적인 제품과 서비스는 당연함에 시비를 걸면서 끈질기게 물음표를 던진 덕분이다. 예를 들면 딱따구리는 부리로 나무를 그렇게 쪼아대도 왜 두통에 걸리지 않을까? 도대체 몇 장을 찍으면 한 사람도 눈을 감지 않고 찍을 수 있을까? 곰에게 물리지 않고도 곰을 가까이서 볼 수 있는 방법은 없을까? 이렇게 일상에서 일어나는 흔한 일을 남다른 호기심으로 물음표를 던지고, 궁리에 궁리를 거듭하다 마침내 궁금증을 해소하는 실마리를 잡아내는 과정이 바로 이그노벨상이 추구하는 진정한 상상력이고 공부다.

《사피엔스》[52]의 저자 유발 하라리는 2016년 4월 27일자 〈동아일보〉 인터뷰에서 "기술은 우리의 질문에 답을 할 뿐 질문을 하는 건 우리라는 걸 기억해야 한다."고 주장하면서 지금 초중고에서 가르치는 교육의 90%는 아무 쓸모없는 교육이 될 것이라고 예언했다. 인간이 제기한 질문을 기술이 해결하는 가운데 기술은 생각지도 못한 놀라운 속도와 수준으로 발전해오고 있다. 인간이 만든 로봇과 인공지능이 인간의 사고에 위협을 가할 정도로 기술은 인간의 미래와 미래의 인간에 대해서 전대미문의 질문을 던져놓고 있다. 앞으로 인간은 안전한가? 현존하는 직업 세계는 과연 어떻게 변화될 것인가? 지금까지 경험해보지 못한 전혀 새로운 세상이 펼쳐지고 있기 때문에 앞으로 인공지능 기술이 인간의 가능성을 어디까지 대체할 수 있을지 의문으로 남아 있다.

그러나 아무리 기술이 발전해도 기계가 스스로 질문할 수는 없다. 기술 발전은 인간이 의문을 품고 이전과 다른 질문을 던진 결과 탄생한 문명의 산물이다. 인간이 어떤 질문을 던지는지에 따라 기술 발전이 이루어진다. 질문하는 능력은 어떤 기술로도 가능하지 않은 인간 고유의 사고 능력이다. 물론 질문 능력을 알고리즘 형식으로 만들어 인공지능으로 하여금 질문할 수 있게 만들 수 있지만 그것도 어디까지나 인간의 사고 능력으로 프로그램화된 질문 능력이다. 유발 하라리 교수는 같은 날 〈조선일보〉 인터뷰에서도 다음과 같이 언급하고 있다.

"나만의 질문에 집중하고 글을 쓴다. 예전에는 정보 결핍이 문제였다면, 지금은 정보의 홍수가 문제다. 나만의 질문이 있다면 자료는 언제든지 찾을 수 있다. 결국 지금 시대에 중요한 것은 모든 것을 끊고 주제에 집중할 수 있느냐다."

공부는 이전과 다른 질문을 제기하는 능력을 습득하는 과정이다. 질문이 제기되면 그에 대한 답을 기술적으로 해결하는 것은 시간문제다. 진정한 공부는 주어진 문제에 대한 답을 찾는 과정이 아니라 이제까지 던지지 않은 전대미문의 질문이나 문제를 제기하는 과정에서 비롯된다. 한 학기 강의를 마치면 교수로서 학생들의 성적을 어떻게 줄 것인지가 늘 고민이다. 이번 학기에도 마찬가지로 시험 문제를 어떻게 낼까 고민하다가 모든 문제를 학생에게 맡기기로 했다. 모든 수업의 기말시험 문제는 한 학기 동안 배운 내용을 토대로 전대미문의 창의적인 문제를 학생이 직접 출제하고 자신이 출제한 문제에 대해 창의적인 답을 쓰는 것이다. 한 학기 동안의 성적도 학생에게 맡기기로 했다. 학점도 본인이 받고 싶은 학점을 쓴다. 그리고 왜 이런 학점을 받아야 되는지를 한 학기 동안의 학습 활동 증거를 동원하여 변론한다. 별일이 없는 한 그대로 인정해줄 것이다. 자신을 가장 잘 아는 사람은 자신이다. 내가 아닌 다른 사람이 나를 평가하는 일은 언제나 주관과 편견이 개입된다. 물론 스스로를 평가하는 일은 쉽지 않다. 그러나 내가 무엇을 어떤 방법으로 학습해왔는지 본인보다 잘 아는 사람은 없다고 생각한다.

전대미문의 질문을 제기하는 능력, 그 질문에 어떤 대답을 하는지가 바로 철학의 역사였고, 문명과 기술 발전의 역사였다고 생각한다. 답을 찾아내는 능력보다 문제를 제기하는 능력, 호기심의 물음표를 던져야 감동의 느낌표가 다가온다. 창의성은 기법을 배운다고 생기지 않는다. 창의성은 지금까지 접해보지 못했던 창의적인 문제를 해결하려고 창의적으로 노력하는 과정에서 생긴다. 창의성은 지금까지 당해보지 않은 낯선 문제와 마주치거나 생각지도 못한 위기나 곤란한 일에 처했을 때 창의적인 방법을 다각적으로 활용하면서 생기는 능력이다. 모든 학생은 창의적이다. 다만 그들의 창의성이 내면에서 잠자고 있을 뿐이다. 그 창의성을 일깨우고 영감을 불러일으키는 일이 가르치는 사람이 해야 할 가장 중요한 업이라고 생각한다.

공부를 하면서 던져야 될
네 가지 질문

"남들과의 다툼에서 우리는 수사修辭를 만들어낸다; 자신과의 다툼에서 우리는 시를 만들어낸다Out of the quarrel with others we make rhetoric; out of the quarrel with ourselves we make poetry."

작가 복거일이 2006년 6월 3일《월간조선》에서 언급한 시작詩作에 관한 예이츠William Butler Yeats의 이 간명한 이야기는 시를 쓰지 않는 사람들도 깊이 새길 만하다. 복거일은 누구에게나 본질적으로 중요한 것들은 자신의 마음속에서 결정된다고 하였다. 모든 것은 자신과의 경쟁이다. 가장 수준이 낮은 경쟁은 타인과 대상을 제압하고 정복하려는 경쟁이다. 가장 수준 높은 경쟁은 자신과의 경쟁이다. 자신의 내면에서 울려 퍼지는 영혼의 목소리를 듣고 그 목소리에 화답하려는 치열한 싸움이 자신과의 경쟁이다. 진정한 승리자는 자신과의 싸움에서 이긴 사람이다. 성공한 사람은 남보다 잘하려고 노력하지 않고 전보다 잘하려고 노력한다.

나는 다음과 같은 네 가지 문제에 대해서 진지하게 성찰해보는 시간을 가져보고 싶다. 어쩌면 이 문제는 내 평생 동안 답 아닌 답을 찾는 여정에서 되물어보고 반추해야 할 물음일 것이다.

첫 번째 질문은 "어떤 사람이 되고 싶은가?Who"이다. 이 물음은 공부를 통해서 달성하고 싶은 꿈에 관한 문제다. 앎과 삶과 옳음과 사랑이 하나가 되는 지식생태학자가 되는 것이 나의 비전 선언문에 진술된 미래의 나의 모습이다. 앎과 삶은 본디 하나의 활동이다. 앎이 없는 삶, 삶에서 벗어난 앎은 박제된 삶이요, 허식으로 포장된 삶이다. 그런데 더욱 중요한 문제는 앎과 삶이 모두 옳음을 지향해야 된다는 믿음이다. 옳음은 앎과 삶을 평가하고 판단하는 기준이자 잣대다. 앎과 삶에서 옳음이 거세된다면 앎과 삶의 존재 의미가 상실된다. 더욱 중요한 것은 옳음을 지향하는 앎과 삶, 이 모두가 뜨거운 사랑으로 이루어져야 된다는 것이다. 학문적 탐구의 대상과 사람에 대한 뜨거운 관심과 배려, 마음 깊은 애정이 동반되지 않는 앎과 삶은 따뜻한 정감과 교감이 증발된 탈맥락적 형식 논리의 정련으로 매몰되기 쉽다. 뜨거운 감성적 느낌이 동반되지 않는 차가운 이성적 논리는 논리적 정교함을 통해 설명력을 제공할 수 있지만 감성적 설득력과 가슴 깊은 호소력을 지닐 수는 없다.

모든 사상은 궁극적으로 실천을 통해 가슴으로 갈무리된다는 신영복 교수의 말을 되새겨보고 싶다. 현장을 외면하거나 현장과 격리된, 그래서 교육과 점점 멀어지는 '교육학'보다 교육 현장을 감싸 안고 현장 속에서 진실의 의미를 캐내고 싶다. 기술적 첨단과 효율 복음을 통해 직선주로를 달리는 빠른 학습과 가벼운 지식을 추구하는 교육공학보다 왜, 무엇을 학습하며, 학습의 결과가 나를 둘러싼 세계가 거대한 관계망으로 엮여 있음을 깨닫게 하는 교육공학을 온몸으로 실천하는 지식생태학자가 되고 싶다. 직선 같은 빠른 성장과 채움보다 곡선 같은 느림과 여유, 그리고 비움을 실천하는 배우고 익히는 여정에서 나 자신을 위치 지우고 싶다. 기술적 논리에 앞서 인간 학습자를 생각하고 나아가 인간적 삶의 기반을 제공해주는 자연과 환경, 그리고 사회가 함께 성숙할 수 있는 지속가능성을 구현하는 지식생태학자가 되고 싶다.

두 번째 질문은 "무엇을 할 것인가?What"에 대한 것이다. 이 질문은 "무엇을 원하는가?"로 바꿔서 할 수 있다. 공부하는 삶에 대입해보면 "무엇을 공부할 것인가?" 또는 "무엇을 공부할 것인가에 관련된 문제제기"다. 이 문제는 공부의 내용이다. 내가 정말 공부하고 싶은 분야는 하루아침에 나타나지 않는다. 학부와 석사 과정을 거쳐서 박사 과정, 아니, 평생 동안 찾아 헤매는 동안에도 나타나지 않을 수 있다. 어느 순간 정말 공부하고 싶은 분야, 평생 동안 온몸을 던져서 파고들고 싶은 분야를 결정하는 것이 바로 두 번째 문제 제기다.

　나의 경우 교육공학 전공으로 학부와 석사, 박사를 마쳤지만 공부 여정에서도 줄곧 교육공학만을 한 우물로 파지는 않았다. 교육공학 주변의 다른 학문 분야에서 보낸 시간이 더 많았으며 지금도 그렇고 앞으로도 그럴 것이다. 교육공학 밖에서 교육공학을 들여다보는 공부를 더 많이 하는 가운데 수년 전에 찾아낸 분야가 지식생태학이다. 교육공학이 궁극적으로 인간 학습자의 지식 창조 과정과 창조된 지식을 활용하여 문제를 해결하고 미래의 전략적 기회를 포착하는 과정을 도와주는 학문이라고 한다면, 사실 지식생태학은 교육공학의 생태학적 심화이자 확대라고 해도 과언은 아니다. 다만 미시적 차원의 심리학적 학습보다는 거시적 차원의 경영학적 학습, 기술공학적 효율 극대화를 위한 수단 탐구보다는 인문학적 감수성과 생태학적 상상력을 근간으로 펼쳐지는 지속가능성의 추구와 지향에 많은 관심을 두고 있다. 인간 학습자의 의도성과 인위성을 생태학적 안목과 접근 논리에 어떻게 접목시켜서 즐거운 학습, 건강한 지식, 보람찬 성과, 행복한 일터 간의 연결고리와 기반을 설계하느냐가 핵심적인 관건이다. 자연생태계의 근본 원리를 차용하면서도 사회생태계의 유지·발전 원리를 포착, 지식생태계로 재해석해서 통합해내는 치열한 연구가 계속되어야 할 것이다.

　세 번째 질문은 "왜 할 것인가?Why"이다. 이를 공부하는 과정에 대입해보면 "왜 공부하는가?"에 대한 물음이다. 공부의 미션mission에 관련된 물음이다. 첫 번째 질문과 두 번째 질문에 대한 대답을 추구하는 여정에서 흔들리지 않기 위해서는 세 번째 질문에 대한 확고부동한 자기 정당화가 필요하다. 의지가 강한 사람과 약한 사람의 차이는 그것을 해야만 하는 자기만의 이유理由, 즉 자유自由에 있다. 공부하고자 하는 의지가 강한 사람은 가슴속에 왜 공부하는지에 대한 강렬한 이유를 품고 있다. 시류에 흔들리지 않으며, 주변 사람들의 주장에 휘말리지 않고 자기 갈 길을 자유롭게 가기 위해서는 왜 공부를 시작했는지에 대한 흔들리지 않는 초심初心의 유지가 중요하다. 물론 공부를 시작한 배경과 맥락, 자기만의 고유한 문제의식이 시간이 지나면서 바뀔 수 있다. 중요한 점은 공부의 결과보다는 공부하는 과정에 대한 즐거운 몰입이다. 일정 기간 감정적 흥분이 지속되는 공부의 즐거움과 재미를 느끼기 위해서는 공부하는 여정에 뛰어든 자기만의 강렬한 이유가 가슴속 깊게 자리 잡고 있어야 한다.

빈자와 약자의 분노에서 시작한 공부가 이제는 내 삶의 존재 이유를 찾아 나서는 구도자적 공부의 여정으로 바뀐 것은 여러 학문 분야의 기웃거림에서 시작되었으며, 그 기웃거림은 아직도 미약하고 얄팍하기 그지없는 나름의 사상적 기반을 구축하는 원동력이 되었다. 투명한 앎, 뿌리까지 파고드는 앎을 통해 지적 투명성을 확보하려고 노력해왔으며, 이러한 앎의 가장 확실한 토대 구축은 온몸으로 육화시키는 신체적 야생성이 야성의 사고로 발전되지 않고서는 도무지 도달하기 어려운 지난한 목표임을 깨달았다. 관념의 파편을 단순히 짜맞추는 사상누각의 학문에서 벗어나 현실 변혁의 논리적 근거와 함께 뜨거운 가슴의 교감이 이루어지는 감성적 연대망 구축이 학문을 하는 중요한 이유로 자리매김을 시도하고 있다.

이 모든 노력은 궁극적으로 영적 전율을 느끼게 하는 공부를 통해서 달성하고 싶은 비전 에너지로 구동驅動된다. 아직도 끝나지 않은 나 자신과의 싸움 속에서 "왜 공부하는가?"에 대한 이유를 찾으려는 노력은 모든 것에서 자유로운 자기만의 이유를 찾을 때 비로소 멈출 수 있다. 어쩌면 영원히 자유롭지 못한 지적 탐구의 과정과 결과의 딜레마 자체를 즐긴다면 공부하는 이유를 완벽하게 찾지 못했다고 할지라도 행복한 불안을 느끼지 않을까.

네 번째는 "어떻게 할 것인가?How"와 관련된 문제 제기다. 공부하는 사람의 문제의식과 연결시키면 "그렇다면 어떻게 공부할 것인가?"로 질문을 바꿔볼 수 있다. 세상에는 나보다 탁월한 식견과 안목을 지니고 있는 사람이 반드시 있으며, 내가 갖지 못한 사물을 꿰뚫어보는 통찰력과 직관적 판단력을 지닌 사람이 얼마든지 있다. 단순히 전공 지식의 축적과 얄팍한 기교나 기술의 누적으로는 생기지 않는, 사물의 본질을 한눈에 파악하는 힘과 다양한 체험을 통해서 몸에 밴 훌륭한 사회적 습관, 옳음을 위해 자신의 몸을 던지는 과감한 용기, 전대미문의 난관과 역경 속에서도 살아나오는 설명할 수 없는 암묵적 노하우는 오랜 기간의 고독한 연습과 반복으로 깨달을 수 있다. 하지만 가까운 곳에 좋은 스승이 있다면 자세를 낮추고 무조건 쫓아가서 배워야 한다. 배움을 얻을 수만 있다면 동료나 후배도 좋다. 나에게 지적 자극을 줄 수 있는 모든 사람이 바로 나의 스승이다. 만약 지식과 기술이 남다르게 탁월하다고 해도 열의가 없거나 오만하고 거만하며 태만한 사람은 배움을 얻을 수 없다. 스승에게 배워야 하는 첫 번째 덕목은 언제나 낮은 자세로 배움을 추구

지적 깨달음의 여정에서 느낄 수 있는 찰나의 즐거움과 깨달음의 법열에 이르는 길은 패배를 우회하는 길이 아니라 패배를 정면으로 관통하는 길이다.

하는 겸손함이다.

스승은 먼저 공부하는 길을 떠난 선진이다. 제자는 선진을 믿고 공부하고 싶어서 따르는 후진이다. 선진은 부단한 자기 변신 과정을 체험적으로 경험해서 이전보다 높은 차원의 지식을 체득하고 있는 사람이다. 후진 역시 부단한 자기 변신 과정을 체험적으로 경험하고 이전에 비해 한 차원 높은 지식을 체득하는 과정에 있지만 선진에 비해 안목과 식견의 깊이와 넓이가 턱없이 부족하다. 선진은 온몸으로 터득한 진리 체험을 갖고 자만하거나 오만하지 않으며, 후진은 어쩌다가 다가온 깨달음의 희열을 체험하고 자만하거나 오만하지 않는다. 선진은 깨달음의 과정에서 체득한 소중한 체험적 지식을 내면화시키는 과정에서 보다 높은 수준의 품위를 유지하기 위해 한순간도 쉬지 않는 사람이며, 후진은 선진이 걸어가는 족적을 더듬어 가면서 기쁨에 겨워 밤잠을 설치는 사람이다.

선진은 현실에 안주하지 않고 미지의 세계를 향해 탈주하는 삶을 즐기며, 후진은 선진의 탈주를 따라잡기는 역부족이지만 언젠가는 자기 방식으로 선진의 탈주가 남긴 아픈 상처를 어루만질 수 있는 사람이다. 선진은 알면 알수록 세상을 향해 더욱 겸손한 자세를 유지하면서 초심을 간직하려고 노력하며, 후진은 선진의 지혜 수준에 가까워질수록 초심을 기억하면서 더욱 용맹 정진하는 자세를 잃지 않는다. 선진은 후진의 진리에 도달하려는 조급한 마음과 마음대로 되지 않는 답답한 마음을 체험적으로 이해해주는 사람이며, 후진은 진리에 도달한 선진의 기쁜 마음을 짐작하고 선진의 깨달음에 언젠가는 자신도 도달할 것이라고 다짐하는 사람이다. 그래서 선진과 후진은 언제나 깨달음의 여정에서 함께 가는 쌍두마차다. 선진 없는 후진, 후진 없는 선진은 모두 후진이다!

바쁘다는 핑계로 길을 찾아볼 생각을 하지 않았거나 길이 없다고 포기했기 때문에 길이 없는 것이다. 아니면 길이 너무 많아서 어떤 길이 나의 길인지를 모르거나 아무도 걸어가지 않고 숨어 있는 길이기에 아직 발견하지 못한 것일 수도 있다. 길은 얼마든지 있다. 남들이 가지 않은 길은 쉽게 보이지 않는다. 남들이 간 길은 찾기 쉽고 따라가기도 쉽지만 종국에는 더 힘들다. 내가 주도해서 찾은 길이 아니라 남이 간 길을 따라갔기 때문이다. 남이 가르쳐주는 길은 재미가 없다. 내 심금을 울리는 길을 찾아 나서야 한다. 내가 나에게 명령을 내리지 못하면 남이 나에게 명령을 내린다. 평생 내 의지대로 살아가지 않고 남의 의지와 명령을 따라간다면 얼마나 지루하고 재미없는 삶이 전개될까.

모든 위대함은 행복 속에서가 아니라 시련과 고난 속에서 태어난다. 시련과 고난을 즐길 자신이 없다면 공부하는 여정에 몸을 싣지 말아야 한다. 숱하게 넘어지고 깨질지라도 다시금 일어서서 걸어갈 수 있는 용기의 미덕을 가질 필요가 있다. 기존의 사고방식을 깨버리고 다시 생각의 틀을 세우는 작업에서 수없이 패배할 수 있지만 패배를 패배시킬 수 있는 결연한 각오와 의지가 필요하다. 지적 깨달음의 여정에서 느낄 수 있는 찰나의 즐거움과 깨달음의 법열에 이르는 길은 패배를 우회하는 길이 아니라 패배를 정면으로 관통하는 길이다. 사고의 틀이 깨져야 발상이 자유로워지며 상상력의 텃밭이 비옥해져 불가능을 가능성의 세계로 전환시키는 무한 창조력이 발아될 수 있다. 몰아치는 폭풍은 참나무가 더욱 뿌리를 깊게 박도록 하는 역할을 한다. 몰아치는 비판의 화살을 온몸으로 막아내는 치열함 속에서 비판의 화살을 막아낼 수 있는 담력과 내공이 길러진다.

나의 공부를 통해서 피워보고 싶은 꽃이 무엇인가? 나는 지금 그 꽃을 피우기 위해 어느 정도의 치열함과 열정, 도전과 창조, 변화와 혁신을 추구하고 있는가?

"천지간에 꽃이지만 꽃구경만 하지 말고 나 자신은 어떤 꽃을 피우고 있는지 스스로 물어보아야 한다."

법정 스님의 말이다. 남이 구축해놓은 학문적 토대, 이론적 기반, 사상적 정초만을 두드리다가 끝날 수 있다. 나만의 색깔과 향기가 묻어나는 학문적 토대 구축을 위해서 남의 꽃도 구경할 필요가 있다. 왜냐하면 그 꽃과의 차이를 드러내기 위해서는 기존 꽃이 갖고 있지 않는 향기를 만들어야 하기 때문이다. 나만의 꽃, 나만의 색깔, 나만의 향기를 가진 꽃을 피우기 위해서는 봄에 씨앗이 뿌려지고 여름에 성장하고 가을에는 마지막 용틀임이 필요하다. 그러고는 꽃씨를 만들어 겨울을 준비한다. 자기만의 독창적인 연주 스타일을 창안한 파가니니처럼 나만의 독창성, Best One이 아닌 Only One을 추구하자. 나만의 색깔과 내면의 향기를 가진 앎의 길을 가자.

꽃은 구경꾼에게 감상의 대상이지만 꽃을 피우는 식물에게는 살아남느냐 죽느냐의 절박한 문제다. 나는 지금 나만의 꽃을 피우기 위해 얼마나 절박한 몸부림과 아우성을 치고 있는가? 지금은 비록 소리가 없고 영향력이 없을지라도 어느 순간 그것은 큰 파급으로 이어져 우렁찬 목소리를 낼 것이다. 그날이 오기까지는 아무도 찾지 않는 어둠의 시간, 창조적 발아의 시간을 확보할 필요가 있다.

"아무도 찾지 않는 높고 험한 곳일수록 꽃은 자신의 존재를 알리기 위해 눈물겨운 향기를 발하고 있습니다. 그래야 벌과 나비와 같은 곤충들이 다가와 수분을 가능하게 하고 생명을 퍼뜨릴 수 있게 만들어주기 때문입니다."[53]

죽순은 아무도 알아주지 않는 어두운 땅속에서 성장하기 위해 창조의 씨앗을 잉태하는 5년이라는 오랜 인고의 시간을 갖는다. 모든 창조의 비밀은 어둠 속에서 탄생한다.

깨어 있는 삶을
살아가기 위해

공부는 습관적으로 생각하는 '습관'의 '적'을 퇴치하는 과정이다.

내가 정말 생각해본 적이 언제라고 생각하는가? 나는 지금 생각하고 있다고 생각하는가? 혹시 생각한다고 하지만 어제의 생각을 그대로 '갖고' 있는 것을 어제와 다른 방법으로 생각'하고' 있는 것으로 착각하고 있지는 않은가? '생각한다'는 것은 타성과 고정관념에 젖어 사는 것을 의미하지 않고, 이전과는 다르게 생각하는 것을 의미한다. 나는 생각한다고 하면서 무의식적으로 어제 생각했던 방식을 기계적으로 반복하고 있지는 않은가? 공부를 계속해야 되는 가장 큰 이유 중의 하나는 어제와 다른 생각을 하기 위해서다. 생각하는 방법을 계속 공부하지 않으면 지금 갖고 있는 생각으로 상황이 바뀌는 미래에도 그대로 살아가려는 습관에서 벗어나기 어렵다.

많은 사람들이 생각하면서 '의견意見'을 제시한다고 생각하지만, 그 의견은 습관적으로 생각해온 '의견疑見'에 불과할 수도 있음을 인정할 때 내 생각도 틀릴 수 있다는 생각이 들기 시작한다. '생각한다'는 것은 당연함에 시비를 걸고 근본과 근원을 따져보는 물어봄이며, 이전과는 다른 물음을 던져 베일에 가려진 이면을 드러내려는 치열함이다. 공부는 어제와 다른 물음표를 던져 어제와 다른 생각을 끌어내는 방법을 배우는 과정이다.

상식적으로 생각하는 사람들은 '몰상식'한 생각을 인정해주지 않으며, '상식'이 뒤집혀 '식상'해져도 그것이 갖고 있는 위험성을 전혀 느끼지 못하고 살아간다. 상식이 뒤집혀 식상해지기 전에 상식에 시비를 거는 몰상식한 발상이 바로 공부를 통해서 우리가 배워야 될 상식이다. 여기서 몰상식하다는 것은 자세와 태도가 바람직하지 못해서 예의범절을 지키지 않는 개념 없는 사람들을 지칭하지 않는다. 몰상식하다는 것은 오히려 상식을 그대로 받아들이지 않고 한 번쯤 의문을 던져보고 문제를 제기하는 건강한 삶의 자세를 지칭한다. 몰상식한 생각은 상식의 불합리성이나 타성에 젖은 관습적 생각을 그대로 받아들이지 않고 다시한 번 생각해보려는 자세와 태도다. 태생적으로 몸에 각인된 프레임대로 돌아가려는 기계적인 생각에 한 번쯤 브레이크를 걸고 과연 나의 의지와 관계없이 무의식적으로 돌아가는 생각이 과연 올바른 생각인지를 끊임없이 반추하는 과정이 바로 공부하는 과정이다.

상식은 살아가면서 여러 번 불량 결혼을 한다. 습관과 결탁하여서는 '고정관념'으로 주저앉고, 좌정관천의 경험과 합작하여서는 '편견'으로 고착된다. 또한 새로운 생각을 거부하며 '선입견'으로 굳어지고, 관습과 어울리면서 웬만한 타격으로도 깨지지 않는 '타성'으로 자리 잡는다. 공부를 부단히 하지 않으면 안 되는 이유는 상식이 만들어나가는 고정관념, 편견, 선입견, 타성에 의문을 던지기 위해서다. 고정관념이 더 이상 관념으로 고정되지 않도록 부단한 자극을 주어야 하며, 편견과 선입견에 근본을 파고드는 질문을 던져 정당한 의견을 만들어나갈 수 있는 문제의식을 배워야 한다.

공부를 하지 않으면 안 되는 또 다른 이유는 아무런 문제의식 없이 타성에 젖어 살아가려는 생각의 중심을 죽비로 내려치면서 틀 밖의 사유를 즐기기 위해서다. 공부하지 않으면 틀에 박힌 생각, 습관적인 타성에 젖어 살아가고 있는지를 모른다. 어렸을 때는 모든 것이 궁금해서 매사를 호기심 어린 눈으로 바라보며 질문을 던지지만 어른이 되면서 세상은 점점 당연해지기 시작한다. 그런데 당연한 것은 없다. '물론'과 '당연', 그리고 '원래'에 물음표를 던지고 시비를 걸어야 한다. 그래야 새로운 생각의 임신이 가능하다. 이전과 색다른 자극에 나를 자주 의도적으로 노출시키지 않으면 새로운 생각은 임신되지 않고 색다른 생각의 자손은 태어나지 않는다. 색다른 자극이란 뇌가 이제까지 경험해보지 못한 모든 자극을 의미한다.

색다른 자극은 정상적인 방법, 평소의 생각대로 생각하지 않으려는 모든 노력을 지칭한다. 또한 어떤 일이 발생할 때 무의식적으로 돌아가는 생각의 프레임대로 따라가지 않고 내 생각에 대해 다시 한 번 생각해보려는 모든 노력을 지칭한다. 이렇게 생각하는 것이 맞는지, 과연 나는 누군가의 생각의 노예가 되어 기계적으로 반응하는 것은 아닌지, 모든 걸 자기중심적 또는 자기 편향적으로 생각하는 자기 편의주의에 물들어 있지는 않은지를 생각해보려는 문제 제기다.

우리는 대부분 살아가면서 왜 그렇게 생각하고 행동하는지를 자주 물어보지 않고 이전에 생각하고 행동해왔던 방식대로 무의식적으로 따라가는 경우가 많다. 아침에 일어나 자연스럽게 화장실에 간다든지 아침을 먹고 대중교통이나 자가용을 이용해 일터로 출근해서 책상에 앉아 습관적으로 컴퓨터를 켜고 이메일을 확인하고 관련 자료를 검색한다. 여느 날과 다름없이 회의에 참석하고 동료들과 어울려 점심을 먹고 다시 오후 업무를 보다 퇴근을 한다. 그러고는 저마다의 저녁시간을 보내고 나서 다시 잠자리에 든다. 하루 일과가 일상의 큰 변화가 없는 한 극히 정상적인 패턴으로 반복된다. 어제와 비슷한 방식으로 생각하고 행동하는 이유에 대해 아무도 문제를 제기하지 않는다. 생각한다는 것은 어제의 생각을 그대로 갖고 있는 게 아니라 어제와 다른 방법으로 기존의 생각에 대해 생각해보는 시간을 갖는 것이다.

편리한 디폴트 세팅,
틀에 박힌 생각의 시작

누군가 만들어놓은 선택지 안에서 내가 선택하지 않아도 자동적으로 프로그램이 설치되도록 사전에 설정된 프로그램의 초기 환경을 '디폴트 세팅default setting'이라고 한다. 컴퓨터나 각종 전자 기기를 구입해서 사용하기 위해서는 초기 설정 방식 중에서 어느 한 가지 방식을 선택해야 하는 옵션이 차례로 등장한다. 디폴트 세팅은 사용자의 다양한 사용 방식에 따라 소프트웨어나 어플리케이션의 초기 설정값을 바꿀 수 있는 선택 사안이다. 대부분의 사용자들은 소프트웨어나 기기에 설정된 두 가지 선택 사안, 즉 '표준 설치또는 권장 설치'나 '사용자 설치' 중 하나를 선택하도록 요구받는다. 하지만 대부분의 사용자들은 무의식적으로 다양한 의사 결정을 요구하는 '사용자 설치'보다 디폴트 세팅으로 되어 있는 '표준 설치' 버튼을 누름으로써 초기 설정값을 바꾸지 않고 그냥 사용한다.[54] 다양한 선택 사안 중에서 어느 하나를 반복해서 선택하는 수고를 포기하고 기계가 설정해준 편리한 방식을 따라가는 것이다.

본래 사용자의 다양한 요구에 부응하여 다양한 방식으로 사용할 수 있도록 설계된 디폴트 세팅은 사용자를 위해 맞춤형으로 설정한 것 같지만 사실은 사업자의 이익을 위해 설정된 경우가 대부분이다. 더욱이 기술의 구조를 모르거나 이해하지 못할 경우, 또 알더라도 게을러서 수정하지 않는 경우 사용자들은 사업자들이 만들어놓은 디폴트 세팅의 덫에 걸려든 먹잇감이 될 수 있다.[55] 인간의 뇌는 특별한 상황이 아니고서는 이미 짜여진 각본대로 효율적으로 의사 결정을 하려는 본능적 욕구를 갖고 있다. 뭔가 새로운 일을 추진해서 지금보다 나은 삶을 선택하기도 하지만 지금 상태를 유지하는 것이 큰 문제가 되지 않는 한 다른 선택을 하지 않으려는 성향을 갖고 있다. 인간의 이런 본능적 성향을 윌리엄 새뮤얼슨William Samuelson 교수와 리처드 제크하우저Richard Zeckhauser 교수는 '현상 유지 편향status quo bias'이라고 불렀다.[56] 디폴트 세팅대로 선택하려는 인간의 현상 유지 편향은 특별한 조건이 제시되어 엄청난 혜택을 보지 않는 상황이면 초기 설정값을 그대로 유지하려는 심리적 성향을 잘 보여주고 있다.

디폴트 세팅대로 현상을 유지하려는 편향적 사고는 이제까지 살아오면서 생긴 습관적인 사고, 즉 관성대로 살아가려는 성향과 같은 맥락이다. 디폴트 세팅을 바꾸지 않고 초기 설정된 대로 습관적으로 생각하고 행동하려는 성향은 경로 의존성經路依存性, path dependency이라는 개념과도 일맥상통한다. 경로 의존성은 한번 결정된 경로에 의존하기 시작하면 나중에 어떤 상황이 와도 초기에 따랐던 경로를 쉽게 바꿀 수 없는 경우를 지칭한다. 경로 의존성이 인간의 생각에 던져주는 중요한 시사점은 처음에 결정된 경로가 비록 비효율적이라고 판명되어도 경로에서 벗어나지 못하고 초기 경로를 그대로 따르려는 경향성을 지니고 있다는 점이다.[57] 경로 의존성은 인간의 이전 생각이 왜 쉽게 바뀌지 않고 어제의 생각을 오늘과 내일에도 반복해서 적용하는 어리석음을 범하고 있는지를 쉽게 설명하고 있다. 이처럼 과거에 의존했던 사고방식이나 경로에서 벗어나지 못하는 성향을 다른 말로 고착효과lock-in effect, 매너리즘mannerism, 또는 관성inertia이라고 한다.

"세상에서 가장 어려운 일은 사람들로 하여금 새로운 아이디어를 수용하게 하는 것이 아니라, 과거의 아이디어를 잊게 하는 것이다."

전 IBM CEO였던 루 거스너 회장의 말이다. 과거의 성공 체험에 젖어든 생각이 새로운 발상을 가로막는다는 이야기다. 공부를 통해서 언제나 깨어 있는 사람으로 거듭나야 되는 이유도 생각의 사각지대에 갇혀서 마치 내 생각이 최고의 생각이며 언제나 옳은 것처럼 착각하며 살아가려는 어리석음에서 벗어나기 위해서다.

　나도 모르게 내 안으로 들어와 주인 행세를 하는 생각이 과연 어디까지가 내 생각이고 어디까지가 남의 생각인지, 그리고 내가 의사 결정하고 판단하는 과정에 관여하는 판단 기준은 어떤 과정을 통해서 만들어진 것인지를 끊임없이 질문하고 생각해보는 연습이 필요하다. 마치 기계적으로 설정된 디폴트 세팅이 나에게 정말 맞는 것인지, 그렇게 세팅된 환경 속에서 나는 과연 올바르게 생각하고 의사 결정을 하는 것인지를 물어보는 것처럼 말이다. 따라서 기기를 구입하거나 앱을 설치할 때 가장 먼저 주의를 기울여야 될 부분은 기기의 초기 설정값이 어떻게 설정되어 있는지를 살펴보고 그것이 과연 나에게 맞는 설정값인지를 하나씩 확인해보는 것이다. 그렇지 않고 디폴트 세팅대로 따라가면 나만의 방식으로 기계를 사용하는 것이 아니라 기계가 설정한 방식대로 내가 기계에 속박되어 살아가는 역전 현상이 발생한다. 마찬가지로 나도 모르게 내 생각의 프레임으로 설정된 디폴트 세팅을 주도면밀하게 주기적으로 살펴보지 않으면 나는 내 생각대로 세상을 살아가는 것이 아니라 남의 생각으로 세팅된 설정값대로 살아가는 생각의 노예가 되기 십상이다. 세팅된 초기 설정값보다 더 좋은 선택 사안이 제시되어도 새로운 선택 사안을 선정하는 과정 자체가 수고와 노력이 수반되는 귀찮은 과정이다. 또한 새로운 선택 사안을 선택하지 않아도 엄청난 역기능이나 폐해가 발생하지 않는 한 사람은 원래대로 따라가려는 경로 의존성을 보여준다. 결국 인간은 관성의 법칙을 따라 기계적으로 생각하고 행동하며 어제와 비슷한 삶을 반복하는 어리석음의 덫에 걸려 살아가는 것이다.

이렇게 기계적으로 반복되는 무의식적인 생각을 다시 생각해보는 것이야말로 생각하는 방법을 배우는 진정한 의미이자 우리가 평생 동안 깨어 있으면서 끊임없이 내 생각이 작동되는 방식을 의심해봐야 될 이유임을 주장한 사람이 있다. 소설 《한없는 웃음거리Infinite Jest》로 《타임》지 선정 '20세기 100대 영문 소설'에 이름을 올렸던 미국의 소설가이자 에세이스트 고故 데이비드 포스터 월리스David Foster Wallace다. 국내에 처음으로 소개된 《이것은 물이다》[58]는 2005년 5월 21일 월리스가 한 케니언 대학교 졸업식 축사를 책으로 엮은 것이다. 월리스는 축사에서 자신의 내면 깊숙이 자리 잡은 나 위주의 사고방식을 고쳐나갈 수 있는 힘, 즉 디폴트 세팅을 벗어버리는 것이야말로 우리가 생각하는 방법을 공부하는 가장 중요한 이유라고 주장한다. 그는 "나 자신의 생각과 감정만이 절박하고 실존하는 현실"이며, 나 자신의 체험만이 절대적 진실이 된다고 생각하는 디폴트 세팅은 우리 모두가 태생적으로 지니고 있으며, 자기중심주의와 교만이 움트는 발원지라고 주장한다. 나도 모르게 내 생각을 지배하는 디폴트 세팅은 나 자신이 바로 세상의 중심이며, 지금 이 순간 내가 가진 욕구와 감정만이 세상의 우선순위를 결정하는 기준이어야 한다고 믿게 만든다. 나아가 사물이나 사건을 마주할 때마다 다르게 생각하기 이전에 자동적이고 무의식적으로 나를 중심에 두고 생각하게 만든다. 공부를 계속할 수밖에 없는 이유는 어떤 일이 벌어졌을 때 내 몸에 설정된 디폴트 세팅대로 자동적으로 생각이 돌아가기 이전에 그 생각의 경로가 과연 맞는 길인지 질문을 던지면서 대안을 모색하기 위해서다.

디폴트 세팅된 대로 생각하지 않고 깨어 있는 생각을 한다는 것은 무엇을 도대체 어떤 방법으로 생각하는 것일까? 《이것은 물이다》에 소개된 사례를 토대로 그 의미를 되새겨본다. 언제나 비슷한 방식으로 전개되는 직장 생활을 마치고 퇴근 후 사람들로 북적이는 마트에 일용할 양식을 사러 갔다. 마트에 가서 물건을 사고 돌아오는 사이에 만나게 되는 수많은 사람들은 오직 나를 중심에 놓고 본다면, 모두가 짜증나는 족속이 아닐 수 없다. 힘들게 내가 필요한 물건을 사서 계산하려는 순간 가뜩이나 피곤한데 계산대에 긴 줄로 늘어선 사람들, 가뜩이나 느리게 계산대를 통과하는데 중간에서 보통 사람보다 훨씬 더 많은 시간을 잡아먹는 사람을 보노라면 저절로 욕이 나온다. 그렇게 긴 기다림 끝에 계산대를 통과해서 집으로 향하는 길에는 교통 체증까지 엎친 데 덮친 격이다. 그 와중에 자기만 먼저 가겠다고 교묘하게 끼어드는 차량을 보노라면 육두문자를 쏟아낼 정도로 짜증이 나고 피곤함은 극에 달한다.

내 앞을 가로막고 있는 걸림돌들과 시시각각 내 신경을 건드리는 수많은 사건들 속에서 평정심을 잃지 않고 내 삶의 주인으로 살아가기에는 아직도 많은 점에서 역부족임을 느낀다. 내 방식대로 살아가는 삶의 장면마다 맞닥뜨리는 인간들과 함께 살아가야 하는 나는 절대 불행 그 자체일지 모른다. 하지만 자기 편향주의적 시각에서 벗어나 역지사지와 공감 어린 눈으로 다시 이들을 바라보면 다른 생각이 찾아올 수도 있다. 그들 역시 나와 마찬가지로 저마다의 사연을 갖고 힘겨운 삶을 살아가는 사람들이라고 생각한다면 무조건적인 짜증과 증오심은 온데간데없이 사라진다. 하루 종일 앉지도 못하고 나를 비롯한 수많은 고객들의 물건 값을 계산하느라고 돈을 받고 할인 포인트를 손님에게 일일이 챙겨주는 계산원들은 얼마나 지쳐 있을까. 그들은 나보다 훨씬 힘든 하루를 보내면서도 짜증스러운 감정을 표출하지 않고 견디고 있을지도 모른다. 또한 계산대 앞에서 다른 사람보다 훨씬 시간을 많이 잡아먹고 있는 누군가는 학교를 다닌 적이 없어 계산할 줄 모르는 사람일 수도 있다. 나역시 내 뒤에 줄 서 있는 누군가에게 걸림돌로 보일 수 있음을 인정할때 그동안 보여주었던 신경질적인 반응이 얼마나 부끄럽고 창피한 행동인지를 스스로 반성하게 된다.

그러나 저자는 디폴트 세팅을 벗어던지는 것이 지식이나 지성을 통해 해결되는 문제는 아니라고 말한다. 오히려 우리에게 필요한 것은, 같은 물속에 살아가는 물고기들처럼 다른 물고기들이 나와 함께 숨 쉬고 있다는 것과 그들이 같이 숨 쉬는 물에 대해 공감의 정을 갖고 역지사지 입장에서 생각해보는 것이다. 우리는 물속에서 살아가면서도 한 번도 물이 어떠한지, 혹은 물이 무엇인지도 모른 채 살아가고 있다. 그 물이 없으면 우리의 삶은 지속될 수 없음을 깨닫는 일이 가장 어렵고도 위대한 일이 아닐까. 깨어 있는 삶을 사는 방법은 너무 진부하고 당연하지만 우리 삶을 소리 없이 이끌어가는 보이지 않는 힘을 깊이 생각해보는 시간을 갖는 것이다. 특히 같은 물속에 살아가면서도 그들이 살아가면서 온몸으로 체험하고 느끼는 아픔과 사연을 온정과 공감, 배려와 존중, 각성과 성찰의 자세로 되돌아보면서 자기중심적 디폴트 세팅에서 벗어나보려고 노력하는 것이다. 예컨대 대형마트 계산대 앞의 지칠 대로 지쳐 보이는 계산원의 지루하고 반복되는 삶을 연민의 정을 넘어 역지사지 입장에서 헤아린다. 다시 말해서 자기만 피로하다는 자기중심적 사고를 버리고 다른 사람도 다 사연이 있음을 인정하고 지옥 같은 일상을 더불어 사는 공간으로 격상시키는 것이다. 판에 박힌 일상에 얽매여 모든 것을 자기 편향적으로 생각하며 살아가는 하루하루와 결별하고, '깨어 있는 삶'을 사는 것이다. 영혼 없이 물신과 습관에 끌려다니는 삶이 아니라, 각성과 성찰로 더불어 사는 사람들과 함께 사는 세상에 대해 깊이 있게 생각해보는 것이다. 이 책의 부제처럼 '깨어 있는 삶을 사는 것'이야말로 진정한 자유이자 교육의 진정한 가치이며, 생각하는 법을 배운다는 의미다. 그럼으로써 너무나 가까이 있어서 당연하다고 생각하며 깨닫지 못하는 현실, 즉 '물'을 똑바로 응시하는 것이다. 여기서 물은 매일매일 살아가는 우리들의 삶의 무대다. 저자는 깨어 있는 삶을 살아가기 위해서는 너무나 당연한 현실이고 근본적이고 진실이지만 깨닫지 못하도록 막는 디폴트 세팅에서 벗어나기 위한 '싸움'이 필요하며, 이런 일이야말로 평생을 걸어야 할 '과업'이라고 이야기한다. 이것이 바로 이 책에서 말하는 우리가 공부를 통해 깨우쳐야 될 평범하지만 가장 소중한 진리라는 점을 잊어서는 안 된다.

덕분에 본분을 잊지 않고
살아가기 위해

공부는 본분을 지키고 덕분에 살아가는 방법을 배우는 과정이다.

'덕분德分에'라는 말은 '덕德'을 '나누어分'준다는 말이다. '때문에'라는 말은 핑계와 자기합리화를 위해 둘러대는 말이지만 '덕분에'라는 말은 당신이 나에게 덕을 나누어준 그 덕분에 내가 잘되었다는 말이다. '때문에'라는 말을 주로 사용하는 사람은 문제의 원인을 내 안에서 찾지 않고 밖에서 찾는다. 나는 잘못한 게 없고 다른 누군가나 환경적 요인 때문에 문제가 발생했다고 생각한다.

《좋은 기업을 넘어 위대한 기업으로》[59]라는 책에 보면 일류 리더와 이류 리더가 창문과 거울을 사용하는 방식의 차이에 대해서 나온다. 이류 리더는 회사가 잘 안 될 때 창문을 내다보고 밖의 환경이 안 좋거나 직원들이 열심히 노력하지 않았기 때문에 문제가 발생했다고 비난한다. 그리고 거꾸로 회사가 잘될 때는 거울을 들여다보면서 자화자찬을 늘어놓는다. 반면에 일류 리더는 회사가 잘 안 될 때 거울을 들여다보고 문제의 발단이 자신에게서 시작되었다고 생각하면서 반성한다. 거꾸로 회사가 잘되면 창밖을 바라보며 회사를 도와주는 환경과 열심히 노력해준 직원들 덕분이라고 생각한다. 똑같은 창문과 거울인데 일류 리더와 이류 리더는 이것을 각각 다른 용도로 활용한다. 우리가 공부를 계속해야 되는 이유는 거울을 자기반성의 도구로 활용하고 창문을 바라보며 오늘의 나를 만든 것은 다른 사람들 덕분이라고 생각하는 미덕을 배우기 위해서다.

자신의 형편도 어렵지만 힘든 일을 겪고 있는 사람을 보면 측은지심이 발동해서 발 벗고 나서는 사람이 우리 주변에는 의외로 많다. 자신이 과거에 힘든 경험을 하면서 좌절해본 덕분에 주변 사람들의 아픔에 공감하고 손을 내밀어줄 수 있는 것이다. 이런 사람이 많다는 것은 아직도 우리 사회에 희망이 있다는 증거다. 문제는 일정한 경지나 수준에 올라 삶에 여유가 생기면 자신의 과거를 잊어버리고 마치 자신의 힘으로만 오늘의 성취를 이루었다고 착각할 때 일어난다. 모든 성취는 그 성취를 이루어나가는 과정에 직간접적으로 관여한 모든 사람들의 합작품이다. 한 개인의 성취는 사회적 합작품이며 덕분에 이루어진 아름다운 성과다. 물론 내가 열심히 해서 만들어진 결과도 있다. 하지만 나 혼자 열심히 한다고 그런 결과가 나오는 경우는 거의 없다. 가만히 생각해보라. 내가 어디서 출발해서 여기까지 어떤 과정을 거쳐서 오게 되었는지를.

이 세상에 존재하는 모든 사람은 다른 사람 덕분에 존재하는 빚쟁이다. 나는 부모님 덕분에 세상을 구경할 수 있었고, 어려운 여러 여건에도 불구하고 여전히 희망을 버리지 않고 살아갈 수 있는 것도 부모님이

공부는 아무리 작은 결과라고 할지라도 혼자의 힘으로 만들어낸

외로운 투쟁의 산물이 아니라 함께 더불어 노력해서 만든 합작품이라는

사실을 깨달아가는 수행의 과정이다.

나를 낳아주신 덕분이다. 내가 나름 이렇게 성장할 수 있었던 것도 그동안 나를 만나면서 직간접적으로 도움을 제공해준 무수히 많은 은인들 덕분이다. 내가 먹는 모든 음식은 봄부터 씨를 뿌리고 한여름 비바람과 천둥, 그리고 땡볕을 견뎌가며 곡식을 재배해온 수많은 농부들 덕분이다. 내가 읽는 수많은 책도 고뇌와 사투를 거듭하며 자신의 체험적 깨달음을 글로 옮겨준 낯선 저자 덕분에 만날 수 있었다. 내가 살고 있는 집, 내가 지니고 있는 모든 물건, 내가 이용하는 교통수단, 내가 듣는 음악과 보는 그림, 내가 누리는 세상의 모든 혜택 중에 내가 직접 수고와 정성을 들여 만든 건 거의 없다. 내가 살아갈 수 있는 원동력에는 나의 의지와 야망이 살아 숨 쉬기도 하지만, 나를 살아 숨 쉬게 만드는 더욱 소중한 원동력은 나에게 직간접적으로 도움을 제공해주는 수많은 은인들의 수고에 있다. 내가 밥을 먹고 살 수 있는 이유도 내 책을 사는 수많은 독자들과 내 강의를 듣는 학생들 덕분이고, 밖에서 내 강연을 들어주는 수많은 청중들 덕분이다.

모든 일은 덕분德分에 가능한 일이다. 덕분에 뭔가를 성취할 수 있으며 덕분에 행복할 수 있다. 그래서 사람은 그 덕德을 나누며分 살아가는 덕분의 미덕을 몸으로 실천해야 된다. 공부는 세상의 모든 일이 덕분에 잘되고 있음을 온몸으로 깨닫고, 그 깨달은 바를 실천에 옮기는 방법을 배우는 과정이다. 대부분의 성취가 덕분이라는 사실을 깨달을수록 더 겸손해지고 작은 것이라도 다른 사람과 나누려는 아름다운 마음이 싹트는 것이다.

나는 나를 만들어준 다양한 인간관계 덕분에 존재할 수 있으며 덕분에 행복을 추구하며 살아갈 수 있다. 사람은 덕분에 태어나 덕분에 살아가며 덕분에 행복하고 덕분에 보람과 가치를 창조하며 살아가는 사회 역사적 관계의 산물이다. 공부는 이렇게 덕분에 이루어진 사회적 합작품의 이면을 들여다보고 하나의 결과나 성과가 나오기까지의 과정을 들여다보면서 깨달음을 얻는 탐구 과정이다. '쌀 미米' 자를 분석해보면 '여덟 팔八' 두 개가 합쳐져八+八=米 있다. 이 쌀 한 톨米이 생산되려면 농부의 88가지의 수고와 정성이 들어가야 한다는 깨달음을 얻기 위해서 우리는 공부를 하는 것이다. 공부는 아무리 작은 결과라고 할지라도 혼자의 힘으로 만들어낸 외로운 투쟁의 산물이 아니라 함께 더불어 노력해서 만든 합작품이라는 사실을 깨달아가는 수행의 과정이다. 공부를 멈추지 않고 죽을 때까지 계속해야 되는 이유도 바로 여기에 있다.

매사가 덕분에 이루어졌다고 생각하며 감사할 줄 아는 사람은 함부로 말하지 않고 타성에 물들지 않는다. 끊임없이 공부하는 자세를 잃지 않고 어제와 다른 나를 만나기 위해 부단히 노력한다. 매사가 덕분에 잘된 일이기에 내가 이룬 나의 성취 결과를 나누고 더불어서 행복한 사회를 만들기 위한 공부를 게을리하지 않는다.

나의 전문성은 다른 사람과의 다양한 인간적 관계 속에 자란 사회적 산물이자 특정 맥락에서 발아된 문화적 산물이다. 내가 보유하고 있는 전문성은 독자적인 지식이나 기술이 아니라 다른 사람의 전문성을 활용하여 나의 목적을 달성하는 과정에서 직간접적으로 영향을 미친 사회적 관계의 산물이다. 전문성은 덕택德澤에 생긴 것이다. '누군가의 덕德으로 그 은혜가 저수지 연못澤처럼 가득 차게 되었다'는 의미가 바로 덕택德澤이라면, 전문성은 내가 몸담고 있는 현장, 함께 보내고 있는 현실 속에서, 다른 사람과의 다양한 인간관계 속에서 갈고 다듬어진 사회적 합작품이다. 모든 전문성은 덕택德澤에 축적된 아름다운 성과이자 덕분德分에 생긴 공동의 창작품이다. 덕분에 생긴 전문성이기에 덕德을 나눠주는分 가운데 다시 한 번 빛을 발할 수 있다. 나의 안위安慰를 위한 전문성이 아니라 행복한 공동체를 건설하는 데 기여할 수 있는 전문성으로 발돋움할 때 비로소 꽃이 피고 열매가 맺힌다. 전문성은 이제 개인 차원을 넘어 공감共感의 장으로 공론화되고 마침내 공명共鳴의 파장을 일으키며 사회적 공동선을 위해 아름답게 쓰인다. 공부 덕분에 본분本分을 잊지 않고 살아갈 때 공부는 정도正道를 걸어가기 시작하는 것이다.

전문가는 전문성을 축적한 사람이기 이전에 인간으로서 지녀야 될 기본적인 덕목과 자질을 갖춘 인격적 존재라는 점을 잊어서는 안 된다. 전문가는 전문적 지식과 기술, 관련 분야의 다양한 경험을 축적한 사람일 뿐만 아니라 자신의 전문성을 활용하여 개인적 또는 조직적 문제를 함께 해결하고 딜레마 상황을 탈출할 수 있는 대안을 모색하는 데 앞장서는 사람이다.

"성장했지만 성숙하지 못한 사람은 배운 지식을 이용해 금융 사기를 친다. 배우지 못한 장발장은 고작 촛대를 훔칠 뿐이지만, 배웠지만 성숙하지 못한 인간은 못 배웠지만 성실한 사람들의 삶을 통째로 파괴하는 괴물 짓을 서슴지 않고 있다."[60]

아주대학교 노명우 교수가 쓴 《세상물정의 사회학》에 나오는 말이다. 최근 일어나는 법조인들의 비리, 기업의 분식회계 비리, 금융 사기

범들의 행각 등은 모두 해당 분야의 전문가들이 자신의 지식을 활용하여 일으키는 지능 범죄들이다. 배우지 못했지만 평생 노점상을 하면서 번 재산을 기부하는 선량한 시민들은 배운 사람들이 벌이는 사기 행각을 이해할 수 없을 것이다. 노점상 등으로 어렵게 모은 자신의 재산 5억 5000만 원 상당을 저소득층 복지 기금에 쓰도록 기부한 경기도 성남시에 사는 81세 홍계향 할머니와, 평생 먹을 것 안 먹고, 입을 것 안 입으며 힘들게 모은 현금 10억 3000만 원을 충북대학교에 기부한 80세 신언임 할머니는 배움으로 성장했지만 성숙하지 못한 전문 지식인들이 배워야 될 아름다운 인간상이다. 남들보다 좋은 환경에서 태어나 별다른 고생하지 않고 공부를 한 화이트칼라들 중에는 자신이 쌓은 전문성이 덕분에 쌓인 사회적 산물이라는 점을 망각하는 사람들이 있다. 공부를 통해서 전문가의 외양은 갖추었지만 내면적 성숙을 추구하는 자기 변신의 공부가 부족한 경우다. 이들이 잠시 도덕적 판단 능력을 상실하고 자신의 전문성을 엉뚱한 방향으로 활용할 경우 심각한 사회적 폐해를 불러올 지능 범죄를 저지를 수 있다. 공부를 하는 이유는 타인의 아픔에 공감하면서 이를 치유할 수 있는 상상력을 개발하고, 기꺼이 남을 위해 봉사하는 방법을 배우기 위해서임을 잊어서는 안 된다.

현명하게
길을 잃기 위해

공부는 길을 잃은 덕분에 우연히 다른 길을 만나는 과정이다.

나는 왜 하루도 빠지지 않고 공부하는가. 하루라도 책을 읽지 않으면 입에 가시가 돋는다는 말처럼 하루라도 공부하지 않으면 성장도 거기서 멈춘다. 배움은 모든 생명체의 지적 호흡이기 때문이다.[61] 호흡을 멈추면 생명도 멈추듯 지적 호흡을 멈추면 성장도 멈추는 것이다. 배움을 멈추는 순간 그때부터 늙기 시작한다. 배움의 즐거움을 잃어가는 순간 내일이 기대되지도 않고 설레지도 않는다.

"배우고 때때로 익히면 또한 즐겁지 아니한가學而時習之 不亦悅乎."

《논어》[62]의 첫 편인 학이편의 첫 구절이다. 배우고 익히는 과정의 즐거움이야말로 사람이 인생을 살면서 느끼는 가장 행복한 느낌이 아닐까. 나는 이런 배움의 즐거움을 맛보기 위해서 살아가면서 세 가지 실존적 축제를 벌이고 있다. 첫째, 읽지 않으면 읽힌다고 말하며 경계를 넘나들며 지독하게 독서한다. 경계를 넘나들며 읽는 책이 세상을 남다르게 볼 수 있는 원동력이라고 생각한다. 색다르게 읽어야 남다르게 세상을 읽을 수 있다는 신념을 갖고 있다. 읽는 일이 내가 살아가면서 하는 가장 소중한 일이다. 둘째, 쓰지 않으면 쓰러진다는 각오로 분야를 막론하고 열정적으로 글을 쓴다. 많이 읽고 다양한 체험을 하면서 보고 듣고 느낀 점을 색다르게 쓰는 연습을 게을리하지 않는다. 쓰면 쓰임이 달라진다는 철학을 갖고 있다. 책을 읽는 목적도 생각의 텃밭을 갈아엎으면서 생각의 씨앗을 글로 틔워내기 위해서다. 읽고 쓰는 공부가 곧 내 삶이자 앎이다. 셋째, 의미를 심장에 꽂아 의미심장하게 만드는 감동적인 강연으로 사람들이 도전하고 열정을 가지도록, 그리고 어제와 다르게 생각하고 행동할 수 있도록 자극하며 선동한다. 읽고 쓴 내용, 그 과정에서 얻은 깨달음을 나누는 강의와 강연이야말로 살아가면서 깨닫는 가장 큰 공부다. 그냥 알고 있는 바에 나의 체험적 깨달음을 추가해서 사람들과 나누는 가운데 또 다른 깨달음이 일어나는 경우가 많다. 오늘도 어제와 색다른 도전, 미지의 세계로 떠나는 여행을 즐기며 남다른 도약을 꿈꾸고 있다.

공부는 정해진 길 위에서 가장 빨리 목적지에 도달하는 길을 찾기 위해서 하는 게 아니다. 공부는 아무도 걸어가지 않은 길을 찾아 새로운 길을 내거나 지금 걷고 있는 길에서 벗어나 다른 길을 걸어가기 위해서 하는 탐구의 과정이다.

"책 읽기의 목적이 미로 밖으로 빠져나가기 위한 것이라면 그 목적은 이루어질 가망이 없다. 그런 목적으로 책을 읽는 이들은 미로 밖으로 나가게 해줄 최종적인 책을 찾아 일생을 도서관 안을 헤매다가 해골의 신세가 될 것이다. 그렇다면 출구를 찾을 희망 없이 미로 속을 떠도는 것이 무슨 의미가 있냐고 물을지 모르겠다. 하지만 실제로 그렇게 이 책에서 저 책으로 텍스트의 미로를 헤매어보라. 최종적인 출구를 발견하지 못해도 그럭저럭 원하던 해답을 얻을 수 있다. 놀랍지 않은가? 책을 읽는 것은 미로에서 빠져나오기 위함이 아니다. 그 안에서 현명하게 길을 잃기 위함이다."[63]

《진중권의 미학 오디세이 작가노트》에 나오는 말이다. 공부는 길을 찾기 위해 하는 게 아니라 지금 찾았다고 생각하는 길에서 벗어나기 위해서다. 길이 끝나는 곳에서 다시 길이 시작된다는 말이 있다. 나의 길이라고 생각했던 길 위에서 다시 길을 찾아 나서기 위해서는 꾸준히 공부를 할 수밖에 없다. 공부는 길을 가는 동안 수없이 길을 잃고 헤매는 가운데 우연히 만나는 해후邂逅다. 앞으로 우리가 어떤 만남을 통해서 어떤 깨달음을 얻을지는 절대로 미리 계획을 세울 수 없다. 달성해야 될 목표를 설정해놓고 공부를 하다 보면 목표 이외의 것에 대해서는 당연히 무관심하거나 의도적으로 관심권역에서 지워버린다. 왜냐하면 주어진 목표를 달성하는 과정에서 방해 요인으로 작용하며 결과적으로 공부의 효율을 떨어뜨리는 원인이 되기 때문이다.

"본래 땅 위에는 길이 없었다. 걸어가는 사람이 많아지면 그것이 곧 길이 되는 것이다."

중국의 사상가 루쉰의 말이다. 공부하다 보면 없었던 길도 생긴다. 그 길 위에서 다시 길을 잃어야 다른 공부가 시작된다.

사람들은 평상시에는 길을 찾지 않는다. 잘나가던 길 위에서 넘어져 심각한 좌절과 절망을 체험할 때 자신이 걸어가는 길이 맞는 길인지를 물어본다. 영화 〈나의 산티아고〉에 나오는 대사인 "길을 잃어야 길을 찾아 나선다."는 말처럼 사람들은 길을 잃어야 길을 찾아 나선다. 아니, 지금 가고 있는 길이 맞는지 길 위에서 길을 잃고 진정 내가 걸어가면 행복한 길이 무엇인지를 스스로에게 물어보기 위해 길을 걷는다. 그래서 이 영화에는 다음과 같은 말이 이어서 나온다.

"이 길은 당신을 무너뜨리고 비워버린다. 그리고 다시 당신을 세운다. 기초부터 단단하게."

길을 찾기 위해 걷는 길 위에서 일상에서 접하지 못했던 불편함과 어려움에 직면하여 수없이 무너지고 자빠지면서 스스로를 일으켜 세우기를 반복한다. 그 속에서 자신의 존재 이유와 의미를 되묻는 성찰의 시간을 갖는다. 삶은 고통 속에서 순간의 즐거움을 맛보고 그 의미를 가슴에 품고 저마다 힘겨운 사투를 벌이며 살아가는 여정이다. 힘들어야 없었던 힘을 쓰기 시작하면서 새로운 힘이 생기듯 아픈 데가 있어야 아픔을 치유하는 과정에서 '앓음다움'으로 아름다움의 꽃을 피울 수 있다.

"깨달음의 길에서도 나는 여전히 암흑 속을 걷는다."는 말을 잊지 말자. 〈나의 산티아고〉는 독일의 인기 코미디언 하페 케르켈링Hape Kerkeling의 베스트셀러 《그 길에서 나를 만나다》를 원작으로 한 작품이다. 영화는 남프랑스 생장피드포르Saint-Jean-Pied-de-Port에서 스페인의 산티아고데콤포스텔라Santiago de Compostela까지 800km에 달하는 순례길의 아름다운 풍경을 담아냈다. '순례자의 길'이라 불리는 카미노데산티아고Camino de Santiago는 예수의 열두 제자 중 하나인 성 야고보가 복음을 전파하기 위해 걸었던 길이다. 영화에서는 한참 잘나가던 코미디언 하페가 건강상의 문제로 정상 궤도에서 이탈한 후 긴 휴식 시간을 갖다가 험난한 순례의 길을 걸으며 내가 걸어온 길과 내가 앞으로 걸어갈 길의 의미를 끊임없이 묻고 답한다. 진정한 나를 만나려면 혼자 걸어야 한다. 시끄럽고 혼란스러운 일상에서는 내가 누구인지를 물어볼 시간적 여유조차 없다. 아니, 그런 질문의 의미와 의의조차 느끼지 못하고 살아간다. 절대 고독과 침묵 속에서 나를 생각해보려다가도 수없이 찾아드는 잡념과 상념이 홀로 생각하는 시간을 허락하지 않는다. 이 길은 단지 수많은 가능성 중 하나일 뿐이다. 길은 하나가 아니라 수천의 길이 존재한다. 그러나 길은 각자에게 한 가지 질문만을 던진다. "당신은 누구인가?" 원래부터 틀린 길은 없다. 다만 걸어가는 사연과 배경이 달라서 풍경이 다를 뿐이다.

공부는 목적지에 도달하는 방법을 배우는 것이라기보다 목적지에 도달하는 순간 다른 목적지로 다시 탈주하는 과정을 배우는 것이다. 공부는 내가 목적지라고 생각했던 이상이 환상과 몽상일 수도 있음을 온몸으로 실험하고 모색하는 과정이다. 공부를 하는 목적은 목적지에 도달하는 효율적인 방법을 터득하는 데 있기보다 목적지에 이르는 여정에서 우연한 마주침을 통해 얻는 깨우침과 뉘우침에 있다. 길 위에서 벌어지는 우연한 사건과의 마주침으로 내 생각의 틀이 깨지고 기존과 다른 생각의 임신이 시작되는 과정이 바로 공부로 들어가는 문이자 여정이다.

프랑스의 철학자 들뢰즈와 가타리가 창안한 '리좀'[64]이라는 개념이 시사하듯 공부는 낯선 사건과의 우발적인 접속이 끊임없이 이어지는 가운데 인식의 지평이 확산되고 깊이가 심화되는 과정이다. 리좀은 시작도 끝도 없이 무한대로 뻗어나가는 사이와 중간이고, 종단하면서 횡단하는 가운데 다양한 접목과 융합을 시도한다. 마찬가지로 공부도 하나의 가치관을 중심에 설정해놓고 그것을 기점으로 위계적 관계를 만들어나가는 사고 과정이 아니라 시작도 끝도 없는 가운데 부단한 접속과 접목을 통해 어제와 다른 차이가 반복되는 과정이다. 우연의 끝은 또 다른 우연으로 접속되어 무한대의 또 다른 우연으로 뻗어나갈 뿐이다. 살아가면서 만나는 우연한 만남이나 마주침만큼 강력한 깨우침과 뉘우침을 줄 수 있는 가르침이 또 있을까. 공부는 생각지도 못한 우연한 마주침이 생각지도 못한 삶의 계기나 전기를 마련하고 그 속에서 탄생하는 숱한 삶의 역사로 어제와 다른 나를 만드는 과정이다.

"인생의 가장 훌륭한 감독은 우연이다."

영화 〈리스본행 야간열차〉에 나오는 대사다. 우연히 떠오른 생각의 단상을 메모장에 끼적거렸던 흔적이 지금 눈앞에서 현실로 펼쳐지는 경우가 있다.

공부는 어떤 목적을 달성하기 위한 수단으로 할 경우 공부하는 과정에서 재미와 즐거움이 사라질 수 있다. 행복이 목적지에 있지 않고 목적지로 가는 동안 지나는 수많은 간이역에 존재하듯이 공부도 목적지에 도달하기 위한 사투가 아니라 목적지에 이르는 여정에서 즐겁고 신나게 노는 가운데 깨달음을 얻는 놀이다. 목적지로 가는 여정에서 우연히 만난 사람과 책, 우연히 스쳐 지나간 사물과 사건과의 만남이 내 운명을 바꾸는 신호탄이 될 거라고는 아무도 예측할 수 없다. 지나고 나서 돌이켜 보니까 내가 만난 수많은 점들의 향연이 나의 오늘을 만드는 선이 된 것이고, 그 선이 모여서 나의 면모를 만든 원동력이 된 셈이다.

《호모 루덴스》[65]를 쓴 하위징아에 따르면 모든 놀이는 자발적인 행위다. 강제성을 띠거나 어떤 의무로서 이행될 때 이미 놀이의 자발성과 자유를 상실한다. 모든 놀이에서는 수단과 목적이 분리되지 않는다. 수단과 목적이 분리된 행동은 노동이고 수단과 목적이 일치된 행동을 놀이라고 한다.[66] 우리가 공부를 하는 가장 중요한 목적은 인생의 주인으로 살아가는 자유를 얻기 위해서다. 주인으로 살아가는 사람이야말로 자기의 존재 이유를 알고 가장 자유롭게 살아가는 사람이다.

내 인생의 주인으로
살아가기 위해

공부는 나만의 색다름을 찾아 나다움을 발견하는 과정이다.

"나였던 그 아이는 어디 있을까,/아직 내 속에 있을까 아니면 사라졌을까?"[67]

칠레의 시인 파블로 네루다의 유고 시집 《질문의 책》에 나오는 시 구절이다. 나였던 그 아이가 나이가 들면서 나였던 그 아이처럼 살지 않고 남들처럼 살고, 나를 잊어버리는 경우가 많다. 남들처럼 살다가 나다움을 잊어버리고 어느새 나 아닌 다른 사람으로 살아가고 있다는 점을 깨닫기만 해도 다행이다. 이 시의 후반부에 이런 질문이 나온다.

"내 어린 시절이 죽었을 때/왜 우리는 둘 다 죽지 않았을까?"

어린 시절의 내가 죽었지만 나는 그동안 내가 아닌 다른 사람으로 바뀌어 나다움을 잊고 남들처럼 여전히 살아가고 있음을 반성하는 구절이라고 생각한다. 어린 시절의 내가 죽었다는 이야기는 더 이상 본래의 나답게 살아가지 않는다는 이야기다. 나를 찾아 떠나는 여행을 그만

두고 나 아닌 다른 것에 관심을 뺏기고 살아가는 것이다.

니체도 나이가 들수록 우리 마음속에 어린아이를 끊임없이 임신하라고 하지 않았던가. 나이가 들수록 동심을 잃어버리면서 틀에 박힌 사유를 한다. 세상의 모든 것이 원래 그렇고 당연히 그런 세상으로 보이기 시작한다. 공부는 원래 그런 세상, 당연하다고 여기고 무관심했던 현상, 아무런 의심도 하지 않았던 당연한 그 세계에 대해 물음표를 던져 이전과 다르게 생각해보는 과정이다. 그런 앎에 대한 호기심과 궁금함이 없어지면서 배움에 대한 갈망과 욕구도 없어지고 나를 찾아 떠나는 탐구 과정에 대한 열정도 식어가는 것이다.

"당신을 모르고 100년을 사는 것보다 당신을 알고 지금 당장 죽는 게 나아요"

영화 〈포카혼타스Pocahontas〉 대사 중 일부다. 이 말을 다음과 같이 바꿔서 말할 수 있다.

"내가 정말 누구인지를 모르고 100년을 사는 것보다 내가 정말 누구인지를 알고 지금 당장 죽는 게 나아요."

공부의 목적은 자기다움을 찾는 데 있다. 자기다움은 내 인생의 주인으로 살아갈 때 자연스럽게 드러나는, 남과 비교할 수 없는 나다움이자 색다름이다. 즉, 나답게 살면 자기다움이 저절로 드러나고 색달라진다. 색다르면 저절로 남달라진다. 자기다움을 찾아 나답게 살아가는 방법을 배우는 과정이 바로 공부다.

나다움을 찾은 사람은 자기의 존재 이유를 찾은 사람이다. 자기의 존재 이유를 찾은 사람은 자유롭게 살아간다. 자기의 존재 이유를 찾은 사람은 시류에 흔들리지 않고 남과 비교하지 않으며 묵묵히 자신의 정체성을 드러내는 길을 걸어간다. 내가 누구인지를 안다는 것은 내가 하면 신나는 일, 내가 하면 잘할 수 있는 일을 알아가는 과정이기도 하지만 내가 모르는 것이 무엇인지를 깨닫는 과정이기도 하다.

내가 무엇을 모르는지를 아는 사람은 함부로 말하지 않고 부끄러워할 줄 안다. 부끄럽다고 생각하는 능력은 인간이 동물과 비교되는 최고의 능력이다. 또한 내가 누구인지를 안다는 것은 나의 한계가 무엇인지를 몸으로 깨닫는 것과 같다. 나의 한계는 책상에 앉아서 머리로 알 수 없다. 나의 한계는 한계에 도전하는 체험을 통해서 알 수 있다. 한계에 도전하는 체험이 가져다주는 깨달음이야말로 가장 소중한 공부다. 몸으로 터득한 나의 한계를 아는 사람은 함부로 말하지 않고 경거망동하지 않는다. 공부가 사람을 겸손하게 만드는 이유다.

공부를 통해 발견하는 나다움은 색다름에서 나온다. '색다르다'와 '남다르다'는 다르다. '색다름'은 나만의 색깔에서 나오고 '남다름'은 남과 다름에서 나온다. 색달라지려고 노력하는 사람은 어제의 나와 비교하고, 남달라지려고 노력하는 사람은 남과 비교한다. 색달라지려고 노력하는 사람은 그 누구와도 비교할 수 없는 유일한 사람이 되기 위해 The Only One의 세계로 빠져든다. 하지만 남달라지려고 노력하는 사람은 그 누구와 비교해서라도 최고가 되기 위해 The Best One의 경쟁 세계로 뛰어든다. 어제의 나와 비교해서 나아지려고 애쓸수록 나다움에 가까워지지만 남과의 비교에서 나아지려고 애쓸수록 남과 가까워진다.

남들처럼 살지 않고 나답게 살아가기 위해서는 남의 시선에서 벗어

나다움을 찾은 사람은 자기의 존재 이유를 찾은 사람이다.
자기의 존재 이유를 찾은 사람은 자유롭게 살아간다.

나 나를 찾아가는 여행을 해야 한다. 그 답은 밖에 있지 않고 이미 내 안에 존재한다. 공부는 내 안에 존재하는 나를 찾아가기 위해서 시작하는 것이다. 모든 여행은 밖으로 떠나지만 결국 나를 만나기 위한 여행으로 귀결된다. 진정한 행복은 남다름을 찾는 여행에서 오지 않고 자기만의 색깔을 찾아가는 색다름의 여행에서 나온다. 지금 우리는 남달라지려고 노력하고 있는지 아니면 색달라지려고 노력하고 있는지를 물어볼 필요가 있다. 공부는 색다름으로 나다움을 드러내는 길을 찾기 위한 수행의 과정이다.

나다움이 무엇인지 그리고 내가 꿈꾸는 미지의 세계가 어떤 세상인지를 모르고 살다가 뒤늦게 나답게 꿈꾸며 살아가는 것이 무엇인지를 발견하는 경우는 그나마 다행이다. 문제는 내가 누구인지, 내가 하면 신나는 일이 무엇인지, 내가 가고 싶은 목적지를 모르고 주어진 현실에 어쩔 수 없이 적응하며 살다가 소중한 삶을 마감하는 데 있다. 현실은 언제나 녹록지 않다. 수많은 걸림돌이 있고 장애물도 즐비하다. 삶은 살지 말지를 결정하는 선택의 대상이 아니라 그럼에도 불구하고 살아가야 하는 운명이다. 그래서 영화 〈터미널〉의 "사람들은 모두 저마다의 힘겨운 전투를 벌이며 살아갑니다."라는 대사가 가슴에 와 닿는지도 모른다.

공부는 고통스러운 과정임을 뻔히 알면서도 고통의 한복판으로 들어가 고통을 온몸으로 겪으며 깨달음의 즐거움을 맛보는 과정이다. 고통스럽지만 그럼에도 불구하고 공부하는 여정을 포기하지 않는 이유는, 세상은 내가 어떤 관점으로 보는지에 따라서 전혀 다른 깨달음을 얻을 수 있기 때문이다.

"단 하나의 세계가 아니라 몇백만의 세계, 인간의 눈동자와 지성과 거의 동수인 세계가 있고, 그것이 아침마다 깨어난다."

《잃어버린 시간을 찾아서》[68]를 쓴 마르셀 프루스트Marcel Proust의 말이다. 결국 공부는 다른 사람의 눈으로 비춰진 세상을 무의식적으로 받아들이는 과정이 아니라 내가 살고 싶은 세상을 이미지로 그리면서 상상하는 과정이다.

《철학적 시 읽기의 괴로움》[69]이라는 책을 쓴 강신주에 따르면, 우리는 자기만의 세계를 잃어버리고 권력이나 자본 혹은 관습이 강요하는 공통된 색안경을 끼고 자기의 세계를 살아간다고 한다. 우리 삶이 우울하고 힘든 이유도 자기 옷이 아니라 남의 옷을 입고 살아서 힘들다는 것이다. 나에게 어울리는 일을 하면 아름다워지고 나다움이 자연스럽게 드러날 수 있다. 사과 정물화로 세계적인 화가가 된 세잔에게 어울리는 길은 자기만의 관점으로 남다르게 본 사물을 그림으로 그리는 길이다. 같은 음악가지만 바흐에게 어울리는 음악이 있고 쇼팽에게 어울리는 음악이 있으며 베토벤만이 해낼 수 있는 음악이 있다. 예술가를 포함하여 모든 시인과 철학자는 저마다 남과 비교할 수 없는 자기만의 목소리를 낸다. 우리가 공부하는 첫 번째 이유는 자기만의 목소리를 내기 위해서다. 남들처럼 살아가는 방법을 배우면서도 남들의 성공이나 삶에 관한 스토리를 읽는 궁극적인 이유는 그들이 저마다의 삶을 살아가기 위해 어떤 노력을 전개했는지를 보기 위해서다. 다양한 시나 문학 작품을 읽는 이유도 그 속에서 자기다움을 찾아가는 여정을 배우기 위해서다.

공부를 하는 목적은 나에게 어울리는 일자리를 찾아 삶의 정도正道를 걸어가기 위해서다. 보통 나에게 어울리는 일자리는 세 가지 자리를 의미한다. 첫째, 나에게 어울리는 일자리는 '제자리'다. 나에게 어울리는 제자리에 일자리가 존재할 때 그 일자리는 내가 하면 나의 존재 이유를 드러내는 자리다. 일자리는 무조건 모든 사람들이 선호하는 '윗자리'가 아니다. 나에게 어울리는 일이 중요하지 남에게 보여주기 위한 자리가 중요하지 않다. 부단한 실험과 모색을 통해서 공부하는 정도에 따라 나에게 어울리는 일자리의 정도가 달라진다. 둘째, 나에게 어울리는 일자리는 '설 자리'다. 내가 마땅히 있어야 될 자리는 일자리를 통해 내가 지켜야 될 설 자리다. 처음부터 '명당자리'인 일자리는 없다. 다양한 일을 직접 체험해보고 일과 관련된 공부를 겸행하면서 나의 존재를 끊임없이 드러내는 자리가 바로 설 자리다. 마지막으로 나에게 어울리는 일자리는 '살 자리', 즉 내가 살아가는 자리다. 일자리는 저절로 보금자리가 되지 않는다. 주어진 삶을 살아가면서 내가 살아가는 이유를 드러내는 일자리가 바로 살 자리다.

'제자리'에 서서 살아갈 때 나에게 어울리는 제자리는 '설 자리'가 되어 '살 자리'로 다가온다. 나에게 맞는 일자리는 나에게 어울리는 자리, 내가 하면 나의 정체성을 드러내는 '제자리'다. 어울리는 일을 하면 그 자리가 바로 나의 정체성을 드러내는 '제자리'이자 나를 바로 세울 수 있는 '설 자리'이며, 내가 즐겁게 일하면 밥을 먹고 살 수 있는 '살 자리'다. 공부의 정도正道는 '제자리'를 찾아가서 나를 바로 세우는 '설 자리'를 닦아 나가는 과정에서 '살 자리'를 부단히 혁신하는 정도程度에 따라 결정된다.

삶은 얼마나 오랫동안 살았는지보다 살아가는 동안 진정한 나로 살 았는지가 중요하다. '지금까지' 비록 내가 원하는 삶을 살아오지 못했어 도 '지금부터' 내가 원하는 삶을 찾아 나서는 공부를 하면 된다. 과거보 다는 지금에 충실하면서 지금보다 더 나은 미래를 향해 가슴 뛰는 삶을 추구하는 것이다. 미래는 불확실하고 어떤 일이 벌어질지 모르기 때문 에 더 가슴이 뛰는 것이다. 아직 오지 않은 미래를 미리 끌어다 고민하 지 않고 지금 '내 일$_{my job}$'을 하는 사람이 아름다운 '내일$_{tomorrow}$'을 맞 이할 수 있다. 어떤 미래가 펼쳐질지 모르기 때문에 불안하고 걱정스러 울 수 있다. 그렇지만 오지 않은 미래를 걱정한다고 불안감이 사라지지 는 않는다. 오히려 미래를 모르기 때문에 이전과 다른 방법으로 준비하 고 대응하는 공부가 필요한 것이다. 미래를 내가 통제할 수 있는 방법 은 없다. 오로지 내가 할 수 있는 것은 지금 여기서 미래를 위한 공부를 하는 것밖에 없다. 흘러간 과거를 붙잡고 후회하지 말고, 다가오지 않은 미래를 미리 끌어당겨 걱정하지 말자.

"어제는 이미 흘러간 역사이고, 내일은 아직 오지 않은 미스터리, 오 늘은 우리가 즐겨야 되는 선물, 그게 현재를 우리가 선물$_{present}$이라고 부르는 이유다."

영화 〈쿵푸 팬더〉에 나오는 대사다. 흘러간 과거는 바꿀 수 없다. 다 가올 미래도 바꿀 수 있는 방법이 없다. 그러나 지금 이 순간을 바꾸면 흘러간 과거도 아름다운 추억으로 되새겨지고, 오지 않은 내일도 가슴 뛰는 미래로 다가올 것이다. 미래가 각본과 계획에 따라 한 치의 오차도 없이 펼쳐진다면 얼마나 재미없는 인생일까? 미래는 아직 오지 않은 미래未來가 아니라 지금 현재 어떤 삶을 살아가는지에 따라 얼마든지 다르게 보이는 아름다운 내일, 미래美來다. 미래未來가 미래美來인 이유는 공부를 통해서 다가오는 미래를 아름답게 만들 수 있기 때문이다. 아름다운 나를 발견하는 과정은 내가 시련과 역경, 아픔과 슬픔을 나에게 어울리는 경력으로 만들어나가는 과정이다. 세상의 모든 아름다운 경력은 힘든 역경을 견뎌내고 보여주는 나다움의 결과다. 아름다움도 아픔을 견뎌내고 보여주는 사람다움이다. 공부는 힘들고 고통스러운 과정일지라도 그 속에서 내가 담금질되는 과정이다. 공부는 내가 누구인지, 내가 나를 사랑할 때 드러나는 나만의 고유함을 발견하면서 어제와 다른 나로 부단히 변신하는 과정이다.

"모든 살아 있는 생명체는 자기만의 답을 갖고 있다."[70]

여기서 말하는 '자기만의 답'은 남과 비교할 수 없는 나만의 생존 방식이자 내가 지금까지 살아남을 수 있었던 소중한 삶의 원리다. 자연의 모든 생명체는 저마다 살아가는 이유와 지금까지 살아남은 자기만의 전략이 있다. 그냥 거기에 존재하는 생명체는 아무도 없다. 공부는 다양한 방법을 통해 실험하고 모색하면서 나를 가장 잘 드러낼 수 있는 방식을 찾아 탐구하는 과정이자 내가 살아가는 이유를 찾아 나서는 탐험이다. 내가 살아가는 이유는 밖에 있지 않고 내 안에 있다. 그래서 공부는 미지의 세계로 떠나는 탐험이기도 하지만 안으로 파고들어가는 탐구 과정이다. 남들처럼 살아가면서 남에게 보여주기 위한 삶이 아니라 나만의 방식으로 나에게 어울리는 일을 찾아 나다움을 드러내는 삶을 살아가는 게 공부하는 삶이다. 나다움은 밖에 있지 않고 내 안에 잠자고 있다. 파블로 네루다가 말한 '나였던 그 아이'는 밖에 있지 않고 내 안에 있다. 그 아이를 불러내서 같이 놀아주지 않고 버려두었기에 나였던 그 아이는 내가 되지 못하고 남이 되어 꿈을 잃어버린 것이다.

"진정한 너 자신이야말로 너의 스승이다."[71]

리처드 바크의 《갈매기의 꿈》에 나오는 말이다. 공부는 밖에 있는 스승에게 깨우침을 얻는 과정이기도 하지만 진정한 나 자신이 누구인지를 가르쳐주는 내면의 스승을 만나러 떠나는 여정이기도 하다.

"네 자신에 이르는 길을 찾고자 하는가? 그렇다면 잠시 멈추고 내 말을 들어보라."

그래서 니체는 《차라투스트라는 이렇게 말했다》[72]에서 "시도와 물음, 그것이 나의 모든 행로였다."고 고백한 것이다. 나 자신에 이르는 길이 무엇인지에 관해 질문을 던지고 그 길에 이르는 길을 다양한 방법으로 실험하고 모색하는 가운데 나를 찾는 여행을 계속한 것이다. 니체는 질문을 던지고 나서 그냥 앉아서 답을 기다리지 않았다. 니체에게 기다림은 새로운 나로 변신하여 도래하는 맞이함이며, 다가옴을 향한 다가섬이고, 진정한 나다움을 향한 되어감이자, 무르익음이다.[73] 하지만 고병권에 따르면 우리는 여러 가지 이유로 인해서 나 자신을 만나기 위한 치열한 물음과 시도를 포기해버린다.[74] 가슴에 손을 얹고 생각해보자. 나는 나를 알기 위해 얼마나 간절하게 물음을 던졌으며, 얼마나 치열하게 실험하고 모색해왔는가? 나를 알기 위한 여행을 떠나기도 전에 현실적인 이유를 들어 합리화시키고 포기하지는 않았는가? 아니면 내가 누구인지, 나다움이 무엇을 의미하는지 묻기도 전에 나를 알고 싶은 호기심을 잃어버리고 지금 여기에 안주하지 않았는가? 공부는 나를 찾아 떠나는 여정에서 직면하는 수많은 장애물과 걸림돌, 갖가지 편견의 그물과 관습의 덫을 빠져나와 힘겹게 지금의 내가 지금의 나와 다른 나를 만나러 떠나는 사투 과정이다. 그 사투의 과정이 쉽지 않기에 많은 사람들이 포기하고 지금의 나에 안주하여 타성의 늪에 빠져 살아가는 것이다. 다시 한 번 물어보자. 나는 나다움을 찾기 위해 도전하기 전에 한계선을 긋고 포기하고 있는가, 아니면 남들이 정해놓은 한계선에서 도전을 시작하고 있는가?

How³

어떻게 공부할 것인가?

변화의 파도가 아무리 세차게 몰려와도 공부를 계속하면서 깨어 있는 사람에게는 언제나 또 다른 배움의 기회로 다가올 뿐이다. 똑같은 변화가 와도 변화의 이면을 들여다보고 보이지 않는 힘을 읽어내는 사람은 공부를 통해서 세상을 다르게 보는 훈련을 계속한 사람이다. 공부하는 사람은 세상을 다르게 보기 위해서 남다르게 책을 읽으면서 깊은 사색을 즐기는 사람이다. 독서는 사실 읽기가 아니라 생각하는 과정이다. 읽으면서 생각한 바를 직접 몸을 움직여 실천하는 체험이 동반되지 않으면 관념적 앎에 머무를 수 있다. 공부의 화룡점정은 보고 생각하며 읽은 내용을 체험하면서 온몸으로 느낀 점을 글로 옮겨보는 쓰기에 있다. 쓰기는 곧 살아가기다. 쓰기를 통해서 비로소 앎과 삶이 혼연일체가 된다. 이런 모든 과정을 종합해보면 공부는 교실에서 이루어지기보다 일상에서 만나는 사람들의 아픔을 가슴으로 생각하는 '감수성'과 남다른 문제의식으로 잉태되는 '상상력'을 통해 새로운 아이디어를 도출하고 이를 불굴의 의지를 갖고 부단히 '실험'하고 모색하는 '감상실'에서 일어난다. 배움을 멈추는 순간 사람은 늙기 시작한다. 자기만의 공부 방법을 개발해서 지속적으로 자기 변신을 위해 공부하는 사람만큼 즐겁고 행복한 사람이 있을까.

공부하는 6가지 방법

보는 방법을
배워라

1 독특한 관점
세상을 다르게 보는 방법을 배워라.

읽는 방법을
배워라

2 지독한 독서
색다르게 읽는 방법을 배워라.

생각하는 방법을
배워라

3 치열한 사색
사고 치면서 사고하는
방법을 배워라.

한계에 도전하는
방법을 배워라

4 비약적인 도약
한계에 도전하는 방법을 배워라.

글 쓰는
방법을 배워라

5 힘겨운 애쓰기
체험적 깨달음을 글로 쓰는
방법을 배워라.

종합: 공부는
교실이 아니라
감상실에서
배우는 과정이다

6 부단한 상상력 실험
책상을 벗어나 일상에서 비상하는
방법을 배워라.

보는 방법을
배워라

공부는 세상을 다르게 보는 방법을 배우는 독특한 관점이다.

한자에는 보는 것에 세 가지의 의미가 있는데, 이를 견시관見視觀이라 한다.[75] 한문으로 '볼 견見'은 눈 뜨고 있으니 보이는 것이다. 영어의 see에 해당하는 말이다. '견見'은 눈目을 크게 뜬 사람人의 눈으로 외부의 사물이나 현상이 보이는 것을 형상화한 한자다. '견見'은 무엇인가 보일 때 가지게 되는 의견意見이나 견해見解다. '견見'은 눈앞에 보이는 이익을 보고 의로움을 생각하는 견리사의見利思義나 눈앞의 물건을 보면 욕심이 생긴다는 견물생심見物生心이 말해주듯이 보고 싶어서 보는 것이 아니라 그냥 눈앞에 있어서 보이는 것이다. '견見'은 또한 자기 방식대로 보는 것이다. 자기 방식대로 본 의견과 견해가 다르기 때문에 남의 의견과 주장을 틀린 것으로 간주하면서 견해차見解差가 발생한다.

'볼 시視'는 어느 차원에서 보느냐의 문제다. '시視'는 '견見'과 '시示'가 결합해 어떤 대상을 보여주거나 보는 것을 말한다. 어느 각도에서 보느냐에 따라 다르게 보이는 것을 말한다. 시각차視角差가 발생하는 이유는 보는 각도角度가 달라서다. 정면과 측면, 또는 후면, 어느 쪽에서 보느냐에 따라 보이는 것이 다르고 보는 것이 다르다. 장님 여럿이서 코끼리를 만진다는 군맹무상群盲撫象이 시사하듯 어느 각도에서 어떤 부위를 보면서 만지느냐에 따라 코끼리에 대한 시각차가 발생하는 것이다.

견시관의 '관觀'은 중심에서 보는 것이다. '볼 관觀'은 큰 눈을 가진 수리부엉이가 목표물을 응시하듯 뚫어지게 바라보는 것을 의미한다. 사물을 무심코 시각적으로 보는 것을 넘어서서 자세히 응시凝視하면서 꿰뚫어보는 것이다. 관형찰색觀形察色이라는 사자성어가 말해주듯이 '관觀'은 마음을 떠보기 위하여 얼굴빛을 자세히 살펴보거나 잘 모르는 사물을 자세히 관찰하는 것을 의미한다. 사실 우리는 사물이나 현상의 겉모습만 보고 그것의 진면목을 보지 못하는 경우가 많다. 사물을 보려면 눈동자에 초점을 맞추고 봐야 하는데 초점을 맞추고 보면 볼수록 다른 것은 보지 못하는 딜레마에 빠진다. 아이러니컬하게도 눈동자가 없어야 전후좌우를 다 볼 수 있다. 그래서 '관觀' 자에는 눈동자가 없다고 한다.

공부하는 사람이 지녀야 할 네 가지 눈:
육안肉眼, 뇌안腦案, 심안心眼, 영안靈眼

관심을 갖고 관찰하면서 기록하면 안 보이던 것도 보인다. 관심을 갖고 관찰하는 이유는 보이지 않는 패턴과 관계를 발견하기 위해서다.

관심 없이 그냥 보면see, 見 안 보이지만, 관심을 갖고 유심히 관찰하면서 보면watch, 觀 무질서 속의 패턴을 발견할 수 있고, 패턴을 발견하면 법칙을 정립할 수 있으며, 법칙을 정립하면 미래의 현상을 예언할 수 있는 통찰력이 생긴다. 창조는 통찰에서, 통찰은 관찰에서 생긴다. 위대한 창조를 하려면 익숙하게 접하고 있는 일상과 주변을 남다른 눈으로 관찰해야 한다. 관찰은 관점觀點과 시점時點, 그리고 시각時角에 따라 전혀 다른 결과를 얻을 수 있다. 똑같은 현상을 관찰하더라도 보는 사람이 전문 기술자적 관점이냐 아니면 마케터 관점이냐, 과거와 현재, 미래 시점 중에서 어느 시점에서 관찰하느냐, 또는 정면에서 보느냐, 아니면 측면과 후면에서 관찰하느냐에 따라 다른 결과를 얻을 수 있다. 남다른 관찰 결과를 얻으려면 관점, 시점, 그리고 시각을 바꿔보는 노력을 의도적으로 전개해야 한다. 사람들은 자기 경험적 범위 내에서 늘 보고 싶은 것만 보는 경향이 있다. 보이는 것은 자신이 보고 싶은 것이다. '열 십+' 자 모양을 보여주면 산부인과 의사는 배꼽, 교통 경찰은 사거리, 기능공은 십자드라이버, 약사는 녹십자, 목사는 십자가, 간호사는 적십자를 떠올린다. 자기 경험적 지식으로 자신이 보고 싶은 것만 보기 때문이다.

이외수의 《글쓰기의 공중부양》[76]에 보면 사람에게는 네 가지 눈이 있다고 한다. 첫째, '육안肉眼'은 사물의 물리적 특성을 보는 눈이다. 육안이 겉으로 드러나는 사물의 물리적 특성을 보는 눈이라면, '뇌안腦案'은 사물의 과학적 특성을 분석하는 눈이다. 콩을 보면서 콩이 까맣거나 동그랗다고 보는 눈은 육안이지만 콩의 종류별 영양 성분을 따지는 눈은 뇌안이다. 햄버거 포장지를 보면 영양 정보가 과학적 분석에 의해서 제시되어 있다. 사물의 속성이나 특성을 과학적으로 분석하는 눈이 바로 뇌안이다. 육안과 뇌안은 누구나 갖고 있다. 육안과 뇌안으로만 세상을 보는 사람들은 삶이 무미건조하다. 무엇이든지 보이는 대로만 보고 논리적으로 분석해서 깨달음을 얻으려고 한다. 특히 뇌안은 느낌보다는 생각이 지배하는 눈이다. 감동과 감흥이 없다.

똑같은 육안과 뇌안을 갖고 있지만 남다른 성취를 이루어내는 사람들은 남이 갖고 있지 않는 '심안心眼'을 갖고 있다. 햄버거를 보고 맛있다고 생각하는 눈은 육안이며, 햄버거가 건강에 좋지 않은 영향을 미칠 것이라고 과학적으로 분석하는 눈은 뇌안이다. 과학적 분석으로 포착되지 않는 깨달음을 보는 눈은 심안에서 비롯된다. 심안을 갖고 있는 사람은 햄버거를 있는 그대로 바라보지 않는다. 심안은 겉으로 보이는 피상보다 겉으로 보이지 않는 현상의 이면을 보는 눈이다. 한마디로 머리로 보지 않고 마음으로 보는 눈이다.

똑같은 물질적 피상을 보고도 거기서 시적 상상력을 발휘하는 사람이 있다. 시적 상상력과 문학적 감수성으로 사물의 본질을 꿰뚫어 통찰하는 눈을 갖고 있는 사람은 삼라만상의 미물을 그냥 흘려보내지 않는다. 모든 자연현상과 사회현상이 하나의 시요, 문학적 재료다. 심안을 갖고 있는 사람은 사람과 사물을 바라볼 때 깊은 관심과 뜨거운 애정으로 본다. 햄버거를 먹을 때 겉으로 드러난 영양 성분만 보는 것이 아니라 하나의 햄버거가 탄생하기까지의 과정을 시인의 마음으로 바라보는 눈이다. 햄버거에 담긴 소의 아픔을 읽고 햄버거를 생산하는 시스템의 역기능적 폐해를 읽어내는 눈이다.

심안을 개발하는 방법은 역지사지易地思之로 상대방의 입장에서 생각하고 행동하는 연습을 해보는 것이다. 심안은 궁극적으로 역지사지를 넘어 물아일체物我一體의 마음으로 생각하고 행동하는 가운데 가슴으로 타인의 아픔을 사랑할 때 비로소 개안이 되는 눈이다. 예를 들어 의자라는 사물을 심안으로 바라보자. 의자의 아픔이 무엇인지 의자가 되어 생각해본 적은 거의 없을 것이다. 사람은 의자에 앉아서 밥을 먹거나 공부를 하고 커피를 마시고 쉬기도 한다. 그렇지만 의자 입장에서는 얼마나 힘든 일인가. 육중한 몸무게를 몇 시간 동안 떠받치고 있지 않은가. 내가 직접 의자가 되어 그 무게를 꼼짝 않고 버티고 있다고 생각해보자. 과연 얼마 동안이나 버틸 수 있을까. 이런 힘겨운 의자의 마음을 의자 입장이 되어 귀 기울여 들어보고 그 아픔을 마치 나의 아픔처럼 생각해주고 배려하며 공감하는 눈이 심안이다.

심안이 가장 발달된 사람이 바로 시인이다. 그래서 심안을 개발하는 가장 효과적인 방법은 시인의 입장이 되어 시인이 어떤 마음으로 시를 썼는지를 헤아려보는 것이다. 장석주 시인의 〈대추 한 알〉이라는 시의 일부를 보자.

"저게 저절로 붉어질 리는 없다/저 안에 태풍 몇 개/저 안에 천둥 몇 개/저 안에 벼락 몇 개/저 안에 번개 몇 개가 들어서서 붉게 익히는 것일 게다."

육안만 갖고 있는 사람은 빨간 대추를 보고 맛있다고 생각할 것이고, 뇌안을 갖고 있는 사람은 빨간 대추의 영양 성분을 과학적으로 분석하는 논리적인 눈을 갖고 있을 것이다. 그런데 심안을 갖고 있는 사람은 자신이 대추가 되어 봄부터 가을까지 자라는 과정에 감정이입을 함으로써 역지사지로 생각해보고 물아일체가 되어 대추의 마음을 읽어낸다. 그래서 대추 한 알에 담긴 무수한 사연과 배경을 시인의 눈으로 읽어내는 것이다.

남다른 문제의식은 물리적 특성을 보는 육안, 과학적으로 분석하는 뇌안과 시적 상상력을 떠올리는 심안을 넘어 '영안靈眼'을 갖고 있는 사람에게서 나온다. 영안은 일상의 작은 사물이나 현상을 움직이는 보이지 않는 구조적 질서와 체계를 읽어내는 눈이다. 작은 사물 및 실체가 다른 전체와 맺고 있는 구조적 관계를 꿰뚫어 읽어내거나, 작은 것에서 큰 것을 보는 '혜안慧眼'이다. 영안은 부분 속에서 전체를 읽어내는 직관적 통찰력의 눈이다.

'햄버거 커넥션Hamburger Connection'이라는 말이 있다. 햄버거의 재료가 되는 소고기를 얻기 위해 조성되는 목장이 열대림 파괴 현상으로 이어지는 것을 말한다. 햄버거용 소고기 100g을 생산하기 위해서는 물 2,000리터가 필요하다. 여기서 주목할 점은 점점 더 빨리 소비되는 햄버거용 소고기를 대량 양산하기 위해 숲을 태우고 목초지를 만들면서 숲이 그만큼 빨리 사라지고 있다는 사실이다. 1960년대 이후 중앙아메리카 숲의 25% 이상이 소를 키우기 위한 목초지 조성을 위해 벌채되었다고 한다. 햄버거 커넥션은 배고픔을 충족시키기 위해 내가 먹는 햄버거 하나에도 이렇게 놀라운 사실이 숨겨져 있다는 사실을 알려준다. 햄버거를 많이 먹을수록 숲을 파괴하고 환경오염과 지구 온난화 현상을 일으킨다는 점을 아는 눈이 바로 영안이다.

영안은 겉으로 드러나지 않지만 겉으로 드러난 현상을 움직이는 보이지 않는 구조적 관계나 힘의 역학 관계를 밝혀내는 과정이다. 공부는 보이는 것이 다가 아니라 보이지 않는 것이 보이는 것을 움직이는 엄청난 힘을 갖고 있음을 깨닫는 과정이다. 예를 들면 파도와 인간의 생존도 아무런 관계가 없는 것처럼 보이지만 이면을 보면 밀접한 관계가 있음을 알 수 있다. 파도가 바위를 때려 화학 원소를 녹이고, 해조류들이 화학 원소를 먹고 소화를 시키면 가스가 발생하고, 이것이 하늘로 올라가면 비구름 속에 있다가 비가 내릴 때 화학 원소들이 대지에 스며든다. 이것이 농작물의 생장을 결정하고 인간은 이것을 먹고 생존한다. 결국 파도가 치지 않으면 인간의 생명에도 심각한 위협으로 작용한다. 파도와 인간의 생명 간에 존재하는 보이지 않는 구조적 관계를 깨닫는 과정이 바로 공부다.

자연 생태계에 살아가는 모든 생명체는 저마다의 살아가는 이유와 생존의 원리가 있다. 하지만 생태계의 생명체는 다른 생명체와 독립적으로 존재하는 개체가 아니라 다른 생명체와 긴밀한 상호 의존 관계 속에서 살아가는 것이다. 이처럼 공부는 현상을 움직이는 이면의 힘과 역학관계를 밝혀나가는 방법을 배우는 과정이다.

앞서 예로 들었던 신영복 교수의 《처음처럼》[77]에 실린 밥과 건빵 이야기도 관계없어 보이는 밥과 건빵이 긴밀한 관계가 있음을 보여주는 사례다. 겉으로 드러난 싸움이라는 현상을 설명하기 위해서는 밥과 건빵 사이에 존재하는 보이지 않는 관계를 해명할 필요가 있음을 알 수 있다.

공부를 많이 한 사람과 그렇지 않은 사람의 차이는 보이는 것이 다가 아니라는 사실을 얼마나 체험적으로 깨닫고 있느냐의 여부다. 공부를 별로 하지 않은 사람은 보이는 현상에 일희일비하면서 현상의 이면에서 보이는 현상을 움직이는 구조적 관계나 원리를 이해하지 못한다. 공부의 핵심은 세상을 움직이는 보이지 않는 근본적인 원리를 배워서 문제나 위기가 심각해지기 이전에 현명하게 대처하는 노하우를 습득하는 것이다.

눈은 세계를 읽어내는 필터다. 내가 어떤 필터를 갖고 공부하느냐에 따라 동일한 세계라고 할지라도 전혀 다른 세상으로 이해되고 해석된다. 육안을 넘어서 뇌안으로, 뇌안을 넘어 심안으로 사물과 실체의 본성을 읽어내는 시적 상상력을 연마하고 개발하는 과정이 공부의 핵심이다. 마지막으로 진정한 공부는 보이지 않는 세계를 보는 영안을 개발하는 데 있다. 영안은 보이지 않는 구조적 관계나 힘을 읽어내는 눈이다. 진정한 공부는 육안이나 뇌안에서 비롯되기보다 마음으로 읽는 심안과 영혼의 눈으로 바라보는 영안에서 비롯된다.

나는 지금 육안으로 사물의 겉모습만 보고 있지는 않은가? 나는 지금 사물의 본질을 과학적으로 분석하는 논리적인 눈으로만 보려고 하지는 않은가? 나는 지금 육안과 뇌안을 넘어 세상을 역지사지 입장에서 심안으로 바라보려고 얼마나 노력하고 있는가? 보이는 현상의 이면을 꿰뚫어보는 영안을 갖추기 위해서는 어떤 노력을 기울이고 있는가? 남다른 '혜안'은 영혼의 눈 '영안'에서 비롯된다.

공부하는 사람이 지녀야 할 다섯 가지 안경眼鏡:
망원경, 현미경, 만화경, 내시경, 투시경

공부한다는 것은 변화의 움직임을 포착하는 망원경으로 미래를 내다보는 과정일 뿐만 아니라 현미경으로 지금 발을 딛고 서 있는 현실을 구체적으로 들여다보는 과정이기도 하다. 공부하는 사람은 만화경으로 변화무쌍한 세상의 다양한 변화상을 간파하면서 변화의 본질을 감지해야 한다. 나아가 공부하는 사람은 내면에 잠재되어 있는 욕구와 욕망을 들여다보는 내시경을 지니고 있어야 될 뿐만 아니라 보이지 않는 것을 꿰뚫어보는 투시경을 지니고 있어야 한다.

——

망원경으로 미래를, 현미경으로 현실을,
만화경으로 변화무쌍함을 보라

삼매경三昧境의 한자를 풀이하면 '석 삼三', '새벽 매昧', '지경 경境', 즉 오직 한 가지 일에만 마음을 집중시키는 경지를 의미한다. 그런데 이 책에서 말하는 '삼매경三魅鏡'은 망원경望遠鏡, 현미경顯微鏡, 만화경萬華鏡으로 대변되는 세 가지 매력적인 거울이다. 세 가지 거울에 대한 아이디어는 삼성경제연구소에서 발간된 《삼매경三魅鏡》[78]이라는 책에서 얻었다. 남다른 생각을 하는 사람은 끊임없이 거울에 비추어 자신의 일상을 반성한다. 오늘은 어제와 다르게 생각하고 행동했는가? 내일을 위해 오늘 나는 무엇을 준비하고 있는가? 거울에 자신의 모습을 비추어 봐야 자신의 생각과 행동의 변화 모습을 반추해볼 수 있다. 여기서 거울은 얼굴을 보는 유리 거울이 아니라 세상을 다르게 볼 수 있는 망원경, 현미경, 만화경이다. 망원경, 현미경, 만화경이 모두 들어 있는 거울이 책이다. 책을 보면 미래를 내다볼 수 있는 망원경이 들어 있고, 현실을 자세하게 들여다볼 수 있는 현미경이 있으며, 시시각각 변화되는 요지경瑤池鏡의 세상을 점검해볼 수 있는 만화경이 들어 있다. 책은 추한 나를 비추는 반성의 거울이며, 세상을 다르게 비춰 보는 전망의 거울이다.

세상을 다르게 보는 사람은 다양한 안경을 쓰고 다양한 가능성을 찾아보는 사람이다. 세상은 내가 쓰고 있는 안경대로 보인다. 여기서 안경은 세상을 바라보는 관점이지만 관점도 어떤 안경을 쓰고 보느냐에 따라 달라진다. 예를 들면 망원경으로 세상을 바라보는 사람은 미래학자의 관점으로 세상을 바라보면서 사회 변화 추세나 이슈를 중점적으로 본다. 현미경으로 세상을 들여다보는 사람은 현실주의자 관점으로 지금 현장에서 일어나고 있는 사안이나 문제를 중심으로 관찰한다. 만화경으로 세상을 살펴보는 사람은 몽환주의자 관점에서 다채로운 변화가 갖는 형형색색의 아름다움을 감상하는 데 주력할 것이다. 망원경으로만 세상을 바라보면 현실을 무시한 이상주의자가 될 수 있고, 현미경으로만 세상을 들여다보면 미래 사회의 변화와는 무관하게 현실 문제에만 매몰될 수 있다. 만화경으로만 세상을 감상할 경우 변화의 본질을 망각한 지나친 환상이나 몽상에 사로잡힐 수 있다. 세상의 변화가 요구하는

'욕망desires'을 정확하게 간파하면서도 현실 세계가 원하는 '희망hopes' 사항을 무시하지 않으면서, 현실 너머의 세계를 꿈꾸는 '열망aspirations'을 포착해야 한다. 다르게 생각하는 사람은 편견과 선입견을 배제하고 세 가지 안경으로 요지경인 세상을 균형 잡힌 관점으로 바라본다.

문제는 자기가 쓰고 있는 안경의 종류에 따라 세상이 다르게 보일 뿐만 아니라 경험을 통해 형성된 신념과 가치관에 따라 세상이 다르게 보인다는 점이다. 사람은 자기 신념대로 세상을 바라보고 자기 신념에 유리하게 작용하는 사실만 보려는 편향이 있기 때문이다. 망원경은 망망대해를 바라보면서 미지의 세계를 동경하는 희망의 안경이지만, 어떤 꿈을 갈망하느냐에 따라 미래는 자기가 보고 싶은 대로 채색될 수 있다. 현미경은 구체적인 현실 문제를 자세히 들여다보는 안경이지만 어떤 문제의식으로 주어진 이슈를 이해하고 해석하느냐에 따라 동일한 문제도 다르게 이해되고 다른 해결 대안이 동원된다. 만화경이 보여주는 형형색색은 객관적인 수학이 만들어낸 과학의 산물이지만, 그것이 보여주는 현실 문제나 미래의 이슈는 인간의 환상을 담은 주관적인 몽상일 수 있다.

따지고 보면 망원경, 현미경, 만화경은 자신이 보고 싶은 것만 채색해서 보는 색안경의 산물이라 할 수도 있다. 따라서 세상을 다르게 보고 생각하기 위해서는 어떤 안경을 쓰는지에 관계없이 안경으로 바라본 세상을 해석하는 경험적 렌즈를 바꿔야 한다는 결론을 얻을 수 있다.

나를 들여다보는 내시경:
답은 밖에 있지 않고 안에 있다

내시경은 본래 수술 없이 보고 싶은 장기의 내부에 기계를 삽입하여 자세하게 관찰하기 위해서 고안된 기구다. 내시경內視鏡은 한자 그대로 해석하면 내부를 보는 거울이다. 거울은 흔히 얼굴을 비롯해서 겉모습을 비추어 보는 생활용품이다. 따라서 현재의 겉모습을 비추어 봄으로써 무엇인가 부분적으로 변화를 주기 위해 사용된다. 그런데 내시경은 육안으로 볼 수 없는 장기의 내부를 작은 거울과 기계적 원리를 활용하여 보는 기구다. 내시경은 이렇게 물리적 기구로서의 의미도 갖고 있지만 마음을 들여다보고 비추어 본다는 은유적 의미로도 사용할 수 있다.

대부분의 사람들은 주로 밖을 보고, 안을 들여다보는 데에는 그다지 많은 시간을 투자하지 않는다. 자신과 대화를 나누는 시간보다 다른 사람과 대화를 나누는 시간이 더 많다. 침묵 속에서 자신과 만날 수 있는 시간보다 소란 속에서 남과 만나는 시간이 많다. 그렇다 보니 진정 내가 누구인지, 어디로 가고 있는지를 물어보면서 안으로 파고들어갈 수가 없다. 언제나 바쁘고 주변은 산만하다. 해도 해도 일은 끝이 없고, 목표는 점점 높아져만 가고, 일을 더 빠르게 처리해야 한다는 시간적 압박감도 줄어들지 않는다. 모두 밖을 향하는 끝없는 욕망의 열차를 타고 달리기 때문이다.

잠시 달리던 길 위에서 멈추고 나를 들여다보자. 나를 들여다보는 강력한 내시경 중에 책이라는 거울이 있다. 책은 자신의 현재 위치를 반추해보고 반성하는 거울로 쓰일 수 있다. 책을 읽으면서 책의 내용이나 저자의 문제의식에 비추어 나의 현재 위치를 재점검하고 앞으로 어떻게 살아야 할지를 고민하는 데 중요한 화두나 단서를 얻는 원천이 될 수 있기 때문이다. 책을 읽으면 사람이 부끄러워지는 이유가 책이 나의 추한 모습이나 자만 또는 거만한 모습을 채찍질하고 있기 때문이다. 만약 책을 읽지 않는 사람이라면 자신의 현재 위치나 보유하고 있는 지식, 체험적 노하우가 얼마나 보잘것없는 것인지를 비추어 볼 수 없다. 어딘가에 비추어 봐야 부끄러워할 수 있다. 사람이 부끄러워할 줄 아는 능력을 가졌다는 점은 이런 점에서 매우 위대한 능력이 아닐 수 없다. 자신보다 훌륭한 무언가에 비추어 봐야 자신도 그런 모습으로 변신하려는 노력을 게을리하지 않게 된다.

은유적 의미로서의 내시경을 언제나 갖고 다녀야 하는 이유는 겉모습만 보는 물리적 도구로서의 거울은 내면을 들여다볼 수 없기 때문이다. 내가 원하는 꿈과 비전, 직면하는 문제를 해결할 수 있는 능력은 이미 내 안에서 꿈틀거리고 있다. 다만 마중물처럼 적절한 외부적 자극이 가해지지 않아서 그것이 무엇인지 모르고 있을 뿐이다. 꿈은 꾸어오는 것이지만 내가 진정으로 원하는 꿈을 누군가에게 꾸어오기 위해서는 이미 내 안에 꿈꿀 수 있는 열망이나 욕망이 내재되어 있어야 한다. 남에게 꾸어오는 꿈이지만 결국 내 안에 그런 가능성의 꿈이 이미 있기 때문에 꿈꿀 수 있는 것이다.

마찬가지로 답도 밖에 있지 않고 내 안에 이미 있다. 잠자고 있는 내 안의 답이 외부적 자극이나 문제 상황과 연결되어 밖으로 인출되지 않을 뿐이다. 그래서 이런저런 시도를 하다가 어느 시점에서 갑자기 생각지도 못했던 새로운 단서가 떠오르는 경우가 많다. 문제 해결은 문제 상황이 요구하는 아이디어를 내가 이미 보유하고 있는 체험적 노하우와 연결시켜 남다른 방식으로 조합하는 과정이다. 나는 어떤 체험적 노하우를 갖고 있는지, 그리고 이런 경험을 어떤 방식으로 조합하면 색다른 아이디어를 낼 수 있는지를 고민해보자. 밖으로 뛰쳐나가서 찾으려고만 하지 말고 안을 들여다보는 시간을 가질 필요가 있다.

남다른 방식으로 기존의 경험을 조합하는 과정이 아이디어를 산출하는 과정이다. 결국 색다른 아이디어란 남이 갖고 있지 않은 체험적 노하우를 남다른 방식으로 조합하는 과정이다. 남다른 아이디어를 내기 위해서는 다양한 프로젝트 추진 경험이나 여행을 해본 직접 경험, 독서나 영화 감상과 같은 간접경험이 풍부해야 한다. 그리고 이런 경험을 생각지도 못한 방식으로 엮어내야 된다. 색다른 아이디어를 내기 위해서는 경험의 다양성이나 풍부함을 근간으로 이런 경험을 특이한 방식으로 조합해내는 능력이 필요하다.

___

혼돈의 세계를 꿰뚫어보는 투시경:
본질을 포착해야 질적으로 도약할 수 있다

투시경透視鏡은 보이지 않는 것을 꿰뚫어보는 안경이다. 우리에게 투시경이 필요한 이유는 겉으로 보이는 것이 다가 아니기 때문이다. 겉으로 보이지 않는 것을 볼 줄 알아야 비로소 볼 수 있는 안목眼目과 혜안慧眼을 갖게 된다. 보이는 것은 보이지 않는 것에 의해 겉으로 드러난 현상이나 징후일 뿐이다. 보이지 않는 것을 볼 줄 알아야 보이는 것만으로 세상을 이해하는 착시나 착각을 방지할 수 있다.

세상은 보이지 않는 것이 보이는 것을 움직인다. 보이는 것을 보고 그것을 움직이는 이면의 힘을 간파할 수 있으면 보이는 현상만 주목하면서 의사 결정을 하거나 행동하지 않는다. 좀 더 심사숙고하면서 이면의 힘을 이해하려는 노력을 포기하지 않을 때 마침내 보이지 않는 힘이나 구조적 관계가 눈에 들어온다. 《유니타스 브랜드》의 권민 편집장에 따르면 관점觀點은 시점時點이다.[79] 지금 보고 있는 것을 과거에서 보는가, 현재에서 보는가, 아니면 미래에서 보는가에 따라 다르게 보인다. 어린아이가 되어서 보는가, 노인으로서 보는가에 따라서도 다르다. 시간은 어떤 사람에게는 오목렌즈고 어떤 사람에게는 볼록렌즈다. 따라서 바라보는 위치만 바꾸면 망원경이 되기도 하고 현미경이 되기도 한다. 절대로 지금 보이는 것만을 보아서는 안 된다.

관점은 또한 주관적으로 바라보는 시각視角이다. 보려고 하는 것만을 선택해서 보는 눈이다. 따라서 관점에는 이미 선택되지 않는 다른 것을 보지 못한다는 의미도 포함되어 있다. 사람마다 관점이 다른 이유는 관심을 갖고 바라보려는 의도와 선택 기준이 다르기 때문이다. 엄밀히 말해서 내가 경험한 것 중에서 보고 싶은 것만 본다. 내가 경험하지 않았거나 보고 싶지 않은 것은 보이지 않는다.

이처럼 누구나 두 눈으로 세상을 보지만 보는 것도 다를 뿐만 아니라 잘못 보는 것도 부지기수다. 올바르게 보는 것도 중요하지만 잘못 보지 않는 것은 더 중요하다. 피상을 보고 마치 본질을 본 것처럼 착각하고 오해할 경우 엉뚱한 생각이나 치명적인 행동을 이끌어낼 수 있기 때문이다. 공부의 핵심적인 노하우는 보는 방법을 배우는 것이다. 즉, 육안과 뇌안보다 심안과 영안으로 평범한 사람들이 볼 수 없는 타자의 아픔을 읽어내고 마침내 보이는 부분을 움직이는 보이지 않는 이면의 구조적 관계를 통찰하는 눈이 필요하다. 더불어 현미경으로 구체적인 현실을 자세하게 들여다보는 방법을 부단히 배우고 망원경으로 먼 미래의 변화 추세를 읽어내는 선견력을 배워야 한다. 세상의 변화무쌍함을 읽어내는 만화경도 배우는 사람이 꼭 지니고 다녀야 될 필수품이 아닐 수 없다. 나아가 내시경으로 내면을 들여다보면서 자기 성찰과 사색의 거울로 삼고, 투시경으로 보이지 않는 이면을 꿰뚫어보는 능력을 배워나갈 때 진정한 배움의 정도에 이를 것이다. 이런 차원에서 헬렌 켈러는 만약 자신이 대학교 총장이 된다면 대학교에 '보는 방법Ways of seeing'이라는 과목을 개설하고 싶다고 했다. 그만큼 동일한 사실이나 현상이라고 할지라도 어떤 관점에서 바라보느냐에 따라 전혀 다르게 이해되고 해석될 수 있기 때문이다.

읽는 방법을
배워라

공부는 색다르게 읽는 방법을 배우는 지독한 독서다.

늘 똑같이 보는 사람은 똑같이 세상을 읽는다. 틀에 박힌 눈으로 보는 사람은 틀에 박힌 방식으로 읽는다. 세상을 다르게 읽고 싶은가? 그러면 세상을 다르게 봐야 한다. 세상을 다르게 보고 싶은가? 그러면 세상을 다르게 읽어야 한다.

이처럼 세상을 보는 일과 세상을 읽는 일은 톱니바퀴처럼 엮여 있어 다르게 보려면 다르게 읽은 앎이 있어야 하고 다르게 읽기 위해서는 보는 방식을 바꿔야 한다. 특히 보는 것을 바꾸고 본 것에서 다른 것을 이끌어내기 위해서는 내가 지금까지 읽은 앎을 통해 축적된 인식의 깊이와 넓이가 수반되어야 한다.

내가 볼 수 있는 시력視力은 지금까지 내가 본 역사적 기록, 시력視歷에 의존할 수밖에 없다. 아무리 멋진 광경이나 의미심장한 장면을 봤어도 그것을 읽어낼 수 있는 인식의 지평과 깊이가 없다면 그저 어제 봤던 방식대로 볼 뿐이다. 보이는 것만 보면서 틀에 박힌 방식대로 세상을 읽을 수밖에 없다. 반복되는 일상에서도 다른 것을 읽고 싶고 어제와 동일한 현상이지만 거기서도 뭔가 다른 것을 읽어내려면 나의 앎이 바뀌어야 한다. 그 앎의 체계와 구조를 바꾸는 가장 강력한 방법이 바로 독서다. 그래서 남다르게 읽지 않으면 늘 남을 읽기 전에 읽히는 삶을 살 수밖에 없고 세상을 남다르게 읽고 남다르게 구상한 사람의 사유 체계에 구속되어 살아갈 수밖에 없다. 읽지 않으면 읽히고 읽지 않으면 많은 것을 잃는다.

"나는 독서하는 방법을 배우기 위해서 80년이라는 세월을 바쳤는데도 아직까지 그것을 잘 배웠다고 말할 수 없다."

요한 볼프강 폰 괴테의 말이다. 책을 읽지 않고도 살아갈 수 있지만 책을 남다르게 읽지 않고서는 살아가는 의미와 가치를 남다르게 깨닫지 못하고 살아간다. 책을 읽지 않고도 생각은 할 수 있지만 책을 남다르게 읽지 않고서는 정상적인 사람의 생각을 뒤집어엎는 비정상적인 생각은 절대로 임신되지 않는다. 책을 읽지 않고도 세상을 얼마든지 두 눈으로 볼 수 있지만 책을 남다르게 읽지 않고서는 보이지 않는 부분을 볼 수 있는 남다른 시각과 관점은 절대 가질 수 없다. 책을 읽지 않고도 상식을 지지하는 지식을 쌓을 수 있지만 책을 남다르게 읽지 않고서는 나만의 독창적인 색깔을 보여주는 남다른 지식을 습득하지 못한다. 책을 읽지 않고도 얼마든지 사람을 만나고 인맥을 구축할 수 있지만 책을 남다르게 읽지 않고서는 한두 번의 만남 이후의 진정한 인간관계의 맥을 짚을 수는 없다. 책을 읽지 않고도 글을 쓸 수 있지만 책을 남다르게 읽지 않고서는 독자를 감동시키는 남다른 글을 쓰기가 참으로 어렵다. 책을 읽지 않고도 사업을 할 수 있지만 책을 남다르게 읽지 않고서는 고객을 남다르게 볼 수 있는 안목과 시장을 남다르게 읽은 수 있는 혜안은 영원히 생기지 않는다.

많은 사람들이 책을 읽어야 된다고 생각하지만 실제로 책을 읽는 사람은 그렇게 많지 않다. 책을 읽는다고 해도 책에서 인생의 보물을 캐내는 사람이 별로 없는 이유는 절체절명의 위기의식과 뚜렷한 목적의식, 그리고 간절한 문제의식 없이 대충 읽기 때문이다. 제대로 읽지 않고 대충 읽으면 대충 생각이 나고 대충 세상이 보인다. 그러니 대충 거들떠보며 읽을 바에는 안 읽는 게 낫다.

여기서 읽기는 '다르게 읽기'다. 읽는 사람에 따라 똑같은 책도 다르게 읽는다. 다르게 읽기 때문에 동일한 책을 읽고 나서도 느낀 바와 깨달은 점, 기억하고 싶은 문장이나 뇌리에 꽂힌 말이 다르다. 책을 읽는다는 것은 저자가 세상을 어떻게 다르게 보고 느꼈으며, 그것을 어떻게 다르게 표현하는지를 읽는 것이다. 동일한 이슈도 저자에 따라 다르게 보고 해석한다. 다르게 읽어내는 방법을 습득하기 위해서는 우선 낯선 분야의 사람들이 쓴 책을 읽어야 한다.

밖에서 안을 들여다볼 때 비로소 문제의 본질이 보이는 경우가 많다. 숲속에서는 숲의 아름다움을 감상할 수 없듯이 안에서는 문제를 제대로 파악할 수 없다. 문제를 제대로 파악하기 위해서는 밖으로 나가봐야 한다. 마찬가지로 세상을 다르게 읽기 위해서는 나와 다른 입장과 관점으로 세상을 다르게 바라보는 책을 읽는 것이 필요하다. 이런 점에서 많은 사람들에게 선택받지 못했을지라도 독특한 관점, 소수자의 관점으로 주류를 비판하거나 주류와 전혀 다른 관점으로 색다른 해석을 제공해주는 책을 읽는 것이 색다른 책 읽기의 출발점이다.

독서법은 참으로 다양하다. 최근에는 책 읽는 고수들이 저마다의 책 읽는 비법을 다루는 책들을 쏟아내고 있지만 그런 비법이 나에게도 딱 맞는 독서법이 될 수는 없다. 저자마다 다른 글쓰기 스타일이 있듯이 책 읽기도 자신에게 어울리는 독서법이 있다. 책을 많이 읽는 다독多讀과 빠르게 읽는 속독速讀, 소리 내서 읽는 낭독朗讀, 천천히 생각하면서 읽는 정독精讀, 아무 책이나 마구 읽는 난독亂讀이나 남독濫讀 등 독서법도 다종다양하다. 그러나 한 가지 분명한 것은 책을 많이 빨리 읽는 것보다 읽은 책을 얼마나 깊이 있게 소화해서 내 것으로 만들었느냐가 중요하다는 사실이다. 읽었어도 기억이 나지 않거나 남는 게 없다면 안 읽은 책이나 다름없다.

남다르게 책을 읽는다는 것은 결국 남다르게 활용하기에 가깝다. 책을 읽는 목적은 새롭게 느끼고, 이전과 다른 관점에서 세상을 보고, 책이 준 깨달음대로 나를 바꿔나가는 데 있다. 그렇다면 색다르게 책을 읽는다는 의미는 책을 읽고 느낀 바대로 색다르게 실천하기에 있다. 색다른 책 읽기는 한 권의 책을 읽더라도 읽은 내용을 내 삶에 어떻게 적용하는지를 곰곰이 따져보고 숙고하는 정독精讀과 숙독熟讀에 있다. 물론 필요에 따라서는 책을 많이 빠르게 읽을 필요도 있지만 책을 읽는 목적은 어디까지나 책을 그냥 읽는 데 있지 않고 책에서 얼마나 많이 배우느냐에 달려 있다.

책을 읽는 방법은 많이 읽든 적게 읽든, 또는 빨리 읽든 천천히 읽든지에 관계없이 책을 읽고 어떻게 정리하는지에 따라 두 가지로 나뉠 수 있다. 한 가지 방법은 책 내용을 우선 있는 그대로 이해하려는 노력이다. 두 번째는 저자의 메시지가 의미하는 바를 기존 나의 지식에 비추어 재해석하고 정리해서 나의 지식으로 재창조하는 독서다. 많은 사람들이 책을 읽는 데 급급한 나머지 그것을 내 삶에 적용하는 노력을 전개하지 않는다. 독서는 궁극적으로 저자의 메시지를 나의 입장에서 재해석하고 그것을 통해 내 삶을 변화시켜 나가는 주체적 실천 과정이다. 책 읽는 데 너무 빠진 나머지 읽으면서 자신의 관점으로 재해석하고 정리하며 나의 것으로 만드는 노력을 게을리한다면 어떤 효과도 없다.

강신주가 그의 책《철학이 필요한 시간》[80]에 소개한 질 들뢰즈의 두 가지 독서법이 있다. 첫 번째 독서법은 일종의 노동으로서의 독서법이다. 책을 읽는다는 것 자체가 목적이 아니라, 상급 학교 진학이나 논문 통과 또는 전문 학술서를 쓰기 위한 수단적 독서법이다. 이런 독서법으로 책을 읽는 사람들은 주로 책에 들어 있는 새로운 개념이나 어휘를 발견하여 그것을 남에게 떠벌리려는 타락한 정신을 가지고 있다고 한다. 두 번째 독서법은 감응의 독서법 또는 강렬한 독서법이다. 나의 삶을 흔들어버리는 책이 있다. 나의 허영을 부수고 내 민얼굴을 보도록 만드는 책이다. 혹은 내가 고뇌하는 것의 실체를 때로는 절망적으로, 때로는 희망적으로 보여주는 책이다. 이런 책을 읽을 때 우리는 노동하는 독서가 아니라 감응하는 독서를 하는 중이다. 이것이 바로 들뢰즈가 말한 '강렬한 독서'법이다. 강렬한 독서법은 "책이란 무릇 우리 안에 있는 꽁꽁 얼어버린 바다를 깨뜨리는 도끼가 되어야 한다."고 주장한 체코의 소설가 프란츠 카프카Franz Kafka의 이야기와 맞닿아 있다.

백 권의 책을 속독으로 읽는 것보다 한 권의 책을 정독과 숙독으로 읽으며 저자가 말하고 싶은 문제의식의 이면을 파고드는 게 중요하다. 아무리 많이 읽어도 그 내용이 내면 속으로 용해되어 체험적 상상력으로 재해석되지 않는다면 무의미하다. 예를 들면 박웅현의 《다시, 책은 도끼다》에 소개된 다음과 같은 문장을 만났다고 생각해보자.

"어떤 일반론도 각자 삶의 특수성 앞에서는 무력하다."[81]

이 문장을 제대로 이해하려면 일반론과 특수성의 관계를 이해할 필요가 있다. 보통 많은 사람들에게 호소력을 지니는 주장이나 의견은 보편적으로 보다 많은 상황에 적용될 수 있어서 진리라고 한다. 진리는 시공간에 관계없이 일반적으로 적용되어 언제 어디서든 설명력과 설득력을 지닌다. 하지만 특수한 상황, 그 상황이 지닌 고유한 특성으로 인해 일반적 진리가 적용되지 않는 경우가 있다. 이런 주장이나 의견을 일리 一理라고 한다. 일리는 어디에나 일반화시켜 적용할 수 없지만 어떤 경우에는 참으로 설득력을 지니는 제한된 진리다. 아무리 진리로 인정받은 일반론이라고 할지라도 세상의 모든 특수한 상황을 동일한 진리로 설명할 수는 없다. 그래서 어떤 일반론도 저마다 다른 사연과 배경을 지니고 살아가는 특수한 삶 앞에서는 무력할 수 있음을 짧은 문장으로 표현하고 있는 것이다.

만약 이 문장을 속독으로 읽고 지나쳤다면 책을 아무리 많이 빨리 읽었다고 해도 아무런 도움이 되지 못한다. 《다시, 책은 도끼다》에도 소개된 바 있는 니코스 카잔차키스의 《영국 기행》이라는 책에 보면 다음과 같은 말이 나온다.

"사람이 책을 읽으면서 자기가 읽는 대목의 의미를 알고 싶다면 오직 한 가지 방법밖에 없다. 단단하든 부드럽든 단어들의 껍질을 깨고, 그 단어 속으로 들어가 그곳에 응축되어 있는 의미가 자신의 가슴속에서 폭발하게끔 해야 하는 것이다. 작가의 기술이란 인간의 정수를 알파벳 문자들에 압축해 넣는 마술, 바로 그것이다. 따라서 독자의 기술은 그 마술적 장치들을 열고 그 속에 갇혀 있는 뜨거운 불이나 부드러운 숨결을 느끼는 것이다."[82]

결국 책을 읽으면서 읽은 내용을 나의 것으로 온전히 체화시키려면 문장과 문장 속의 단어의 의미가 무엇인지, 그리고 저자가 무슨 의도를 갖고 이렇게 표현했는지 곱씹어보고 반추하면서 그 의미의 껍질을 깨고 파고들어가야 한다는 것이다.

독서를 하면서 한 권의 책에 나오는 문장과 개념의 의미를 파고들어 심층적으로 해부하고 해석하는 노력도 필요하지만 기존에 읽었던 내용과 지금 읽고 있는 내용, 그리고 내가 책을 읽으면서 느끼고 깨달은 점을 연결시켜 같은 의미의 다른 표현이나 같은 표현의 다른 의미를 저자마다 어떤 방법으로 피력하는지를 눈여겨볼 필요도 있다. 하이퍼텍스트처럼 하나의 글이 또 다른 글과 링크되어 마치 거미줄처럼 뻗어나가는 독서를 하다 보면 의미의 확산과 심화가 동시에 일어나는 뻗어나가기 독서가 가능해진다. 어디선가 내가 읽었던 문장과 비슷한 문장을 접하면 문장들이 오버랩되면서 다시 깊은 사색에 빠지기도 하는 것이다.

"나는 죽음의 숫자를 합산해서 사태의 규모와 중요성을 확정하는 계량적 합리주의에 반대한다. 나는 모든 죽음의 개별적 고통의 지위를 부여하는 것이 인간의 존엄에 값하는 일이라고 생각한다. 생명과 죽음은 추상 개념이 아니다. 그것은 회복이 불가능하고 대체가 불가능한 일회적 존재의 영원한 소멸이다."[83]

김훈의《라면을 끓이며》에서 인용했다.

"한 사람의 죽음은 비극이지만 백만 명의 죽음은 통계 숫자에 지나지 않는다."

독일의 소설가 에리히 마리아 레마르크의 말이다. 너무 많은 사람들의 죽음을 일반화시켜 보도하는 대중매체의 기사를 접할수록 구체적인 삶의 현장에서 아우성치는 특수한 상황의 아픔은 대중의 일반론에 묻혀 지나가기 쉽다는 것이다. 독서는 이처럼 한 문장이 던져주는 의미를 심장에 꽂아 의미심장하게 해석해보고 내 삶에 던져주는 시사점이 무엇인지, 그리고 나는 이런 화두를 붙잡고 어떻게 살아갈 것인지를 진지하게 성찰하고 사색하는 시간을 갖는 자기와의 부단한 대화다. 책을 읽는다는 의미는 미시적으로는 주어진 문장과 개념의 의미를 따져보고 파고드는 독서를 의미하고 거시적으로는 지금 읽고 있는 내용이 다른 책의 내용이나 내 삶과 어떻게 연동되는지를 살펴보는 노력을 의미한다. 공부가 읽으면서 배우는 독서인 이유가 바로 여기에 있다.

사회학자 정수복의《책에 대해 던지는 7가지 질문》[84]이라는 책에서 소개하고 있는 프랑스의 철학자 가스통 바슐라르Gaston Bachelard가 말하는 반향의 독서와 울림의 독서도 같은 맥락에서 독서법의 차이를 설명하고 있다. 반향의 독서는 아무런 감응이 없는 상태라서 텍스트를 읽고 공감이 표층에 머무는 독서다. 이에 반하여 울림의 독서는 책을 읽으면서 전율하게 하고 깊은 영혼의 울림을 주는 독서다. 울림의 독서는 어떤 문장 또는 저자의 주장과 만나는 순간 무릎을 치는 쾌재의 깨달음을 주거나 가슴이 먹먹할 정도의 깊은 공감으로 영혼의 뿌리를 건드리는 독서다.

자기만의 읽기를 주장하는《정희진처럼 읽기》의 저자 정희진은 아예 읽기의 출발을 '자극적인 책'을 선정하는 것부터 시작한다. '자극적인 책'이란 "여운이 남고, 머릿속을 떠나지 않으며 괴롭고, 슬프고, 마침내 사고방식에 변화가 오거나 인생관이 바뀌는 책", 즉 "나를 다른 사람으로 만드는 책"이다. 그녀는 책 읽는 방법을 두 가지로 이야기하고 있다.

"하나는 습득習得이고, 하나는 지도 그리기mapping다. 전자는 말 그대로 책의 내용을 익히고 내용을 이해해서 취하는take 것이다. 별로 효율적이지 않다. 반면 후자는 책 내용을 익히는 데 초점이 있기보다는 읽고 있는 내용을 기존의 자기 지식에 배치trans/form 혹은 re/make하는 것이다. 습득은 객관적, 일방적, 수동적 작업인 반면에 배치는 주관적, 상호적, 갈등적이다."[85]

지도 그리기야말로 책을 읽고 자신의 언어로 자기 지식을 창조하기 위해 저자의 사상적 체계를 비판적으로 재구성하는 과정이다. 지도 그리기를 추구할 때 독서는 그냥 책 읽기가 아니라 내 생각을 구조화시켜 세상을 바라보는 프레임을 재구성하는 과정이다. 결국 독서의 완성은 책을 통해 내 삶을 주체적으로 재구성하는 데 있다.

세상을 보는 일과 세상을 읽는 일은 톱니바퀴처럼 얽혀 있어

다르게 보려면 다르게 읽은 앎이 있어야 하고

다르게 읽기 위해서는 보는 방식을 바꿔야 한다.

생각하는
방법을 배워라

공부는 사고 치면서 사고하는 방법을 배우는 치열한 사색이다.

사람이 다른 동물과 구분될 수 있는 중요한 판단 기준은 생각하는 동물이라는 데 있다. 사람이 생각을 할 줄 알면서 문명 발전이 획기적으로 이루어져왔고 무한한 성장 가능성을 갖게 된다. 사람의 성장은 곧 생각의 성장이다. 개념 없이 행동하다가 개념을 습득해서 상식에 어긋나는 행동을 하지 않게 되거나 생각 없이 행동하다가 점차 올바른 생각이 무엇인지를 깨달으면서 성장하고 성숙해지는 것이다. 깨닫는다는 것, 그것이 바로 공부를 통해서 얻는 가장 큰 즐거움이다. 예전에는 몰랐던 사실이나 원리와 새로운 패턴을 발견하면서 이전과 비교가 안 될 정도로 생각의 깊이와 넓이가 심화되고 확산되는 과정이 곧 사람이 성장하고 성숙하는 과정이다. 생각의 성장이 곧 사람의 성장이다.

이런 점에서 지금 갖고 있는 내 생각은 내 삶의 역사적 반영물이다. 내 생각의 크기와 깊이, 넓이도 내가 살아온 삶이 결정한다. 한 사람의 생각을 바꾸는 일이 쉽지 않은 이유는 그 사람의 삶을 바꾸는 일이기 때문이다. 삶을 바꾸지 않고 생각을 바꾸는 일은 불가능하다. 공부를 통해서 우리가 배워야 할 가장 중요한 노하우는 생각하는 방법을 바꾸는 것이다. 신체 근육이 발달할수록 체력이 좋아지는 것처럼 생각 공부를 통해 튼튼해진 생각 근육은 어려운 상황에서도 자기 나름의 판단 기준과 내성으로 중심을 잡아가며 올바른 행동을 하게 한다.

생각함은 불편함에 대한 항거이자 괴로움에 대한 몸부림이다

생각한다는 것은 이런저런 물음을 통해 이제까지 누구도 하지 않은 질문을 던져 낯선 가능성을 찾아내는 사유와, 엉킨 실타래를 조목조목 따져가면서 깊게 파고들어가 보기도 하고 넓게 찾아보기도 하는 사색이다. 이런 사유와 사색의 결과 이전과는 다르게 사고할 수 있다. 다른 사고는 다른 사상을 낳는 원동력이다. 결국 생각한다는 것은 이전에 파고들지 않았던 깊은 곳으로 내려가 다른 가능성을 찾아보기도 하고, 더 넓게 탐색하면서 결정적인 단서를 다른 각도에서 찾아보는 것이다.

생각함thinking은 깊고 넓게 찾아봄이다. 둘러보고 파고들면서 이전과는 다른 방식으로 캐물어보고 따져보는 과정이다. 또 좌정관천의 어리석음에서 벗어나기 위해 한 우물을 넓게 파면서 굳게 닫힌 문을 열어보려는 호기심이자 궁금함이다. 생각함은 의심함이며 질문을 던져 궁금함을 파헤치려는 집요함의 다른 이름이다. 그래서 남다른 생각을 하는 사람은 궁금한 것이 많은 사람이자 궁금한 것을 파헤쳐 밝혀내지 않고서는 참지 못하는 집요한 사람이다. 이전과 다른 생각을 통해서 새로운 사실이나 현상을 알게 되었어도 알아낸 진리를 영원불변한 진리로 인정하지 않고 잠정 기간 특수한 상황에서만 통용될 수 있는 일리로 인식하는 생각이야말로 깨어 있는 생각이다.

색다른 생각을 통해서 깨달은 진리도 내가 알지 못하는, 그래서 알아야 되는, 또 다른 진리 앞에서는 진리가 아닐 수 있다는 생각이 중요하다. 알면 알수록 더욱 모르는 사실이 많다는 겸손한 생각이 또 다른 앎의 경지로 끌어올려준다. 내가 알고 있다고 생각하는 것이 불완전한 앎이며, 미완성의 앎이기에 또 다른 앎을 향해 끊임없이 배움의 항해를 계속할 수밖에 없다는 생각이 진정한 생각의 진수다.

생각함은 당연함에 시비를 걸고 근본과 근원을 따져 묻는 물어봄이다. 이전과는 다른 물음을 던져 베일에 가려진 색다른 잠재적 가능성을 드러내는 작업인 것이다. 생각함은 그 누구도 물어본 적이 없는 낯선 물어봄으로 근원을 밝혀보려는 집요한 탐구심이다. 또한 물어볼 가치가 없거나 원래 그렇다고 생각하는 당연함과 물어서는 안 된다고 생각하는 고정관념과 타성에 맞서 의문을 품고 심각한 회의를 제기하는 과정이기도 하다. 생각함은 물어보지 않고서는 참을 수 없는 불편함이며, 질문하지 않으면 견디기 어려운 괴로움이다. 그래서 불편함을 해소하고 괴로움에서 벗어나기 위해 지금까지 가보지 않은 길을 색다른 질문을 던지면서 두려워하지 않고 나아가려는 몸부림이다. 몸부림은 모르는 사실을 알아내고야 말겠다는 치열함이다. 알고 싶은 대상과 사람에 대한 그리움이 사무칠 때 치열한 몸부림이 시작된다. 몸부림은 기존 생각으로는 도저히 해결할 수 없는 난제에 직면할 때 더욱 치열해진다. 몸부림치지 않고서는 위대한 생각은 탄생되지 않는다.

모든 몸부림치는 생각은 추락하지 않으려는 의지의 증표다. 지금보다 나빠지지 않으려는 처절함이자 지금을 넘어 다른 세계를 꿈꾸는 간절함이다. 무엇인가를 간절히 갈구하는 자세와 노력이 이전과 다른 생각을 임신하게 만든다. 다른 생각의 임신이 다른 생각을 출산한다. 몸부림치지 않고 머리로만 이루어지는 생각으로는 내 생각은 물론 다른 사람의 생각을 바꿔놓기가 어렵다. 어제와 다른 생각으로 살아가야 하는 이유는 생각이 바뀌면서 똑같은 눈으로 바라보아도 다른 생각을 할 수 있으며 다른 눈으로 세상을 다르게 보면서 다른 깨달음을 얻을 수 있기 때문이다.

생각지도 못한 생각을 하는
네 가지 방법

생각지도 못한 생각을 하는 방법에는 참으로 여러 가지가 있겠지만 필자가 체험한 색다른 생각법을 중심으로 네 가지 정도로 나누어 생각해보려고 한다. 생각지도 못한 생각을 하는 첫 번째 방법은 생각을 바꿔서 행동을 바꾸는 게 아니라 행동을 바꿔서 생각을 바꾸는 것이다. 우리는 흔히 생각을 바꿔서 행동을 바꾸는 방법을 연구하고 고민한다. 어떻게 하면 생각을 바꿔서 행동을 바꿀 것인지는 아직도 많은 연구자들의 관심 분야일 뿐만 아니라 일반인들도 지금 생각과는 다른 생각을 해서 행동을 바꿔보고 싶은 소망을 갖고 있다. 하지만 나이가 들수록 생각을 바꿔서 행동을 바꾸기란 생각보다 쉽지 않다. 그래서 그 대안으로 생각해본 방법이 행동을 바꿔서 생각을 바꾸는 방법이다. 딴짓을 하면 딴생각이 든다. 정상적인 행동을 반복하면 정상적인 사람들과 같은 생각을 할 수 있지만 비정상적인 행동을 해보면 비정상적인 생각을 할 수 있다. 정상적인 행동을 반복하면 정상적인 생각을 넘어서는 비정상적인 생각을 하기가 어려운 까닭에 정상頂上에 가기도 그만큼 어려워진다. 정상頂上에 이른 사람은 정상正常이 아니다. 그들은 대부분 정상적인 생각의 궤도에서 벗어나 비정상적인 사유를 즐긴 사람들이다. 생각지도 못한 생각은 정상적인 사람들의 생각에 질문을 던져 비정상적인 시비를 걸거나 몰상식한 행동을 통해서 상식에 문제를 제기할 때 잉태된다. 여기서 말하는 비정상적이고 몰상식한 행동은 예의에 어긋나거나 개념이 없는 행동이 아니라 정상적인 사람들이 당연하다고 생각하는 것에 물음표를 던져 당연한 것은 없고, 원래 그렇지도 않으며, 물론 그렇지도 않다고 생각하는 행동이다.

생각지도 못한 일을 당해보거나 생각지도 못한 일을 저지르거나, 둘 중 한 가지 방법을 체험할 경우 지금의 생각과는 여러 가지 점에서 달라질 것이다. 특히 생각지도 못한 일을 난생처음 당한 경우 지금까지 생각하지 못했던 방법으로 생각해야 기존 생각을 벗어나 다른 생각을 할 수 있다. 예를 들면 지하철에서의 자리 잡기를 생각해보자. 지하철에 타면 우선 빈자리가 있나 없나를 확인한 다음 빈자리가 없을 경우 금방 내릴 것 같은 느낌을 가진 사람 앞에 선다. 머리로 앎이 오지 않고 가슴으로 느낌이 먼저 온다. 다양한 정황과 지금까지의 경험에 비추어볼 때 내 앞에 있는 사람은 조만간 내릴 것이라는 예감이 든다. 정확하게 내 예감이 맞았다. 내 앞에 앉아 있던 사람이 다음 역에서 내린 것이다. 그런데 내 앞에 앉은 사람이 내리는 순간 옆에 앉아 있던 사람이 순식간에 빈자리로 옮기고 원래 앉았던 자리에 자기 친구를 앉히는 생각지도 못한 일이 벌어지는 바람에 자리 잡기에 그만 실패하고 말았다. 생각지도 못한 실패 체험을 하고 나서 다음에 똑같은 실패를 반복하지 않기 위해서는 이전과 다른 행동을 취해야 한다는 생각지도 못한 생각이 든다. 이처럼 생각지도 못한 생각을 하는 방법은 앉아서 오랫동안 생각한다고 나오는 게 아니라 생각한 바를 직접 실천하면서 몸으로 체험하는 과정을 통해서 배울 수 있는 것이다.

생각지도 못한 생각을 하는 두 번째 방법은 이미 있는 익숙한 개념을 낯선 방식으로 조합해보는 노력이다. 모든 창조가 익숙한 것을 낯설게 보여주는 데 있다면 생각지도 못한 생각의 창조 역시 익숙한 개념을 낯선 방식으로 조합해서 낯선 개념을 창조하는 가운데 이루어진다. 창조적인 노력 역시 새로운 발상이라기보다 기존의 것을 남다른 방식으로 엮어서 발상하는 연상에 있다면 생각지도 못한 생각 역시 기존의 개념을 남다른 방식으로 조합해보는 이연연상二連聯想에서 잉태되는 경우가 많다. 예를 들면 지식이라는 개념과 산부인과 의사라는 개념은 누구나 다 아는 익숙한 개념이다. 그런데 이런 익숙한 개념을 조합하면 지식산부인과 의사라는 전대미문의 개념이 탄생하고 그때부터 생각지도 못한 생각을 시작할 수 있다. 예를 들면 지식산부인과 의사는 지식임신에 대한 생각부터 지식낙태수술방지법, 지식자연분만유도법을 비롯하여 건강한 지식의 임신·출산·양육의 전 과정을 낯선 시각으로 바라볼 수 있는 생각지도 못한 생각을 출산하는 의사라고 볼 수 있다. 개념의 조합이 낯선 생각을 임신할 수 있는 촉발점이 되는 것이다.

이런 발상을 이어가다 보면 우리는 생각 너머의 생각을 무한대로 뻗어나가면서 낯선 생각으로 틀에 박힌 사유를 즐길 수 있다. 지식을 창조하고 공유하는 지식경영학은 객관적으로 관찰할 수 있고 측정 가능한 명시적 지식explicit knowledge의 효율적 관리에 치중한 나머지 쉽게 매뉴얼로 표현할 수 없는 몸에 체화된 암묵적 지식tacit knowledge을 창조하고 공유하는 과정과 방법에는 분명한 한계점을 노출해왔다.[86] 이러한 지식경영학의 한계와 문제점을 극복하고 지식의 선순환적 흐름을 생태학적 시각에서 재조명하는 지식생태학은 물론 건강한 지식이 창조될 수 있는 생태학적 조건과 문화를 지식경영학과 산부인과학의 융·복합 학문인 지식산부인과학의 등장은 지식을 바라보는 새로운 관점과 접근을 제공해줄 수 있다.[87]

생각지도 못한 생각을 하는 세 번째 방법은 익숙한 이미지를 낯설게 조합하는 방법이다. 이미지가 현실을 재현하는 수단을 넘어서서 현실과 이미지 사이에 어떤 것이 실재reality를 반영 또는 복제하고 있는 것인지 구분하기 어려워지고 있다. 이미지의 복제가 거듭될수록 원본과 복제본은 구분이 불가능해지고, 복제본은 원본과 유사성을 띠어야만 된다는 암묵적 가정이 무너지고 있다. 이미지의 복제는 원본 이미지를 얼마나 닮는지가 중요한 것이 아니라 원본 이미지의 본질과 속성을 뛰어넘어 또 다른 제3의 이미지로 변신하는지가 중요하다.

이런 이미지의 편집을 통해 새로운 미술의 세계를 개척한 사람이 바로 초현실주의 거장인 벨기에의 르네 마그리트다. 그가 개척한 데페이즈망 또는 위치전위법은 이미지를 다른 이미지와 중첩하거나 변형시켜 편집하는 대표적인 방법이다. 데페이즈망은 우리에게 친숙한 대상을 사실적으로 묘사하되 모순되거나 대립되는 요소들을 동일한 화폭에 결합시키거나, 어떤 오브제를 전혀 엉뚱한 환경에 위치시켜 시각적 충격과 신비감을 불러일으키는 기법이다. 한마디로 늘 익숙하게 접했던 것을 낯설게 조합하거나 이제까지와는 다른 방법으로 결합함으로써 당혹감과 충격, 놀라움과 신비감을 주는 초현실주의적 화법이다. 진중권은 《진중권의 미학 오디세이 2》[88]에서 데페이즈망은 어떤 사물을 원래 있던 환경에서 떼어내 엉뚱한 곳에 갖다놓는 '고립', 독수리를 돌의 재질과 같이 변형시키는 식으로 사물이 가진 성질 가운데 하나를 바꾸는 '변경', 성채와 나무 밑둥을 결합하는 식의 '사물의 잡종화', 작은 사물을 엄청난 크기로 확대하는 식의 '크기의 변화', 평소에는 만날 수 없는 두 사물을 나란히 붙여놓는 '이상한 만남', 두 사물을 하나의 이미지로 응축하는 '이미지의 중첩', 양립할 수 없는 두 개의 사물이 한 그림 안에 존재하는 '패러독스' 등의 방법으로 다양하게 생각해볼 수 있다고 했다. 마그리트의 대표작 〈이미지의 배반La trahison des images〉은 상상력을 기반으로 일상의 사물, 익숙한 것과의 결별을 선언하고, 믿어왔던 상식이나 고정관념 등을 뒤흔들어놓는다. 꿈과 무의식의 세계를 탐구함으로써 이성에 의해 속박되지 않는 상상력의 세계를 회복시키고 인간정신을 해방하는 것을 목표로 하고 있는 초현실주의적 상상력은 21세기적 하이브리드 문화로 새롭게 계승·발전되고 있다.

흔히 접하던 것을 색다른 방법으로 결합함으로써 충격과 효과를 줄 수 있는 방법은 무궁무진하다. 익숙한 것을 낯설게 함으로써 경이의 체험을 제공하는 데페이즈망은 일상에서 창조적 융·복합을 통해 새로운 지식을 창출하는 방법으로 얼마든지 전환될 수 있다. 본래 창조란 무無에서 유有를 만들어내는 활동이라기보다 기존의 유有와 유有를 남다른 방식으로 엮어 제3의 유有를 만들어내는 과정이다. 어떤 사물을 원래 있던 환경에서 떼어내 엉뚱한 곳에 갖다놓는 '고립'을 통한 창조적 변종變種 또는 이종결합異種結合을 추구하거나 '사물의 잡종화'를 통해 이제까지 접목되지 않았던 새로운 창조물을 탄생시키는 방법이 다름 아닌 데페이즈망이다. 데페이즈망은 평소에는 만날 수 없는 두 사물을 나란히 붙여놓는 '이상한 만남'이자 '낯선 충격'이지만 두 사물을 하나의 이미지로 응축하는 '이미지의 중첩'을 통해 익숙한 것을 낯설게 보여줌으로써 창조적 상상력의 새로운 가능성을 열 수 있다.

생각지도 못한 생각을 하는 네 번째 방법은 생각과 생각의 사이, 전문가와 전문가 사이에서 차이를 존중하고 배려하면서 새로운 생각의 싹을 틔우는 방법이다. 우선 〈생각의 사이〉라는 김광규 시인의 시를 음미해보자.

시인은 오로지 시만을 생각하고
정치가는 오로지 정치만을 생각하고
경제인은 오로지 경제만을 생각하고
근로자는 오로지 노동만을 생각하고
법관은 오로지 법만을 생각하고
군인은 오로지 전쟁만을 생각하고
기사는 오로지 공장만을 생각하고
농민은 오로지 농사만을 생각하고
관리는 오로지 관청만을 생각하고
학자는 오로지 학문만을 생각한다면

이 세상은 낙원이 될 것 같지만 사실은

시와 정치의 사이
정치와 경제의 사이
경제와 노동의 사이
노동과 법의 사이
법과 전쟁의 사이
전쟁과 공장의 사이
공장과 농사의 사이
농사와 관청의 사이
관청과 학문의 사이를

생각하는 사람이 없으면 다만

휴지와
권력과
돈과
착취와
형무소와
폐허와
공해와
농약과
억압과
통계가

남을 뿐이다.

이처럼 생각지도 못한 생각은 사람과 사람 사이, 전문가와 전문가 사이, 생각과 생각의 사이, 주장과 의견의 사이에서 차이가 가진 아름다운 생각이다. 그런데 문제는 사이에 존재하는 차이를 존중하지 않고 각자 자신의 생각이 최고라고 우기면서 불통이 되는 것이다.

2007년 4월 11일은 개인적으로 다시 기억하고 싶지 않은 날이다. 교통사고를 당해서 갈비뼈와 팔뼈가 심하게 손상되고 목뼈도 온전하지 못한 중태에 빠졌다. 당시 병원에 입원해 치료를 받으면서 들었던 서

양의학의 치명적인 약점을 체험에 비추어 이야기하면서 생각의 사이가 얼마나 소중한지를 드러내보려고 한다. 갈비뼈는 흉부외과 의사가, 팔뼈는 정형외과 의사가, 목뼈는 신경외과 의사가 치료해준다. 세 명의 의사는 각자 자신이 전공한 뼈에 대한 전문적인 처방을 주지만 다 같이 만나 나의 신체 상태에 대해 토론하지는 않는다. 문제는 세 가지 뼈도 아프지만 갈비뼈와 팔뼈, 그리고 목뼈 사이의 뼈가 아픈데 사이 뼈를 전공하는 의사가 병원에 없다는 점이다. 전문가가 자신이 맡은 분야만 잘하면 문제될 게 없을 것 같지만 〈생각의 사이〉라는 시가 시사하듯 전문가와 전문가 사이를 고민하는 사람이 많지 않으면 다양한 문제가 발생한다. 생각지도 못한 생각은 전문가와 전문가 사이, 경계와 경계 사이에 존재하는 차이에 주목할 때 일어난다.

최근 인문사회과학은 물론 자연과학과 공학 분야까지 학문 간 경계를 넘나들면서 간학문적 접근을 시도하는 노력이 활성화되고 있는데, 이러한 노력은 이제 더 이상 학문적 트렌드나 이슈가 아니라 너무도 당연한 현상으로 받아들여지고 있다. 하나의 독립된 분과 학문으로 복잡한 사회 현상을 설명하거나 이해하는 과정에서 부각되는 한계나 문제점을 극복하기 위한 노력의 일환으로 보인다. 오늘날 우리가 직면하는 많은 문제나 과제들은 어느 한 분야의 전문적 지식만으로 해결하기 어려울 정도로 복잡하고 난해하다. 문제 해결에 필요한 다양한 학문적 관점을 차용하여 통합적으로 적용할 필요성이 제기되면서 학문 간 가로지르기식 탐구 방법이나 경계 넘나들기가 절실하게 요구되고 있다.

이러한 노력은 21세기가 요구하는 인재의 모습에 대한 전면적인 재고에서 비롯된 자성적 움직임이라고 볼 수 있다. 미래 사회가 요구하는 인재는 전공 분야에 대한 깊이 있는 지식과 스킬을 보유한 '전문가specialist'를 넘어서서 자기 전공 분야와 인접한 타 분야에 대한 전문성도 겸비함으로써 깊이 있는 전문성과 아울러 폭넓은 식견과 안목을 지닌 사이 전문가다. 미래의 전문가가 갖추어야 될 가장 중요한 요건과 덕목은 내 전공에 대한 전문성 사이에 존재하는 차이를 존중하고 두 가지 이질적 지식을 융합, 제3의 새로운 지식을 부단히 창조해내는 지식 융합력이다. 더불어 인접 분야의 전공에 대한 폭넓은 안목과 식견, 그리고 나와 다른 전공을 하는 사람들의 다양한 관점을 이해하고 포용하는 관용 정신이다.[89]

지금까지 생각한다는 것의 의미와 생각지도 못한 생각을 하는 방법을 통해 공부는 생각하는 방법을 배우는 사고라는 점을 살펴보았다. 생각하는 방법을 배워야 되는 가장 중요한 이유는 그것이 바로 공부의 핵심이기 때문이다.[90] 공부한다는 것은 고정관념이나 타성에서 벗어나 자유롭게 산다는 것을 의미한다. 전문 지식과 기술은 풍부해도 올바르게 생각하지 못한다면 자신의 전문성을 악용하여 다른 사람에게 피해를 주는 행동을 할 수 있다. 어떤 분야의 전문가일수록 자신의 전문성을 근간으로 올바른 생각을 하지 못할 경우 일반인들보다 그 폐해와 역기능이 심각하다. 따라서 우리는 공부를 할수록 올바른 생각을 하는 방법을 끊임없는 자기반성과 성찰을 통해서 반복해야 된다.

생각이 없는 사람은 없다. 생각은 다 갖고 있지만 어제와 다른 방법으로 부단히 생각하지 않기 때문에 문제가 생기는 것이다. 공부를 통해서 생각하는 방법을 배워야 되는 이유는 생각하는 방법을 배우지 않고서는 타성에 젖어 습관적으로 살아가려는 관성이 존재하기 때문이다. 생각하는 방법을 습득하면 새로운 깨달음을 얻어 어제와 다른 관점으로 세상을 바라보며 함부로 행동하지 않고 언제나 내 생각의 파급 효과를 먼저 생각하면서 행동한다.

생각을 머리에게만 맡기고 논리적으로 사유하는 것은 반쪽 생각이다. 생각하는 방법을 배운다는 의미는 논리적 오류에서 벗어나 올바르게 판단할 수 있는 방법을 배우는 일일 뿐만 아니라 타인의 아픔을 가슴으로 생각하는 방법을 배운다는 것이다. 생각하는 방법을 배우는 또 다른 중요한 이유는 나와 관계되는 다른 사람들의 아픔을 가슴으로 생각해봄으로써 진정한 변화는 따뜻한 가슴의 연대를 통해서만 가능하다는 점을 깨닫기 위해서다. 객관적인 잣대와 치밀한 판단으로 옳고 그름의 시비를 가르는 냉철한 논리도 필요하지만 어설프고 불완전한 '마음'일지라도 부조리에 침묵하는 '부끄러움'에 항거하는 마음이 세상을 바꾼다.

이런 점에서 신영복 교수는 《담론》에서 공부는 머리에서 가슴으로 가는 여행이라고 하였고, 대상에 대한 객관적인 이해 이전에 애정과 공감으로 어루만지는 과정이라고 하였다.[91] 신영복 교수에 따르면 어머니가 떠나가는 자녀를 잊지 못하는 마음처럼 생각은 잊지 못하는 마음이다. 그래서 생각은 머리가 아니라 가슴으로 품는 포용이자 두근거리는 용기라고 한다.

뭔가 반성하려고 할 때 우리는 머리가 아닌 가슴에 두 손을 댄다. 국기에 대한 경례도 머리가 아닌 가슴에 손을 올린다. 머리로 하는 생각은 합리적이고 논리적이며 계산적이지만 가슴으로 하는 생각은 애정과 열정이자 깊은 공감이다. 가슴으로 다가온 느낌이 머리로 올라가서 앎이 생긴다. 앎은 분석과 판단이지만 느낌은 애정과 공감이다. 진정한 공부는 머리로 계산하는 수준을 넘어서 깊은 관심과 애정의 연대로 사람이나 대상을 뜨거운 가슴으로 사랑할 때 시작된다.

풍부한 전문성과 축적된 경험적 지식을 악용하여 올바르지 못한 일을 저지르는 전문가들의 행태는 가슴으로 타인의 아픔을 헤아리지 못하기 때문에 발생한다. 공부를 머리로만 했지 가슴으로 하지 않은 탓이다. 우리가 공부하는 방법을 통해서 배워나가야 할 부분은 바로 머리에서 가슴으로 가는 애정과 공감이며, 나아가 가슴에서 다시 손과 발로 가는 실천이다.

모든 공부는 결국 실천을 통해서 체화되는 것이며 체화되는 공부의 과정을 통해서만 나의 신념과 철학으로 재무장되는 것이다. 실천이 실종된 공부는 결국 공허한 이론적 논리로 무장될 뿐 현실 변화에 무력한 관념적 담론으로 전락하고 만다. 우선 습관의 덫에 걸려 어제의 생각을 반복하는 이유를 알아보고 그런 생각을 바꾸기 위해서 체험을 어떻게 바꿀 것인지를 알아보자.

공부하는 방법을 통해서 배워나가야 할 부분은 바로 머리에서 가슴으로 가는
애정과 공감이며, 나아가 가슴에서 다시 손과 발로 가는 실천이다.

습관적인 생각에서
벗어나는 방법

생각을 갖고 있지만 생각하지 않고 살아가는 이유는 생각이 습관의 지배를 받기 시작하면서부터다. 생각 없이 살아간다는 의미는 결국 습관의 덫에 걸려 기계적으로 반복하는 삶을 살아간다는 것이다. 이런 습관의 덫에서 빠져나오기 위해서는 우선 기계적으로 반복하는 생각이나 행동에 의문을 가져야 한다. 아침에 출근해서 저녁에 퇴근하기까지 지금까지 해왔기 때문에 아무런 문제의식 없이 무의식적으로 반복하는 생각이나 행동을 리스트업해 보고 그것을 조목조목 따져보는 것이다. 특히 내가 옳다고 믿는 신념 체계나 가정이 여전히 지금의 상황에서도 유용한지를 점검해보는 게 중요하다. 예를 들면 음식점에는 메뉴판이 있다는 가정은 누구나 당연하다고 생각한다. 그런데 과연 모든 음식점에 반드시 메뉴가 있어야 될까? 이런 의문을 품은 사람이 메뉴 없는 음식점을 개발할 수 있다. 주방장이 그날의 날씨나 상황에 따라서 가장 맛있는 음식을 만들어서 손님에게 제공하는 것이다.

우리는 습관적으로 "○○에는 ○○이 있다"라고 가정한다. 예를 들면 선풍기에는 날개가 있다. 선풍기에는 날개가 있어야 된다고 생각하는 사람들이 아무리 혁신적인 선풍기를 떠올린다 하더라도 선풍기 성능이나 날개 모양, 그리고 날개의 회전 방식 등에서만 차이가 날 뿐이다. 그런데 다이슨이라는 회사에서 개발한 날개 없는 선풍기는 그 고정관념을 파괴한 사례로 꼽힌다. 습관적인 생각은 아무런 의심 없이 가정을 인정하는 데 있다. 모든 선풍기에는 날개가 있다는 고정관념은 무의식적인 가정 위에 성립된 습관적인 생각이다. 당연하다고 생각하는 가정을 없애버리고 생각하는 연습을 하다 보면 당연하다고 생각하는 가정이 더 이상 당연하지 않음을 알게 된다. 이를 위해 "○○에는 ○○이 있다"라는 말을 "○○에는 ○○이 없다"고 바꿔서 생각하기 시작하면 색다른 생각의 씨앗이 자랄 수 있는 기반을 마련할 수 있다.

습관적으로 반복하는 행동은 왜 그렇게 행동하는지 모르는 상태에서 지금까지 해왔던 행동이기 때문에 그냥 어제와 같은 방식으로 반복하는 것이다. 이런 행동을 그만두고 이전과 다른 행동을 해야 생각도 바뀐다. 즉, 생각을 바꿔서 행동을 바꾸기보다 행동을 바꿔서 생각을 바꾸는 전략을 택하는 것이다. 습관적인 생각이 당연하다고 생각하는 가정 위에 성립된 고정관념이라면, 습관적인 행동은 특별한 문제의식 없이 무의식적으로 반복해온 행동이 습관으로 굳어져 매일같이 기계적으로 반복되는 것이다.

몸에 밴 습관은 경로 의존성을 띠고 있어서 한번 경로가 결정되면 다른 경로를 선택하기 어렵다. 경로 의존성이란 스탠퍼드 대학교의 폴 데이비드 교수와 브라이언 아서 교수가 주창한 개념인데, 어떤 이유에서든 한번 정해지면 더 효율적인 방법이 창안되어도 이전 방식을 그대로 따르려는 인간의 매너리즘이나 관성을 지칭한다. 아무리 혁신적인 방식이 창안되어도 사람들이 기존 방식을 고수하는 이유는 새로운 방식에 기존의 삶을 적응시키는 데 필요한 심리적 전환 비용 때문이다. 한

마디로 기존 방식을 굳이 포기하면서까지 새로운 방식에 적응할 강력한 동기 부여나 필요성을 느끼지 못하거나 그냥 이전 방식이 몸에 밴 습관이라서 새로운 습관을 만드는 게 귀찮다고 생각하기 때문이다. 이런 경로 의존성에서 벗어나 생각지도 못한 생각과 행동을 전개하는 것이 공부를 통해서 배워야 할 중요한 영역이자 노하우다.

습관적으로 생각하는 타성에서 벗어나기 위해서는 무엇보다도 내가 하는 체험을 바꿔야 한다. 체험과 전문성이 깊어질수록 체험과 전문성의 덫에 걸려 다른 체험과 전문성을 이해할 수 없는 좌정관천의 오류와 한계에 빠지기 쉽다. 내 삶의 행동반경이 바뀌지 않으면 내가 보고 느끼고 체험할 수 있는 기회도 한정된다. 지금 여기를 떠나서 저기로 가보지 않는 이상, 저쪽 세상이 어떤지를 체험할 수 없다. 지금 여기 앉아서 보는 것과 거기 가서 보는 것은 큰 차이가 있다. 히말라야 안나푸르나를 사진으로 감상하는 사람과 두 발로 직접 등반해본 사람이 보고 느낀 것은 천지 차이다. 지금 여기에 머물러 있는 시간이 오래될수록 내 생각도 옛날 생각에 젖어 새로운 현상을 설명하거나 이해할 수 있는 프레임이나 인식의 틀이 생기지 않는다. 내 삶의 행동반경을 바꿔서 체험할 수 있는 새로운 기회를 갖지 않으면 내 생각도 과거에 머무를 수밖에 없다. 세상은 내가 경험한 것만큼만 보인다. 더 정확히 말하면 세상은 내가 경험한 것을 근간으로 내가 보고 싶은 방식대로 보이는 것이다.

경험은 세상을 이해하는 중요한 원천이지만 동시에 기존의 경험이 다른 가능성의 문을 보지 못하게 막기도 한다. 경험한 대로 보이기 때문에 경험하지 못한 것은 경험한 것을 기반으로 이해된다. 경험은 다른 경험을 이해하고 해석하는 기반을 제공해준다. 동시에 다른 경험을 다르게 해석할 수 있는 사유를 차단해버리는 관성과 타성을 갖고 있다. 이전의 경험과 또 다른 경험이 축적되면서 습관이 형성되고 그 경험으로 인해 선입견과 편견이 생기면서 다르게 보고 생각할 수 있는 가능성의 문이 닫히는 것이다.

자신에 대한 인식은 지금까지 경험한 것을 자기 방식으로 정리한 체험적 깨달음에 근거한다. 체험적 깨달음은 사물이나 현상을 이해하는 중요한 기반 지식의 역할을 한다. 문제는 과거의 어느 시기에 축적된 체험적 깨달음으로 과거와는 판이하게 다른 상황을 설명하고 이해하려는 어리석음에 있다. 어리석은 사람은 과거의 '경험'에서 배우고 현명한 사람은 '역사'에서 배운다고 한다. 어제의 성공보다 더 위험한 적은 없다. 우리에게 가장 큰 위협은 경쟁사가 아니라 우리를 안주하게 만드는 과거의 성공 체험이다. 과거에 성공했던 사람이 자신의 능력과 방법론을 절대시하는 과오를 범하는 현상을 아널드 토인비는 '휴브리스hubris, 오만, 자기과신'라고 했다. 휴브리스는 '수주대토守株待兎'라는 고사와도 일맥상통한다. 수주대토守株待兎는 중국 송나라의 한 농부가 나무에 부딪쳐 죽는 토끼를 본 뒤 농사를 팽개치고 매일 나무그루만 지켰다는 고사다. 이처럼 자신의 성공 체험에만 의존하는 어리석은 함정에 빠질 가능성이 크다. 성공 체험을 통한 깨달음은 우리에게 약이 되기도 하지만 독이 되는 경우가 더 많다. 성공했던 과거의 상황이 지금의 상황과는 판이하게 다름에도 불구하고 과거의 성공 체험을 오늘의 상황에 반복해서 적용하려는 어리석음 때문이다. 어제의 성공 체험은 지나간 역사로 돌리고 거기서 얻을 수 있는 교훈을 배우면 된다. 그렇지 않고 과거의 성공 체험에서 벗어나지 못할 경우 어제의 덫에 걸려 새로운 가능성의 세계로 나아갈 수 없다.

휴브리스나 수주대토의 어리석음으로부터 벗어나는 방법은 뇌가 다른 생각을 할 수 있도록 색다른 체험적 자극을 끊임없이 주는 것이다. 비유컨대 배가 고프면 음식을 먹지만, 뇌가 고프면 지식을 섭취해야 한다. 음식을 먹는 이유는 배가 고프기 때문이고 지식을 먹어야 하는 이유는 뇌가 고프기 때문이다. 뇌가 고프다는 이야기는 기존의 경험과 지식으로 해결할 수 없는 불협화음 또는 불균형이 생겼다는 의미다. 뇌가 불균형 상태가 되면 외부로부터 새로운 정보나 지식을 흡수하려고 안간힘을 쓴다. 이때부터 뇌는 조금씩 움직이기 시작한다. 뇌가 뭔가 부족하고 결핍되었다고 깨닫기 시작한다. 이때야말로 뇌가 지식을 먹을 수 있는 최적의 시기다.

그런데 우리의 배는 때가 되면 허기가 져서 주기적으로 음식을 먹지만, 뇌는 때가 되어도 고프지 않아 주기적으로 지식을 먹지 않는다. 과거의 체험적 깨달음을 통해 체득한 지식에만 의존한다. 뇌가 고프지 않으면 기존의 생각에 새로운 생각이 접목되지 못할 정도로 각질이 생기고 때가 낀다. 습관적인 생각, 타성과 고정관념에 물들어 생긴 생각 벌레들이 새로운 생각을 하지 못하게 가로막는다.

이전과 다른 상황에 나를 노출시켜 놓지 않으면 뇌는 정상적인 상황이라고 판단하고 정상적인 방식으로 돌아간다. 아침에 출근해서 컴퓨터를 켜고 메일을 점검하고 간단하게 오늘 할 일을 챙겨본 다음 언제나 짜인 각본대로 지극히 정상적인 방법으로 하루를 보낸다. 이럴 경우 뇌는 아주 효율적인 프로그램대로 돌아간다. 그런데 아침에 출근했을 때 사무실에 불이 났다고 가정해보자. 평상시와 다른 비정상적인 상황이 발생하면 뇌도 평상시와는 다르게 비정상적인 방법으로 대응을 시작한다. 뇌가 이전과 다른 생각을 경험하게 하려면 평상시에는 경험할 수 없었던 낯선 상황에 노출시키는 기회를 늘려나가야 한다. 생각지도 못한 생각을 하는 사람은 색다른 상황에 직면해서 남다른 경험을 해본 사람이며, 그 경험의 결과 색다른 지식을 체득한다. 경험적 소산과 지식이 생각을 정리하고 제어하며 '옳다'라고 믿는 신념 체계나 가치관을 형성한다. 자신이 '옳다'라고 판단하는 근거는 경험을 통해서 축적한 지식과 신념, 그리고 가치관이다.

한계에 도전하는
방법을 배워라

공부는 한계에 도전하는 방법을 배우는 비약적인 도약이다.

"산다는 것은 호흡하는 것이 아니라 행동하는 것이다."

루소의 말이다. 최고의 공부는 내가 직접 체험하면서 몸으로 느끼는 깨달음이다. 머리로 아는 앎knowing과 온몸에 각인되는 느낌feeling은 차이가 크다. 4년 전 사하라 사막에서 마라톤을 뛰면서 말로 설명할 수 없는 희열을 온몸으로 느껴본 적이 있다. 사막 레이스는 사투 끝에 스며드는 오르가슴이다.[92] 작열하는 폭염을 등지고 누구도 밟아보지 못한 사막에 내 발자국이 찍히는 순간의 촉감, 무겁게 짓누르는 배낭의 무게를 온몸으로 지고 가면서 인생의 무게에 대한 깨달음이 불현듯 찾아올 때 느끼는 경건함, 막막한 사막 위를 걸으면서도 오늘 가야 될 거리를 두 발로 좁혀나가는 성취감, 온갖 악조건 속에서도 앞으로 나아가야 된다는 부담감과 온몸을 파고드는 고통 속의 희열, 폭염을 뚫고 스쳐 지나가는 바람에 비 오듯 쏟아지는 땀방울이 휘발되는 느낌에서 내가 살아 있다는 경이로운 기적을 실감하게 된다. 짓누르는 배낭의 무게로 저리는 어깨, 두 손으로 배낭을 들어 올려 생긴 틈새 사이로 사막의 모래바람이 스쳐 지나갈 때 순간적인 시원함을 느끼는 그 시간이 바로 행복한 시간이다.

행복은 추상명사가 아니다. 행복은 일상에서 매일 느끼는 동사다. 행동하면 무거운 몸도 가벼워지고 복잡했던 머리도 맑아지면서 행복해진다. 공부는 몸을 움직여 체험하는 가운데 행복해지는 비결을 배우는 과정이다. 이런 점에서 모든 추상명사는 추상적 관념이 아니라 체험을 통해서 내 몸에 각인되어야 비로소 그 의미가 살아 숨 쉬는 동사다. 공부는 책을 통해 습득한 추상적 개념이나 관념을 구체적인 내 삶을 통해 체험하면서 느끼는 과정이다. 사랑이라는 추상명사는 사랑하는 행위나 실천을 통하지 않고서는 그것이 내포하는 아름다운 정신과 생각을 담아낼 수 없다. 그래서 사랑은 누구나 일상에서 실천하는 보통명사이자 보통 사람들이 삶 속에서 다른 사람을 위해 베푸는 작은 정성과 배려다. 행복도 마찬가지다. 행복은 거창한 계획이나 대단한 결심으로 계획하는 미래 시제가 아니라 지금 여기서 내가 숨 쉬고 먹고 마시며 몸이 움직이는 가운데 느끼는 구체적인 일상이다. 행복은 육신의 즐거움이 가져다주는 영혼의 기쁨이다. 육신이 멀쩡하지 않고서는 아무리 멋진 행복이라도 일상에서 느낄 수 없는 관념일 뿐이다. 행복은 나의 신체성으로 감지하는 모든 촉감이다. 그래서 행동하지 않고서는 절대 찾아오지 않는 구체적인 실천이다.

열정도 마찬가지다. 열정을 가지고 불가능에 도전하는 사람들, 남들은 한계로 생각하지만 그 한계선에서 도전을 시작하는 사람들에게 열정은 어제와 다른 삶을 살아가는 에너지다. 열정도 열정적인 상태를 지칭하는 말이 아니라 열정적으로 살아가는 사람들의 역동적인 모습을 지칭한다. 열정적인 사람은 열정적인 행동을 하는 사람이다. 그래서 열정도 어떤 상태를 지칭하는 정적인 추상명사가 아니라 부단히 자신의 삶을 불태우며 구체적인 행동을 하는 사람에게 따라다니는 아름다운 미덕이다. 삶을 바꾸고 싶다면 모든 추상명사를 동사로 바꿔서 지금 여기서 오늘부터 작은 실천을 시작하는 건 어떨까.

공부는 책상에 앉아서 책을 읽는 것만을 의미하지 않는다. 경제학을 책으로 공부한 사람은 경제 위기를 극복할 대안을 책에서 찾으려고 한다. 교육학적 지식은 풍부하지만 교육 현장에서 교육적 체험을 갖지 못한 교육학자의 교육 처방전은 현실적 대안이 되지 못하는 경우가 많다. 다양한 사례 연구를 통해 경영 감각과 지식을 쌓은 경영학자라 할지라도 전대미문의 경영 위기 앞에서는 속수무책인 경우가 많다. 모든 학문적 탐구는 탐구 대상에 대한 애정과 관심, 그리고 현장에서 만나는 구체적인 현실과 온몸으로 다가오는 느낌을 학문적으로 이론화시킬 때 대상과 겉돌지 않는다. 그렇지만 현실은 이론과 실천이 따로 놀고 학자와 실천가 사이에 언제나 좁힐 수 없는 의견차가 존재한다. 지리학자는 이리저리 구석구석을 다녀봐야 지리를 알 수 있다. 지리학자가 지리학 책을 보면서 머리만 요리조리 굴려서는 지리의 본질과 핵심을 파악할 수 없다. 지리는 발로 걸어봐야 피부로 느끼고 몸으로 터득한다.

책상에서 지리학을 배우고

독도법을 배운 사람들은

지도를 펴들면

산의 높낮이와 길이가

숫자로 떠오른다고 한다.

산사람이나 특전사 요원들은

지도를 펴들면

먼저 새소리 물소리가 들린다고 한다.

박노해 시인의 〈정신의 발〉이라는 시의 일부다. 지리학을 공부하는 학자가 지리를 잘 모른다는 어린 왕자의 역설은 단지 지리학자만의 문제가 아니다.

체험이 바뀌어야
생각이 바뀐다

"같은 짓을 반복하면서 다른 결과를 기대하는 것은 정신착란이다."

미국 작가 리타 메이 브라운의 말을 다시 쓰면 이렇다.

"같은 행동을 반복하면서 다른 생각을 기대하는 것은 정신병 초기 증세다."

뭔가를 공부하는 가장 좋은 방법은 직접 내가 해보는 것이다. 해보지 않으면 맞는지 틀리는지, 그리고 내가 좋아하는 일인지 아닌지를 알 수 없다. 머리로 알 수 있다 치더라도 몸으로 느낄 수는 없다. 뭔가를 공부한다는 것의 진정한 의미는 내 몸을 움직여 직접 체험해보는 과정에서 느낀다는 것이다. 대부분의 사람들이 새로운 공부의 필요성을 느끼지 못하는 이유는 늘 살아가는 공간에서 어제와 비슷한 방법으로 뭔가를 하면서 정상적인 생각에 머물러 있기 때문이다. 이 말은 나의 체험 공간이 한정되어 있어서 어제와 다른 공간에서 다른 체험하기가 생각보다 쉽지 않다는 뜻이다. 내가 살아가는 공간이 나를 결정한다. 내가 어떤 공간에서 어떤 체험을 전개하는지에 따라서 내 사고방식도 영향을 받는다. 생각과 행동은 서로 영향을 미친다.

문제는 생각을 바꿔서 행동을 바꾸는 방법에 대해서만 우리가 너무 오랫동안 연구해왔다는 사실이다. 나이가 들수록 생각은 타성에 젖어가고 고정관념에 갇히며, 습관에 길들여지면 이전과 다른 생각과 행동을 하기가 거의 불가능하다. 사람들은 가급적 지금까지 살아왔던 방식대로 위험 부담을 갖지 않고 편안하게 살았으면 좋겠다는 희망을 갖고 있다. 불가피한 상황에 직면하지 않는 이상 어제와 비슷한 생각으로 하루를 시작해서 어제와 비슷한 행동을 하면서 하루를 마감한다.

그런데 생각을 바꿔서 어제와 다른 행동을 하면 지금까지 갖고 있었던 생각이 바뀌지 않을까? 즉, 딴짓을 해보면 딴생각이 들 수도 있지 않을까? 그동안 딴짓을 하면 야단을 맞았고 장난을 치면서 문제를 일으키면 문제아로 취급받았기 때문에 틀에 박힌 일상을 벗어나 뭔가 색다른 도전이나 모험을 하기 어려웠다. 우리 삶이 그리 쉽게 용납해주지 않았다. 우리는 늘 주어진 길을 잘 따라가는 모범생 패러다임에 젖어 살아왔지, 남들이 가지 않은 길을 위험을 감수하면서 과감하게 도전하는 모험생 패러다임을 추구하지 않았다. 살아가면서 사람들이 만들어가는 행동 반경이 그 사람의 생각의 폭과 깊이를 결정한다. 어제와 동일한 공간에서 비슷한 일을 반복하면서 하는 생각은 변화가 없다. 세상을 다르게 보라는 말은 수없이 들어왔지만 다르게 보기 어려운 이유는 내가 경험한 세상에서 형성된 프레임대로 세상이 보이기 때문이다. 체험을 바꾸지 않고 어제와 같은 공간에서 어제와 비슷한 일을 반복한다면 생각 역시 어제와 비슷하게 반복될 뿐이다.

공부는 비슷한 생각의 순환 과정에 이상 기류를 형성해서 어제와 다른 방향으로 생각의 순환이 일어날 수 있도록 모종의 조치를 취하는 과정이다. 앞서 사례에서 말했듯이 직업군에 따라 '열 십+' 자를 다르게 해석하는 이유는 체험의 반경과 깊이가 변화되지 못하기 때문이다.《개의 사생활》[93]과《관찰의 인문학》[94]을 쓴 알렉산드라 호로비츠의 용어를 빌리면 '직업적 왜곡déformation professionnelle'이다. 모든 상황을 직업적 관점에서 바라보려는 편향적 시각이다. 산부인과 의사가 '열 십+' 자를 교통경찰처럼 사거리로 보기 어려운 이유는 자신의 체험 영역과 사거리를 연결시켜 생각할 기반이 없기 때문이다. 산부인과 의사가 교통경찰처럼 '열 십+' 자를 사거리로 이해하기 위해서는 직접 교통경찰처럼 행동해봐야 비로소 '열 십+' 자가 사거리로도 보이기 시작한다.

나는 내가 체험한 깊이와 넓이를 능가하는 사고가 어렵다. 나는 체험한다. 고로 존재한다. 나의 존재를 바꾸는 방법은 일상적으로 반복하는 행동을 바꿔서 색다른 체험 영역에 나를 노출시키는 것이다. 내가 경험한 내용과 경험으로 터득한 생각대로 세상을 보기 때문에 내가 본 세상은 나의 주관적 인식의 틀로 걸러진 세상이다. 따라서 내가 본 세상은 객관적으로 존재하는 세계가 아니라 내 방식대로 지각한 주관적 세상이다.

공부는 입장을 바꿔서 공감하는 방법을 배우는 과정이다. 세상에는 저마다의 사연과 배경을 갖고 나름대로 추구하는 삶의 목적과 비전을 가슴에 품고 이를 실현하기 위해 다각적으로 애를 쓰는 사람들이 많다. 그래서 공부를 한다는 것은 언제나 상대의 입장에서 그 사람의 의중을 파악하고, 상대가 의도하는 바가 무엇인지를 평소의 생각과 주장에 비추어 부단히 판단해보는 것이다. 진정한 의미의 역지사지는 상대방의 입장을 머리로만 생각하는 게 아니라 직접 그 사람의 입장이 되어 행동하고 왜 상대가 그런 생각을 하게 되었는지를 곰곰이 생각해보는 것이다. 그래야 상대가 왜 특정한 시점에서 그렇게 주어진 현상을 볼 수밖에 없었으며 특정한 행동을 할 수밖에 없었는지를 알 수 있다.

《관찰의 인문학》[95]에서 알렉산드라 호로비츠는 '내가 세상을 보는 대로 다른 존재도 동일하게 세상을 볼까? 만약 그렇지 않다면 그들은 어떤 방식으로 세상을 보며, 그들의 눈에 비친 세상은 어떤 모습일까?'라는 의문을 풀기 위해 다양한 사람들과 동네를 산책한다. 호로비츠는 일단 혼자 동네 한 바퀴를 돌아보고, 다음에는 자신의 어린 아들을 데리고 산책한다. 그녀는 이어서 지질학자, 타이포그래퍼, 일러스트레이터, 곤충 박사, 야생동물 연구가, 도시 사회학자, 의사와 물리치료사, 시각장애인, 음향 엔지니어, 반려견과 차례로 산책을 하면서 각자가 동네를 어떻게 보는지를 관찰하였다.

"단 하나의 진정한 여행은 낯선 땅을 방문하는 것이 아니라 다른 눈을 갖는 것, 다른 사람의 눈으로, 그것도 백 명이나 되는 다른 사람의 눈으로 우주를 보는 것, 그들이 저마다 보고 있으며 그들 자신이기도 한 100가지 우주를 보는 것이다."

마르셀 프루스트의 말이다. 어린 아들에게는 동네에서 만나는 모든 사물과 현상이 호기심의 대상이다. 지질학자는 콘크리트에서 고대의 해양 세계를 보고 도시 전체를 암석들의 향연으로 바라본다. 타이포그래퍼의 눈에는 시내 간판의 글씨체를 비롯한 도시 전체가 문자들의 제국으로 보이고, 도시 사회학자의 눈에는 도시의 모든 공간이 사회학적 관계 맺음의 공간으로 보인다. 의사와 물리치료사는 걸어가는 모든 사람의 자세를 관찰하고 그들의 건강 상태를 예견하며, 시각장애인과 음향 엔지니어는 소음과 소리를 중심으로 도시 공간을 읽어낸다. 또 호로비츠의 반려견인 피니건이 바라보는 세상 또한 그녀의 망막에 비친 세상과는 완전히 다르다. 결국 그녀의 결론은 "새로운 것을 발견하고 싶다면 어제 걸었던 길을 다시 걸어라. 알고 보니 나는 거의 모든 것을 놓치고 있었다."는 것이다.

사람이 세상을 바라보는 주관적 인식의 틀은 동물들에게도 마찬가지다. 동물의 입장에서 바라보는 세상을 연구한 사람이 독일의 동물행동학자 야콥 폰 웩스쿨이다. 그가 쓴 《동물과 인간세계로의 산책A foray into the worlds of animals and humans》[96]에 보면 '벨트welt'와 '움벨트umwelt'라는 개념이 나온다. '벨트'는 객관적으로 실재하는 세계를 지칭하고 '움벨트'는 동물들이 주관적으로 인식하는 세계를 의미한다. 즉, 지상에 존재하는 모든 생명체는 객관적 실제 세계에 살아가지만 그것을 인식하는 자신만의 감각 세계인 움벨트가 달라서 그 인식의 틀 안에서 저마다 다른 세계를 만들어간다는 것이다. 지구라는 동일한 환경에서 사람과 생물이 함께 살아가지만 각각의 생물이 살아가는 주관적 세계인 움벨트는 매우 다르다. 움벨트는 생명체마다 동일하게 인식하는 경험 세계가 아니라 개개의 생물의 고유한 경험이다. 평생 동안 한 우물을 벗어나보지 않은 곤충은 거기가 세상의 전부라고 생각한다. 내 삶의 공간을 넘어 다른 세계로 가보지 않은 이상 지금 여기가 전부라고 생각하는 것이다.

사람도 같은 시간과 공간에 머물면서 시공간적 경험을 공유하지만, 이를 받아들이고 해석하는 방식과 세상을 바라보는 세계관의 차이에 따라 저마다 다른 독립적인 움벨트를 갖고 있다. 사람은 다양한 환경에서 자라면서 타인을 만나고 특정한 일을 하면서 저마다 고유한 체험적 깨달음을 몸에 지니고 있다. 한 사람의 움벨트는 그가 이제까지 보고 느끼고 체험하면서 내면에 형성된 사고의 틀에 따라 천차만별일 것이다. 동일한 세상에 살면서도 저마다 다른 움벨트를 지니고 살아가는 사람들이 만나 토론을 한다고 가정해보자. 동일한 이슈에 대해서도 그것을 바라보는 관점과 문제 해결에 동원하는 접근 논리가 다를 수밖에 없다. 문제는 자신이 생각하는 문제 해결 논리가 절대적이라고 오판한 나머지 다른 사람과의 입장 차이를 수용하지 못하고 자신의 입장만을 주장할 수 있다는 점이다. 사람과 사람이 만나 대화를 나누고 공감하며 서로를 이해하는 관점은 나와 다르게 바라보는 사람의 수만큼 다양하다. 알렉산드라 호로비츠가 쓴《관찰의 인문학》의 원제는 '전문가의 눈으로 걸어본 11번의 산책On Looking: Eleven Walks with Expert Eyes'이다. 체험적 공간이 다른 열한 명의 전문가가 저마다의 눈으로 세상을 바라본 관점의 차이가 관찰 결과의 차이를 가져온다는 이야기다.

저마다의 경험 공간이 다르면 그 속에서 세상을 인식하는 주관적 인식의 틀도 다를 수밖에 없다. 나의 움벨트는 내가 살아오면서 내 안에 새겨진 시간과 공간의 합작품이다. 어제와 다른 움벨트를 지니기 위해서는 어제와 다른 공간에서 다른 시간을 보내야 한다. 내가 살아온 역사적 시간과 공간이 다르기에 나의 움벨트는 내 삶의 고유한 특수성을 드러내는 내 삶의 세계다. 따라서 내가 생각하는 관점과 주장만이 옳다고 주장하는 외골수적 사고방식에서 벗어나 나와 다른 수많은 사람의 입장에서 생각해보는 역지사지가 얼마나 중요한지를 깨닫게 된다. 나의 지각과 관계없이 세상은 이미 존재하지만 내 감각으로 인식된 것만이 옳다고 주장할 경우 독단과 아집에 빠질 수 있다. 나의 인식의 틀로 지각되지 않거나 지각하지 못한 또 다른 세계가 있음을 인정하고 타자의 움벨트와 다름과 차이가 있음을 인정할 때 각자가 인식한 주관적 움벨트는 고유한 가치를 지닐 수 있다.

세계에 대한 인간의 시각은 많은 시각들 가운데 하나일 뿐이며 한 사람의 시각은 수많은 다른 사람들의 시각 가운데 하나일 뿐이다. 나만의 세계에서 벗어나 다른 사람의 세계 또는 다른 동물들의 움벨트로 세상을 이해하려고 노력한다면, 우리가 사는 세상은 보다 다채롭고 풍요로운 세상이 될 것이다. 공부는 지금의 움벨트를 넘어 다른 움벨트도 있다는 점을 체험적으로 깨닫는 과정이다. 지금 여기서 어제와 차이가 존재하지 않는 동일한 반복이 계속된다면 여기를 벗어나 다른 세계가 있음을 체험적으로 자각하지 못한다.

Outsight가 바뀌어야
Insight도 바뀐다

insight는 통찰이다. 안$_{in}$에서 다르게 보는$_{sight}$ 능력이다. 공부를 하는 중요한 목적 가운데 하나는 통찰력을 습득하는 데 있다. 내가 세상을 보는 능력은 내 안에 축적된 체험적 깨달음, 지식, 기존의 생각이 융·복합되어 결정된다. 결국 뭔가를 다르게 보고 다르게 생각하기 위해서는 내 안에 축적된 다르게 보는 재료가 바뀌어야 한다. 안$_{in}$에서 다르게 보려면$_{sight}$ 밖$_{out}$에서 다르게 본 것들$_{sight}$이 새롭게 입력되어야 한다. 밖에서 본 체험적 자극$_{outsight}$이 바뀌지 않으면 안에서 일어나는 통찰력$_{insight}$도 바뀌지 않는다. 통찰력$_{insight}$이 바뀌려면$_{change}$ 밖에서 내가 부딪히는 세 가지 체험이 바뀌어야 한다.

첫째, 내가 반복하는 체험을 바꾸어야 한다. 지금 여기서 반복하는 일상에서 일탈, 낯선 마주침을 경험하지 않으면 색다른 깨우침과 뉘우침, 그리고 가르침도 받을 수 없다. 둘째, 내가 그동안 구축해온 인맥을 바꾸면 색다른 인간적 자극을 받을 수 있다. 분야가 다른 사람을 만나야 시야가 바뀌고, 시야가 다른 사람을 만나야 시각이 바뀌고, 시각이 다른 사람을 만나야 생각이 바뀐다. 마지막으로 내가 읽는 책을 바꾸면 지적 자극이 바뀐다. 전공 책이나 일과 직접 관련되는 책만 읽는 것이 아니라 관계없다고 생각되는 전혀 다른 분야의 책, 경계를 넘나드는 독서가 경지에 이를 수 있는 새로운 지적 자극을 준다. 이제까지 해보지 않은 엉뚱한 행동體을 해보거나 이제까지 만나보지 못한 다른 사람을 만나기도 하고仁 이제까지 읽어보지 못한 전혀 다른 책知도 읽어봐야 한다. 이것이 바로 내가 체인지change되는 체인지體仁知의 지혜다.[97]

딴 세상을 보기 위해서는 딴 길을 가야 하고 딴짓을 해야 한다. 기존 경험의 범주를 벗어나 지금까지와는 다른 세상을 체험하는 길이 생각지도 못한 생각과 이전과 다른 행동을 할 수 있는 원동력이 되는 셈이다. 경계를 넘는 모험을 하지 않고 어쩔 수 없다고 생각하는 현실의 벽에 자신을 가둬두면 경계 너머의 사유를 할 수 없다. 본래 정신은 지금 여기의 세계를 뛰어넘어 자유를 꿈꾼다. 그런데 재미없고 지루한 일상의 틀에 내 정신을 묶어두면서 언제나 삶이 단조롭고 가슴이 뛰지 않는다고 불만을 늘어놓고 걱정과 고민을 반복한다. 정신적 충격을 체험하는 세계의 영역을 넓히거나 넘을 수 없는 경계라고 스스로 한계 지은 벽을 넘어서는 모험을 시도한다면 묶여 있던 정신도 훨훨 날아 생각지도 못한 새로운 사유의 날개를 달고 한계를 넘어서는 놀라운 체험이 선순환적으로 반복될 것이다.

아이디어 발상법 중에 브레인스토밍이 있다. 새로운 아이디어를 내기 위해 팀별로 브레인스토밍 세션을 거듭하지만 별다른 아이디어를 내지 못하는 이유는 입력inputs이 바뀌지 않으면 출력outputs이 바뀌지 않는 기본적인 원리를 이해하지 못하기 때문이다. 여기서 입력은 아이디어를 내는 데 필요한 다양한 자극이다. 아이디어의 원료가 새롭게 추가되지 않으면 색다른 아이디어가 출력으로 나오지 않는다. 즉, 색다른 아이디어를 내기 위해서는 색다른 아이디어의 재료가 입력되어야 하는데 입력은 바뀌지 않았는데 색다른 아이디어를 내려는 노력만 반복된다.

아이디어는 두 가지 이상이 연결되어 만들어진다. 《기획은 2형식이다》[98]를 쓴 남충식에 따르면 "아이디어는 발상이 아니라 연상"이다. 익숙한 것의 낯선 조합, 즉 새로운 것을 만들어내는 노력이 아니라 익숙한 기존의 것이 서로 연결되어 색다르게 보이는 것이 아이디어라는 것이다. 결국 아이디어는 연상할 재료가 내 안에 얼마나 풍부하게 축적되어 있느냐에 따라 색다르게 조합될 수 있는 가능성도 그만큼 높아지는 것이다. 연상할 재료는 바로 내가 지금까지 축적한 직간접적 체험과 경험이다. 주관적 '체험'이 객관적 '경험'보다 강하다. 남의 경험으로부터만 배우지 말고 나의 체험으로 배우는 기회를 늘려야 한다. 경험은 스쳐 지나간 흔적이나 어렴풋한 기억이지만 체험은 몸에 개인적으로 각인된 잊을 수 없는 추억이다. 경험은 죽은 채로 과거 속에서 살아가지만 체험은 살아서 현재에서도 빛을 발한다. 체험은 발로 뛰면서 체득하는 산지식, '책'을 읽고 '산책'하면서 깨닫는 체험적 통찰력이다.

세상의 여러 좋은 말보다 내 육신의 고통스러운 체험으로 뼛속에 각인된 한 마디가 내 인생의 시금석이 되고 디딤돌이 된다. 걸림돌에 넘어져 내 몸에 새겨진 상처 속에서 내 삶에 도움이 되는 한 마디를 찾을 수 있다. 내 몸에 상처를 준 체험적 깨달음이 걸러낸 한 마디가 더 절실하게 다가오고 감동적인 느낌으로 온몸을 파고든다. 베스트셀러를 수없이 읽어도 내 인생이 바뀌지 않는 이유는 손발을 움직여 직접 실천해보거나 내 삶의 일부로 받아들이지 않았기 때문이다. 감동 깊은 책을 읽어도 더 무기력해지고 무료해지는 이유는 무엇일까? 성현들의 옳은 말이 들어 있는 책을 읽는 것도 중요하지만 책에 쓰인 옳은 말대로 내 신체가 체험하지 않으면 파편화된 관념이나 환상에 머무른다. 세상의 옳은 말에 더 이상 심취해 있지 말고 세상의 바깥, 지금 여기를 벗어나 미지의 세계, 경계 밖으로 뛰쳐나가 내 몸을 던져 온몸으로 사유해보자. 거기서 건져 올린 한 마디가 내 삶을 송두리째 뒤흔들 수 있다.

지금까지의 도전이
바로 나다

도전하기 전에는 반드시 생각해야 된다. 그러나 생각을 너무 오래하거나 행동하지 않고 생각만 거듭할수록 되는 일은 없고 머리만 아프다. 아무것도 하지 않으면 아무것도 이루어지지 않는다. 모든 일은 문 밖으로 나가서 낯선 환경과 마주치고 낯선 사람과 끊임없이 만나야 이루어진다. 낯선 마주침과 생각지도 못한 만남이 인생을 의미 있게 만들어간다. 행동하지 않고 앉아서 고민을 거듭할수록 문제 해결의 실마리는 보이지 않고 난제로 탈바꿈될 뿐이다. 경기는 장기 불황 국면에 접어들어

회복 기미를 보여주지 않으며, 삶의 터전은 더욱 불안해지고, 미래는 불확실성의 긴 터널에 갇혀 암담하기만 하다. 새봄은 언제 올지 예상할 수 없고 절망의 그림자는 더 길게 드리워져간다. 그러나 지금 여기서 그대로 주저앉아 있을 수는 없다. 삶은 언제나 시련과 역경 속에서 새로운 역사를 창조해왔으며 고통 속에서 맞이한 찬란한 아픔을 견디면서 지금 여기까지 왔다. 삶에서 가장 큰 위기는 위기 없는 삶이다. 생각지도 못한 기회는 언제나 생각지도 못한 위기 속에서 잉태되어왔다. 모든 기회는 위기가 낳은 자식이다.

도전은 결과에 관계없이 지나고 나면 다 아름다운 추억으로 간직되는 한 편의 드라마다. 도전은 결과의 높낮이로 그 가치를 평가하는 게 아니라 도전하는 과정 속에서 무엇을 보고 느끼며 깨달았는지를 반추해보면서 자신의 삶을 성찰하는 배움의 디딤돌이다. 도전은 남들이 한계라고 정해놓은 물리적 장벽을 넘어서려는 육체적 분투노력만을 의미하지 않는다. 또한 미지의 세계로 떠나는 여정만을 의미하지도 않는다.

"꼭 요란한 사건만이 인생의 방향을 바꾸는 결정적 순간이 되는 건 아니다. 실제로 운명이 결정되는 드라마틱한 순간은 믿을 수 없을 만큼 사소할 수 있다."

영화 〈리스본행 야간열차〉에 나오는 대사다. 이 말을 도전으로 바꿔서 생각해도 의미는 변하지 않는다.

"꼭 대단한 도전만이 인생의 방향을 바꾸는 결정적 순간이 되는 건 아니다. 실제로 운명이 결정되는 드라마틱한 순간은 믿을 수 없을 만큼 사소한 도전일 수 있다."

도전은 반복되는 일상 속에서도 얼마든지 가능한 용기다. 도전은 누구나 당연하다고 생각하는 세계에 대해 어제와 다른 물음표를 던지면서도 시작될 수 있다. 쓸데없다고 생각했던 사물, 쓸모없다고 버려둔 무관심의 세계를 남다른 관심으로 다시 들여다보는 작은 결단이기도 하다. 또한 당장 실용적인 목적으로 어디에도 써먹을 수 없지만 세상을 바라보는 안목과 식견을 넓혀주고 삶을 이전과 다르게 바라볼 수 있는 관점을 갖추는 데 도움이 된다면 무엇이든지 이해타산을 따지지 않고 추진해보려는 집요함이기도 하다.

도전은 안주했던 여기서의 삶을 청산하고 저기로 이동하려는 의지의 소산이자 여기와 저기 사이에서 차이를 존중하고 배려하는 따뜻한 마음이다. 나와 너 사이에 존재하는 경계나 벽을 넘어서려는 용기 있는 결단이고 경계 속에서 새로운 경지에 이를 수 있는 지식을 창조하고 지혜를 밝히려는 부단한 배움이기도 하다. 또한 누구나 다 알고 있지만 그럼에도 그 앎을 행동에 옮겨 어떤 변화가 일어나는지를 몸소 체험해보는 실천이다. 도전에는 언제나 용기 있는 결단이 필요하다. 도전은 두려움과 불안함에도 불구하고 앞으로 진일보하려는 아름다운 용기다. 도전은 용기를 먹고 자라며, 용기는 도전을 통해 더욱 강건하게 다져진다. 여러 가지 문제가 산재하고 힘들고 어려운 조건이 앞을 가로막고 있어도 그럼에도 불구하고 도전해야 악조건 속에서도 반전에 반전을 거듭하다 마침내 역전의 토대가 마련되면서 감동적인 삶의 드라마가 탄생된다. 그 드라마의 주인공이 바로 당신이다.

"나는 당신이 사랑을 놓쳐버렸고 행복해야 할 의무를 소홀히 했으

며 체념으로 하루살이처럼 살아온 데 대해 고소합니다."⁹⁹

《브람스를 좋아하세요》를 쓴 프랑수아즈 사강의 말이다. 이 말을 도전과 용기라는 말을 대입해서 다음처럼 바꿔 쓸 수 있다.

"나는 당신이 도전을 포기해버렸고 용기 있게 살아가야 할 의무를 소홀히 했으며 체념으로 하루살이처럼 살아온 데 대해 고소합니다."

《정희진처럼 읽기》에 보면 "경험 없는 몸은 현실과 무관하다."¹⁰⁰는 말이 나온다. 내 몸이 활동하는 무대는 현실이다. 내가 현실에서 어떤 경험을 하는지에 따라서 현실은 내 몸에 체험으로 각인된다. 체험으로 각인된 현실만이 내 몸 안에서 진실로 체화된다. 체화된 현실이 진실이며 그런 진실만이 진심으로 표현되고 전달될 수 있다.《백년의 고독》으로 잘 알려진 가브리엘 가르시아 마르케스는 1982년 '라틴아메리카의 고독'이란 제목으로 노벨상 수상 연설을 했는데, 여기서 이렇게 말했다.

"우리가 직면한 중대 문제는 우리 삶을 신뢰할 만한 것으로 인식시킬 방법이 우리에게는 없다는 것입니다. 이것이 우리들의 고독의 핵심입니다."

그나마 나의 존재를 정직하게 드러내는 길은 내 몸을 통해서다. 몸이 체험하고 의식하고 느끼는 바에는 거짓이 파고들어갈 틈이 없다. 문제는 몸의 체험을 타인에게 인식시키는 과정이다. 거기에는 나의 각색된 의지와 희석된 감정이 개입될 수 있기 때문이다. 그럼에도 여전히 몸은 행동을 통해 나를 정직하게 드러낸다.

"내 몸이 나다. 타인을 판단할 필요가 있다면 그냥 그의 행동을 보면 된다. 행동이 그 자신이다."¹⁰¹

내가 누구인지를 화려한 미사여구나 현학적 수사를 동원하여 알리려는 노력보다 몸이 체험한 진실을 조용히 전달하는 것, 이것이야말로 내가 살아온 삶을 그나마 믿을 만하게 만드는 자기 독백이 아닐까. 살아가면서 부딪힌 현실의 다양한 양상이 몸에 새겨진 것이 체험이다. 지진처럼 땅이 흔들리고 아무 말도 못 하며 맞이한 먹먹했던 순간들, 절체절명의 위기의 순간에 안간힘을 쓰며 애간장을 태웠던 장면들, 그리고 오랜 침묵과 고독으로 숙성된 결과가 세상으로 나오면서 맞이하는 기쁨과 즐거움의 시간들이 저마다의 사연을 담고 있는 추억으로 기록된다. 《핑!》[102]이라는 책에 "뭔가 되기 위해서는 뭔가 해야 된다To do is to be."는 메시지가 나온다. 존재는 행동이 결정한다. 이제까지 내가 겪은 체험이 바로 나다.

내 인생에는 잊을 수 없는 몇 번의 도전이 아름다운 추억으로 남아 있다. 2012년 10월 사하라 사막 250km 마라톤 도전, 2014년 2월 히말라야 안나푸르나 베이스캠프 등정, 같은 해 10월 제주 100km 마라톤 도전, 2015년 7월 킬리만자로 정상 등정이 그것이다. 이 네 번의 도전을 통해 내 몸에 각인된 당시의 강렬했던 흔적은 처절한 고통과 치열한 사투가 피워낸 찬란한 산물이다.

2012년 10월 사하라 사막 울트라 마라톤에 도전하면서 인간 한계의 끝에서 많은 것을 느꼈다. 몸이 한계에 직면하면 마음이 몸을 통제하는 게 아니라 몸의 상태에 마음이 따라간다. 몸이 마음을 지배한다는 사실을 극한의 한계 상황에서 깨달았다. 혹독한 폭염과 달아오른 사막의 모래와의 사투 속에서 체험한 전율, 사막 한가운데서 반응하는 내 몸의 감각을 표현할 언어는 부족하다.

2014년 2월에는 4,130m에 이르는 히말라야 안나푸르나 베이스캠프에 오른 적이 있다. 앉아서 '보는 것'과 '가보는 것'에는 한 글자 차이가 아니라 천지 차이가 있음을 깨달으면서 안나푸르나가 그렇게 아름다운 이유를 스스로에게 묻기 시작했다. 내가 얻은 결론은 위험한 곳에 있기 때문이었다. 만약 안나푸르나가 동네 뒷산에 있어서 누구나 다 올라갈 수 있다면 과연 아름다울까? 세상의 모든 아름다움은 위험함을 무릅쓰고 사투 끝에 피워낸 '앓음다움'이다. 아름다운 사람은 아픔을 견뎌내고 보여주는 사람다움을 지니고 있다. 아름다움은 저절로 태어나지 않는다. 위기를 극복하면서 내공이 쌓이고 범접할 수 없는 아우라가 생겨 아름다워 보이는 것이다. 아름다움은 겉모습이 아니라 내면에서 우러나온 자태다.

2014년 10월에는 제주 100km 울트라 마라톤에 도전했다. 첫날은 한라산 중턱을 올라갔다 내려오는 30km 코스이고, 둘째 날은 해안선 30km를 뛰는 것이며, 마지막 날에는 오름을 두 번 왕복하는 40km 코스였다. 그때 뛰면서 모든 레이스에서 선두권을 달리는 선수들은 레이스 도중 무엇이 눈에 들어올까를 생각해본 적이 있다. 1등을 하기 위해서는 오로지 앞만 바라보고 달려야 한다. 당연히 주변의 아름다운 풍광은 눈에 들어오지 않는다. 주변 풍광에 눈길을 주다 선두권에서 멀어질 수 있기 때문이다. 그들이 레이스에서 펼치는 전략은 남보다 빨리 목적지에 도달하는 길뿐이다. 하지만 비록 선두권에서 멀어져 우승할 확률은 희박하지만 후미를 달리는 선수들에게는 달리는 모든 과정이 아름다운 풍광이다. 달리다 쉬고, 걷다가 달리기를 반복하면서 땅과 발이 닿는 감각은 물론 내 몸이 주변 풍경에 반응하는 것을 온몸으로 느낀다. 삶은 얼마나 빨리 목적지에 도달했느냐보다 목적지로 가는 여정에서 얼마나 많은 감탄사를 연발했는지에 따라 행복이 결정된다.

2015년 7월에 아프리카의 지붕인 탄자니아의 킬리만자로 정상에 올랐다. 마지막 산장인 해발 4,703m의 키보 산장에서 밤 11시쯤 정상을 향해 출발했다. 칠흑같은 어둠을 뚫고 킬리만자로 정상으로 향하는 여정은 그야말로 사투의 연속이다. 정상은 보이지 않고 체온은 떨어지고 기력은 바닥을 칠 즈음에 함께 등반에 나선 일행과 잠시 모여서 과연 이런 상태로 계속 올라가는 게 맞는 것인지 회의를 했다. 그야말로 진퇴양난의 위기에 직면한 것이다. 그러나 앞으로도 못 가고 뒤로도 못 가는 진퇴양난進退兩難의 상황은 없다. 진퇴양난의 상황에서는 여전히 세 가지 선택 사항이 남아 있다. 앞으로 가거나 뒤로 가거나 아니면 옆으로 가면 된다. 가만히 있으면 죽음을 맞이하는 수밖에 없다. 진퇴양난의 위기는 그것을 실제로 경험해보지 않은 사람이 쓰는 관념어라는 점을 나는 이 등정에서 몸으로 깨달았다.

"내 행동만이 나의 진정한 소유물이다. 나는 내 행동의 결과를 피할 길이 없다. 내 행동만이 내가 이 세상에 서 있는 토대다."[103]

틱낫한의 《화》에 나오는 말이다. 공부의 의미에 비추어볼 때 "나는 생각한다. 고로 존재한다."가 아니라 "나는 행동한다. 고로 존재한다."로 해석할 수 있다. 존재를 결정하는 것은 생각이 아니라 행동이다. 내가 행동하면서 깨달은 만큼 내 생각도 결정된다.

"나는 고유한 생물학적인 몸이 아니라 물이 끓듯 매순간 의미를 생성하고 휘발하는 격렬한 투쟁의 장소이며 외부와 구별될 수 없는 존재social body다. 사회가 내게 '각인'하는 것, 이에 대한 나의 수용, 저항, 협상, 반응 사이에 내가 존재한다. 바다 위에서 세상을 보면 인간은 서로 상관없이 각자의 섬에 살지만, 바다 밑에서 보면 섬들은 모두 연결되어 있다. 우리의 몸은 세상과 타인에게 열려 있다."[104]

내 몸이 세상과 만나 생기는 체험의 축적이 나를 증명한다. 몸을 매개로 세상과 접촉한다. 사람과 만나는 몸, 세상을 경험하는 몸의 신체성이 나를 결정하며 내 삶을 만들어가는 주체다. 공부는 몸의 신체성이 느끼는 감각으로 체험적 상상력과 통찰력을 얻는 과정이다. 체험 없는 공부는 관념이며 공부하지 않는 체험은 무모하거나 위험할 수 있다.

"아무런 감정도 없고 깊은 접촉도 없이 세상을 냉담한 시선으로 보는 영혼에게는 '객관적인' 진리 — 그것은 얼마나 하찮은 것인가! — 만이 존재할 뿐이다. 고통스럽게 사랑을 나누는 사람들은 신비로운 교접을 통해 자신이 보는 풍경과, 마주치는 사람과, 선택하는 시간과 소통한다. 따라서 모든 완벽한 여행자는 항상 자신이 여행하는 나라를 창조하는 것이다."[105]

《그리스인 조르바》의 작가 니코스 카잔차키스가 쓴 《일본·중국 기행》에 나오는 말이다. 내 육신이 관여하는 체험적 접촉으로 내가 만들어가는 마주침의 역사가 바로 내 공부의 역사다. 보는 것과 가보는 것의 차이, 머리로 이해하는 것과 가슴으로 느끼는 것과의 차이, 그 사이를 이어주는 다리가 바로 공부다.

글 쓰는
방법을 배워라

공부는 체험적 깨달음을 글로 쓰는 방법을 배우는 힘겨운 애쓰기다.

말에 그 사람의 감정이 담겨 있듯이 글에도 그 사람의 삶이 담겨 있
다. 글을 읽으면 그 사람이 살아온 과거와 살아가고 있는 현재의 삶이
느껴진다. 내가 쓴 글이 곧 나다.

"나보다 더 잘 쓸 수도 없고 더 못 쓸 수도 없다."

이성복 시인의 말이다. 내가 쓰는 글이 바로 나인 이유는 내가 글을
통해서 보여준 모습은 내가 살아오면서 온몸으로 체험한 역사적 기록
이기 때문이다. 내 삶을 넘어서는 글을 쓸 수 없고 내 삶보다 못한 글도
없다. 물론 몸의 체험이 그대로 글로 쏟아지지 않기에 여전히 글과 삶은
거리가 있다. 그러나 글의 이상은 내가 살아온 삶의 이상도 이하도 아니
다. 딱 내가 살아온 삶만큼 내 글도 삶과 더불어 성장하고 성숙해간다.

모든 글에는 글을 쓴 사람의 삶이 담겨 있다. 그래서 글쓰기는 사람
의 존재를 드러내는 부단한 공부의 과정이다. 존재가 드러나는 글쓰기

는 저마다의 색깔로 삶의 희로애락을 담아내는 필살기다. 기본기를 통해서 연마된 글쓰기가 애쓰기 과정을 통해서 비로소 나만의 색깔과 스타일을 담아내는 필살기로 발전하는 것이다. 공부는 기본기를 닦는 애쓰기이며, 결국 애쓰기를 통해 만들어지는 필살기를 부단히 연마하는 과정이다. 애쓰는 글쓰기 과정은 기본기를 더욱 탄탄하게 다지는 과정이기도 하다. 글쓰기에는 지름길도 없고 비법도 없다. 그저 내가 살아온 삶과 살아갈 삶을 솔직담백하게 담아내는 과정이 바로 글쓰기다. 쓴 대로 살아가고 살아가는 대로 쓰는 것이다. 그래서 글을 바꾸려면 삶을 바꿔야 한다. 삶을 바꾸는 글쓰기 과정이 바로 공부하는 과정이다.

글쓰기는 그 자체가
애쓰기다

'애'는 초조한 마음속이나 몹시 수고로움을 의미한다. 그래서 '애쓰다'는 의미는 마음과 힘을 다하여 무엇을 이루려고 힘쓰는 경우를 뜻한다. 애쓰는 과정을 강조해서 애간장을 태운다는 말이 있다. 몹시 초조하고 안타까워서 속을 많이 태운다는 의미다. 애쓰는 과정은 뭔가 일이 잘 안 풀려서 의도한 대로 일을 만들어가기 위해서 고군분투하는 과정이다. 그렇게 어제와 다르게 조금씩 애를 쓰다 보면 완벽한 모습은 아닐지라도 노력의 결과물이나 발전을 목도하게 된다. 그때의 만족감이 애쓰는 과정에서 힘들었던 추억을 상쇄시키고도 남는다.

글도 처음부터 생각한 대로 써지지는 않는다. 글쓰기 교본이나 교재를 많이 읽는다고 책에 나오는 대로 글이 잘 써지는 것은 아니다. 내가 직접 써보지 않고서는 글쓰기에 관한 아무리 좋은 처방전을 알고 있어도 써먹지 못한다. 써보지 않으면 써먹지 못한다. 누군가 써놓은 글쓰기 매뉴얼은 그 사람이 쓰면서 깨달은 체험적 노하우다. 머리로 이해는 가지만 이해했던 내용을 손발을 움직여 행동으로 옮기면서 체험하지 않으면 머리로 이해한 앎은 관념의 파편으로 전락할 수 있다. 글쓰기 능력은 오로지 애쓰는 가운데 향상된다. 한 줄을 토해내기 위해 안간힘을 쓰는 가운데 글쓰기 능력도 생기는 것이다.

글쓰기는 기법의 문제가 아니라 기본기의 문제다. 글쓰기가 애쓰기인 첫 번째 이유다. 글 쓰는 기법이나 기교를 가르치는 책과 교육 프로그램이 늘어나고 있다. 하루빨리 글을 잘 쓰고 싶은 사람들의 욕망에 부응하는 대증요법적 처방전도 난무하다. 글을 쓰는 다양한 기법이나 방법을 책이나 교육을 통해 습득한다고 글이 그대로 잘 써진다면 아마 세상의 많은 사람들이 이미 작가 대열에 합류했을 것이다.

현실은 다르다. 글을 잘 쓰는 가장 효과적인 비결은 글을 쓰는 데 필요한 기본기를 연마하는 것이다. 기본기는 글 쓰는 데 필요한 원료나 재료를 축적하고 매일매일 쉬지 않고 꾸준히 생각나는 대로 쓰면서 쓰임이 달라지는 체험을 하는 것이다. 맛있는 음식을 만들기 위해서는 신선한 음식 재료가 준비되어야 하듯이 독자에게 공감이 가는 글을 쓰기 위해서는 독자와 공감할 수 있는 체험의 깊이와 넓이가 있어야 하고 이를 적절하게 표현할 수 있는 풍부한 개념을 확보하고 있어야 한다. 내가 사용하는 단어의 세계가 내가 창작할 수 있는 세계를 결정한다Words create writings. 잘 쓰기 위해서는 잘 쓴 글을 많이 읽어야 한다. 읽지 않고서는 세상을 읽을 수 없으며 독자의 마음을 읽어낼 수도 없다. 많이 읽어야 남다른 개념을 습득하고 글쓰기에 활용할 수 있다. 또한 전공의 경계를 넘나드는 읽기를 통해 한 분야에 갇혀 있는 전문성의 한계를 극복해야 한다.

글쓰기가 애쓰기인 이유는 그것이 육체노동이기 때문이다. 장석주 시인도《글쓰기는 스타일이다》[106]에서 글쓰기는 머리로 생각하는 두뇌노동이 아니라 자기 피를 찍어 한 자 한 자 적어나가면서 온몸으로 쓰는 육체노동이라고 하지 않았던가.《창의적인 글쓰기의 모든 것》[107]을 쓴 헤더 리치와 로버트 그레이엄에 따르면 "작가는 되는 것이 아니라 하는 것"이다. 작가는 어느 순간 되는 사람이 아니라 자신의 육신에 축적된 체험의 흔적을 불러내 한 줄 한 줄 직조하듯 실을 풀어내면서 글로써 자신의 삶을 증명해내는 사람이다. 책상에 앉아서 글을 쓰지만 글의 재료는 일상에서 온몸으로 보고 느끼고 생각하면서 내 몸에 축적된 체험의 흔적들이다.

그래서 모든 글쓰기는 체험적 상상력의 산물이다. 내가 읽은 만큼 세상을 읽을 수 있고 내가 체험한 만큼 상상할 수 있다. 체험하면서 축적된 상상력의 산물이 내가 습득한 개념을 만나면서 문장으로 완성되는 가운데 한 편의 글이 탄생되는 것이다. 마치 건축가가 집을 지을 때 벽돌을 한 장씩 차근차근 쌓듯이 작가는 체험적 상상력으로 생긴 글감을 적절한 개념을 동원하여 한 문장 한 문장 쓰고 다시 한 편의 글을 완성하는 것이다. 글쓰기는 이렇듯 자신의 체험적 상상력을 개념을 동원하여 완성해나가는 가운데 어제와 다르게 쓰려고 애쓰는 과정이다. 수많은 단어와 어휘가 있지만 무슨 단어를 어떻게 배치해서 문장으로 완성할 것인지의 문제는 작가가 매 순간 고민하는 수준을 넘어서 사투하는 과정이다. 숱한 고뇌 끝에 적절한 단어를 배치해서 한 문장을 완성했지만 그게 마음에 들지 않아서 지우고 또 지우면서 애간장을 태우는 과정이 바로 글쓰기다.

단어를 눈물에 적시고 뜨거운 정감으로 데운 다음 뼈저린 체험으로 녹여내는 글이 사람들의 눈시울을 뜨겁게 만들고 각성을 불러오며 밤을 지새우게 만든다. 이렇듯 모든 몸부림치는 생각은 추락하지 않으려는 의지의 증표다. 지금보다 나빠지지 않으려는 처절함이자 지금을 넘어 다른 세계를 꿈꾸는 간절함이다. 몸부림치는 생각이 글로 옮겨질 때 단순하지만 심오한 의미와 진한 감동의 씨앗을 남길 수 있다. 단순함은 치열함의 결과이고, 애매함은 나태함의 산물이다. 단순하게 생각하고 정리하며 표현하는 능력은 오랜 기간 문제의 핵심을 붙잡고 애간장을 태운 결과다.

내가 습득한 개념이 나이고 내가 체험한 바가 나이듯, 체험을 적절한 개념을 동원하여 표현한 글이 곧 나다. 내가 아무리 다양한 체험을 했다고 해도 그것을 표현할 적확한 개념을 사용하지 못한다면 체험은 내 몸 안에서 밖으로 나올 수 없다. 개인적 체험의 공론화나 일반화가 이루어져 공감을 불러일으키려면 독특한 스타일로 표현할 수 있어야 한다. 이 과정에서 내가 쓰는 글의 스타일에 영향을 미치는 또 다른 변수가 있다. 그동안 내가 만난 사람과 내가 읽은 책이다. 공부는 사람이든 책이든 내가 경험한 것이 다가 아니며 동일한 경험이라고 할지라도 다르게 보고 느끼며 해석할 수 있는 가능성이 얼마든지 존재한다는 점을 알려주는 중요한 깨달음의 원천이다. 나는 결국 내가 만난 사람과의 관계, 그 관계 속에서 주고받은 언어와 생각과 느낌의 총체이며, 내가 읽은 책을 통해서 습득한 개념으로 내 생각을 표현하고, 내가 직접 체험하면서 깨달은 교훈적 메시지에 담긴 의미가 나를 결정하는 요소들이다.

내가 전공하는 분야의 경계를 넘나드는 책 읽기와 내가 전공하지 않는 다른 분야의 전문가와 만나야 인식의 한계를 극복할 수 있다. "한 분야의 전문가가 되려고 노력해야 하지만 전문가처럼 생각해서는 안 된다."는 미국의 동기부여 전문가 데니스 웨이틀리Denis Waitley의 말이다. 전문가의 깊이 있는 글쓰기가 그들만의 리그에 머물러 전문가 수준의 지식이 없이는 이해할 수 없는 글을 쓴다면 대중에게도 전달될 수 없다. 전문적인 깊이를 추구하되 해당 전문성이 갖는 일상적 의미를 우리가 쉽게 접할 수 있는 구체적인 사례나 에피소드 또는 메타포에 비추어 설명되지 못하면 소수의 전문가만이 읽을 수 있는 글로 전락한다. 어려운 내용이지만 쉽게 알아듣게 단순하게 쓰는 능력이야말로 모든 전문가뿐만 아니라 글을 쓰거나 말로 설득하는 사람들이 지녀야 할 중요한 자질이다. 경지에 이른 사람은 복잡하고 난해한 내용을 누구나 이해하기 쉽게 단순명쾌하게 설명하고 설득하는 사람이다. 즉, 경지에 이른 모든 사람은 단순하다.

《글쓰기의 최전선》을 쓴 은유도 같은 맥락에서 글쓰기가 곧 애쓰기인 이유를 다음과 같이 설명하고 있다.

"글을 쓴다는 것은 고통이 견딜 만한 고통이 될 때까지 붙들고 늘어지며 안간힘을 쓰는 일이다."[108]

글쓰기는 내가 보고 느끼며 생각한 점을 내가 보유하고 있는 언어로 옮기는 과정이다. 그냥 옮기는 단순한 과정이 아니라 그야말로 애를 태우는 과정이다. 체험적 느낌이 언어로 번역되어 표현되지만 여전히 느낀 점을 고스란히 드러낼 수 있는 적절한 단어나 개념이 떠오르지 않는다. 단어와 단어 사이, 개념과 개념 사이에 존재하는 수많은 차이를 생각하며 적확한 표현을 위한 사투는 끝없이 반복된다. 비슷한 말인데 어떤 말을 사용하는 것이 더 적절한지 고민하면서 선택하는 단어들을 배열해나가는 애쓰기가 글쓰기다. 내 육신으로 체험하면서 느낀 점을 드러낼 수 있는 말을 수많은 말 중에서 선택하여 나만의 개념으로 재개념화시키는 고통이 연속된다. 그러나 보고 느낀 점을 적확하게 포착할 수 있는 개념의 부족이 글을 쓰는 나를 더욱 괴롭게 만든다. 식상한 표현이나 타성에 젖은 단어를 조합해놓은 글은 우선 나도 맘에 들지 않는다. 머릿속의 생각을 글로 옮기고 나서 실망하는 이유도 생각을 제대로 표현하는 개념이 부족하고, 개념과 개념의 연결고리가 어색하기 때문이다.

글은 결국 개념과 개념의 연결이고 문장과 문장의 연결이다. 개념을 연결하기 위해서는 연결시킬 개념이 풍부해야 하고, 개념이 연결되어 하나의 문장으로 탄생하기 위해서는 표현력을 길러야 한다. 개념과 표현력은 우선 많이 읽어야 생긴다. 그래서 쓰기 전에 읽어야 한다. 철학자는 자신의 문제의식으로 세상을 바라보다 깨달은 철학적 사유를 적확하게 표현할 개념을 찾을 수 없을 때 기존 개념을 재개념화시키거나 창조해낸다. 예를 들면 영어의 차이difference라는 개념으로 설명되지 않는 한계에 봉착한 프랑스의 철학자 자크 데리다Jacques Derrida는 차이를 시간적·공간적으로 연기하자는 뜻에서 차연差延, Différance이라는 개념을 새로이 창조하지 않았던가.

글쓰기는 나를 브랜딩하는 필살기다

"사람을 바라보면 눈물이 난다./사람으로 살아보니 그랬다."

신광철 시인의 '사람'이라는 짧은 시다. 이 말을 글과 글 쓰는 작가로 바꿔서 읽어보았다.

"글을 읽으면 눈물이 난다./글 쓰는 사람으로 생각하니 그랬다."

누구도 대신해줄 수 없는 자기만의 독창적인 스타일이 담겨 있는 대체 불가능한 글을 써야 된다. 글을 읽어보면 그 사람 특유의 색깔과 스타일이 드러나기 때문에 누구도 쉽게 따라 할 수 없는 글쓰기를 개발하는 게 중요하다. 소설가 김훈의 스타일은 김훈만이 쓸 수 있다. 김훈의 글을 조정래가 흉내 낼 수도 없고 흉내 낼 필요도 없으며 흉내 내서도 안 된다. 이성복 시인이 김수영 시인의 삶을 그대로 살 수 없다. 마찬가지로 이성복의 시는 김수영의 시와 모든 면에서 다르다. 저마다의 시인의 색깔을 드러내며 시심으로 세상을 읽어낼 뿐이다.

모든 작가에게는 저마다의 체험적 인식의 틀과 세상을 바라보는 관점이 존재한다. 그리고 동원하는 언어와 깨달음을 호소하는 표현력, 그리고 문장을 만들어가는 논리가 저마다 다르다. 다만 공통점이 있다면 보통 사람들이 생각하는 발상의 이면을 건드려 익숙한 것을 낯설게 만들고, 똑같은 경험을 했어도 다른 각도에서 해석함으로써 진부함에서 벗어나려는 부단한 노력을 한다는 점이다. 독자가 공감하고 감동하는 글은 자신이 체험한 이야기를 솔직담백하게 자기만의 방식으로 쓴 글이라는 점이다. 글을 읽고 나면 그 사람의 삶이 이미지로 떠오르고, 그 사람의 목소리가 나지막하게 들려오는 글, 그래서 글을 다 읽고도 그 사람과 함께 오랫동안 함께 있다는 느낌을 주는 글이 우리 모두가 추구하고 싶은 글이다. 글쓰기는 나의 존재를 나만의 방식으로 나답게 드러내는 필살기다. 나다움은 나에게 어울리는 일을 할 때 드러나는 아름다움이다. 필살기로서의 글쓰기는 나에게 어울리는 삶을 살아가면서 나다움을 드러내는 아름다운 변신의 과정이다.

글쓰기는 무의식중에 길들여진 나, 타성과 관습에 젖어 틀에 박힌 삶을 살아가고 있는 나, 그리고 그런 내가 부지불식간에 사용하는 언어를 다른 관점에서 들여다보며 나를 다시 일으켜 세우는 처절한 고백이자 독백이다. 내 의식을 관통하는 수많은 생각과 의견의 출처를 따져 물어보고 그 생각으로 무엇인가를 판단하고 결정하는 게 얼마나 고뇌에 찬 결단인가를 온몸으로 증거하는 과정이다. 어제보다 나은 삶으로 한 발짝 더 나아가기 위해 안간힘을 쓰는 것처럼, 눈에 보이는 성장은 없지만 힘들고 고통스러운 과정임에도 불구하고 내 육신으로 깨달은 삶의 지혜를 얼마 안 되는 언어로 번역해보려는 발버둥이다.

글쓰기는 본래부터 나의 존재 이유를 밝혀내는 애쓰기이자 나만의 강점을 나만의 방식으로 드러내는 필살기다. 살아온 대로 글을 써보려고 바동거리고, 살아가는 대로 삶을 글에 녹여보려고 발버둥치는 과정, 삶과 글이 하나가 되기 위해 온 힘을 쏟는 힘겨운 사투가 애쓰기이고 글쓰기다. 글쓰기는 부끄러운 자신의 아픈 과거를 고백하는 과정에서 토해내는 내면의 고백이다. 때로는 드러내고 싶지 않은 치부를 가감 없이 들춰내는 용기 있는 결단의 과정이기도 하다. 진정한 용기勇氣, courage 는 태생적 용기容器, container를 깨뜨릴 때 생긴다. 그런 차원에서 글쓰기는 자신의 치부를 드러내는 용기 없이는 더 이상 진전될 수 없다. 이렇게 쓰면 누가 뭐라고 할 것이라는 불안감과 자기가 생각해도 너무 부족하다는 부끄러움이 자꾸 글을 쓰지 못하게 막는다. 글은 이런 외부적 압력 요인에 저항하면서 보잘것없지만 자신의 삶을 드러내는 힘든 과정 속에서 탄생한다.

처절한 사투 끝에 나오는 한 마디는 처참할 정도로 삶의 비극을 단순하게 말해준다. 관념이 파고들 공간을 허용하지 않는 정직하고 절제된 언어, 거기서 흐르는 놀라운 삶의 정수와 상상력이 바로 '진실'이다! 진심은 형용사를 필요로 하지 않는다. 말이 형용사의 거품 속에 갇히면 그 본질은 포장되고 위장되며 가장된다. 모든 잎을 떨어뜨리고 혹한의 겨울을 견뎌내는 나목裸木에서 나무의 본질을 볼 수 있듯이, 한 사람의 진면목도 이름 석 자를 앞뒤로 수식하고 보조해주는 모든 허례허식과 거품을 걷어냈을 때 드러난다.

글쓰기는 내가 몸소 체험하면서 보고 느낀 점을 나만의 언어로 드러내는 과정이다. 나도 모르게 내 의식 세계를 지배하고 있는 남의 생각을 마치 나의 생각처럼 생각하며 살아가는 경우가 많다. 나이가 들면서 음식은 내가 어느 정도 통제하면서 먹었지만 의식은 나도 모르게 내 안으로 들어와 내 생각과 행동을 지배하기 시작했다. 글 쓰는 과정은 어디까지가 내 생각인지, 지금 하는 말이나 쓰는 글이 내 육신의 고통 체험 속에서 터득한 것인지를 드러내놓고 확인하는 과정이다. 현상이나 사물을 보고 느낀 점을 막상 글로 옮겨보면 그 논리와 개념이 조잡하고 빈약하기 이를 데 없음을 느낀다. 그만큼 내 의식 속에는 내가 힘써서 개발해 온 내 생각과 논리가 빈약하거나 결핍되어 있음을 글쓰기를 통해서 깨닫게 된다.

"약자는 달리 약자가 아니다. 자기 삶을 설명할 수 있는 언어를 갖지 못할 때 누구나 약자다. 노동자의 심정을 자본가가, 장애인의 입장을 비장애인이, 동성애자의 아픔을 이성애자가 대신 말할 수 없고, 말한다고 해도 불평등한 권력 관계를 고착시킬 뿐이다. 마찬가지로 여성의 고통, 성폭력 피해의 고통을 남성의 언어로 설명하기는 거의 불가능하다. 피해자의 언어가 필요하다. 자기 언어가 없으면 삶의 지분도 줄어든다."[109]

내 삶을 설명할 수 있는 언어를 개발하는 과정이 바로 글쓰기다. 다른 사람의 생각과 글에 의존하여 내가 살아온 내 삶의 고유함을 드러내기는 역부족이다. 어설프고 마음에 안 들지만 자꾸 내 생각을 드러내는 글쓰기를 반복할 때 나는 내 언어와 사고논리를 체득하게 된다. 그것이 바로 누구도 흉내 낼 수 없는, 아니, 흉내 낼 필요가 없는 나만의 스타일이다.《글쓰기는 스타일이다》에서 장석주 시인은 글쓰기가 스타일인 이유를 다음과 같이 설명하고 있다.

"문체에는 마음의 무늬가 나타나고, 눈에 보이지 않는 사상의 실체가 가시적으로 드러난다. 그것이 바로 문체로 구현된 성격과 기질이고, 무의식으로 반복되는 의미의 망이다. 더 나아가 불가피한 리듬이고, 형식적인 틀이다. 문체란 떼려고 애써봐야 떼어낼 수 없는 자아의 그림자와 같다."[110]

문체는 글 쓰는 사람이 살아오는 동안 체험하면서 느낀 삶의 가치관과 사고방식, 세상을 바라보는 세계관과 선호하는 문장 전개 방식이 복합적으로 융합되어 나타나는 작가 특유의 색깔이다. 세상의 수많은 작가가 있지만 모두 저마다의 스타일을 갖고 있다. 글은 각자의 삶을 드러내는 매개체다. 글이라는 매개체를 통해 내가 말하고 싶은 메시지를 담아내는 것이다. 글은 텍스트text, 곧 내 삶의 콘텍스트context를 드러내는 매개체다. 내 삶의 콘텍스트에서 보고 느끼고 깨달은 점이 곧 내 삶의 텍스트다. 사람은 저마다 살아가는 삶의 무대와 배경, 즉 콘텍스트가 다르기 때문에 거기서 체험하면서 깨달은 메시지가 담기는 텍스트도 다양하다.

나만의 스타일을 드러내는 글쓰기는 내가 소중하게 생각하는 핵심 가치 중심의 글쓰기를 통해서 이루어진다. 예를 들어 내가 인생에서 가장 소중하게 생각하는 핵심 가치는 도전, 열정, 그리고 혁신이다. 핵심 가치는 딜레마 상황에서 의사 결정의 기준과 방향을 제공해준다. 나아가 핵심 가치는 내가 생각하고 행동하는 모든 과정에 깊이 관여하는 내 삶의 중심이다. 내 삶의 가치를 높이기 위한 핵심 가치대로 생각하고 행동하면서 걸어가는 길이 곧 나다움을 드러내는 길이다.

나의 핵심 가치, 즉 세 가지 키워드로 생각하고 행동하며 체험한 결과를 세 가지 방식으로 글을 쓰면 그 글이 바로 나만의 스타일을 만들어 가는 글이다. 현실에 안주하지 않고 미지의 세계에 도전하는 글쓰기, 꿈과 비전을 향하는 여정에 집념을 갖고 몰입하는 열정적인 글쓰기, 어제와 다른 생각과 행동으로 새로운 가치를 창조하는 혁신적인 글쓰기가 바로 내 삶의 중심, 핵심 가치 중심의 글쓰기다. 핵심 가치 중심의 글쓰기는 내 삶을 반영하는 글쓰기이며 나의 색다름을 드러내는 글쓰기다. 색다르면 남다르고, 남다른 글쓰기는 곧 나의 필살기가 된다. 나의 필살기는 남이 쉽게 흉내 낼 수 없는 나만의 독창적인 글쓰기다. 나만의 독창적인 글쓰기는 내 삶의 중심, 핵심 가치대로 살아가는 삶을 담은 글쓰기다. 이렇듯 내 삶의 핵심 가치를 중심으로 살아가려고 애쓰는 과정에서 낯설고 서툴렀던 것도 점차 사랑하게 된다. 그러니까 애쓰는 과정은 애愛가 생기는 과정이기도 하다. 도전과 열정, 그리고 혁신적으로 삶을 사랑하는 길이 바로 나만의 필살기를 글쓰기를 통해서 연마하는 길이다.

내가 쓴 글이
곧 나다

경험은 안주인이다! EBS 〈지식채널e〉에서 만든 동영상의 제목이다.

이 제목은 레오나르도 다빈치의 명언인 "경험은 글을 잘 쓰는 모든 이들의 안주인이다"에서 따온 글이다. 이와는 정반대되는 명언을 남긴 사람이 있다. 로마 시대 키케로다.

"세상이 타락했다. 잡것들이 너 나 할 것 없이 책을 내려고 한다."

〈지식채널e〉는 잡것들이 글을 써서 세계적인 명작을 남긴 사례를 보여준다. 한때 포경선의 선원이었던 허먼 멜빌Herman Melville은 자신의 체험으로 소설《백경》을 썼다. 죽을 때까지 보험국의 관리로 일했던 프란츠 카프카는 거대한 조직 속에서 소외된 인간의 모습을《변신》,《성》등의 작품으로 썼다. 세관에서 지루한 일상을 보내던 너대니얼 호손 Nathaniel Hawthorne도 세관원이라는 자신의 고달픈 체험을 근간으로 소설《주홍 글씨》를 탄생시켰다. 불우한 어린 시절을 보낸 찰스 디킨스Charles Dickens는 어린 시절의 경험 덕분에《올리버 트위스트》의 신랄한 현실 묘사를 할 수 있었다.

〈지식채널e〉 동영상 마지막 부분에 반전이 시작된다. '잡것들'이 '작가들'로 바뀌면서 "잡것들이 아니고서야 누가 책을 내랴"라는 메시지가 나온다. 세상의 거의 모든 '작가들'은 '잡것들'이다. '잡것들'은 잡다한 체험을 많이 하면서 다양한 체험적 깨달음을 몸으로 익힌 사람들이다. 잡것들은 다른 말로 하면 잡사雜士다. 책상에서 공부해서 학위를 취득한 석사나 박사에 비해 잡사는 현장이 배움의 무대였으며 현실에서 진실을 캐낸다. 한 사람의 체험을 재료로 글을 쓸 때 글 쓰는 사람과 그 사람의 삶, 그리고 글은 하나가 된다. 글은 그 사람이다. 글은 내가 살아오면서 온몸으로 느낀 체험적 흔적의 얼룩과 무늬를 내가 습득한 언어로 직조해낸 창작물이다.

《유시민의 글쓰기 특강》에도 비슷한 말이 나온다.

"글은 손으로 생각하는 것도 아니요, 머리로 쓰는 것도 아니다. 글은 온몸으로, 삶 전체로 쓰는 것이다."[111]

글은 내가 살아온 삶의 깊이와 넓이만큼, 내가 읽은 책만큼 쓸 수 있다. 글은 한 사람의 체험과 그가 습득한 개념의 합작품이다. 잘 살아야 잘 쓸 수 있다. 잘 산다는 것은 어제보다 나은 삶을 위해 안간힘을 쓰는 삶이다. 그 결과가 만족스럽지 못하다고 할지라도 매 순간 어제보다 나은 삶을 살기 위해 어제와 다른 방법으로 몸부림치는 삶, 그런 삶이 잘 살기 위해 애쓰는 삶이다. 삶도 애쓰기이고 글쓰기도 애쓰기다. 내가 살아가는 삶이 글쓰기의 재료라면 내가 읽으면서 터득한 개념은 글의 양념이다. 적절한 개념이 없으면 글맛도 나지 않는다. 전문 분야를 넘나드는 다양한 책을 많이 읽어야 살아 있는 우리말을 익힐 수 있고 그래야 남다르게 글을 쓸 수 있다. 내가 만들어가는 내 삶의 얼룩과 무늬, 내가 읽으면서 배운 개념과 문장과 표현, 그게 내 삶을 드러내고 나를 증명하는 글이다. 글쓰기 기술이 필요하지만 기술만으로 좋은 글을 쓸 수 없다. 글쓰기 기본이 서지 않은 사람에게 글쓰기 기술은 자칫 기교로 전락해서 말과 글과 삶이 일치하지 않는 글이 양산될 수 있다. 기본이 쌓이면 저절로 자기만의 기술이 연마된다. 기본 없는 기술은 술수다. 글은 테크닉의 문제가 아니라 글을 쓰는 사람의 마음의 문제이기도 하다.

글쓰기의 기본은 무조건 읽는 것이고, 읽으면서 메모하고 정리하고 요약한 것을 다른 사람과 만나 토론하면서 내 것으로 만드는 지루한 과정이 따라온다. 읽어야 읽을 수 있다. 책이 읽히지 않는 이유는 읽지 않기 때문이다. 악순환의 반복이다. 읽어야 책에 나오는 개념을 이해하고 그 개념으로 다른 책을 읽을 수 있는 능력이 생긴다. 책을 읽고 이해하는 힘이 생겨야 독후감도 쓸 수 있고 다른 사람과 토론할 수도 있다. 읽고 정리하고 요약해서 다른 사람과 토론하는 과정에서 책에 대한 나의 생각이 정리되고 내 관점이 생긴다. 그게 바로 글을 쓰기 위한 기본이다. 글은 내 생각을 쓰는 것이다. 내 생각도 다른 사람의 생각이 내 생각으로 들어와서 생긴 것이다. 처음부터 내 생각인 것은 없다. 모든 생각은 이전 생각이 낳은 생각일 뿐이다.

"처음부터 오리지널은 없다. 모든 것은 뒤섞여서 탄생한 것이다 Nothing is original. Everything is remix."[112]

《훔쳐라, 아티스트처럼》이라는 책에 나오는 말이다.

"어설픈 시인은 흉내 내고 노련한 시인은 훔친다. 형편없는 시인은 훔쳐온 것들을 훼손하지만 훌륭한 시인은 그것들로 훨씬 더 멋진 작품을, 적어도 전혀 다른 작품을 만들어낸다. 훌륭한 시인은 훔쳐온 것들을 결합해서 완전히 독창적인 느낌을 창조해내고 애초에 그가 어떤 것을 훔쳐왔는지도 모르게 완전히 다른 작품으로 탄생시킨다."

영국의 시인 엘리엇Thomas Eliot의 말이다. 글을 쓰기 전에 책을 많이 읽어야 되는 이유도 남의 생각과 표현을 흉내 내기 위해서다. 글쓰기의 시작은 모방이다. 처음부터 나의 독창적인 글을 쓰기는 쉽지 않다. 좋은 글을 많이 읽고 심금을 울리는 문장을 베껴 쓰고 모방하면서 내 스타일을 만들어나가야 한다. 많이 읽고 많이 쓰면서 자기 감정을 자기 방식으로 표현하는 기술이 생긴다. 지루한 쓰기의 반복이 어느 순간 반전을 일으킨다. 나의 삶과 일상을 나의 감각으로 녹여내는 글이 어느 순간부터 마음속에서 우러나오기 시작한다. 마음에서 우러나온 글이라야 그 안에서 참다운 나도 드러난다.

"아무리 짧은 글이라도 그 글을 읽고 나면 그 사람의 마음이 눈에 보인다."

소설가 이태준의 말이다. 글은 그 사람이 살아온 삶의 골이자 결이 드러난 얼룩과 무늬다. 글을 읽으면 그 사람의 삶만 보이는 것이 아니라 살아오면서 온몸으로 고뇌하면서 사투했던 처절한 아픔도 보이고 간절했던 희망, 그것이 한없이 무너진 절망의 역사도 보인다. 한마디로 글은 그 사람이 살아온 역사적 발자취다. 글을 읽으면 글을 쓴 사람의 마음이 문체나 다른 곳에서 쉽게 찾을 수 없는 독특한 스타일로 드러나는 것이다. 《공부의 달인 호모 쿵푸스》의 저자 고미숙은 아예 "생긴 대로 쓰고, 쓰는 만큼 살아간다."고 일갈한다.

"만약 지금과 다른 존재가 되고 싶다면, 운명의 궤적을 변경하고 싶다면, 문체를 바꾸면 된다. 거꾸로 문체를 바꾸고 싶으면 모름지기 표정을, 몸을, 삶을 바꾸어야 할 것이다."[113]

문체가 바뀐다는 이야기는 문체로 드러나는 그 사람의 삶이 바뀐다는 것이다. 삶이 바뀌면 문체가 바뀌고 문체가 바뀌면 삶도 바뀐다. 문체가 삶이고 삶이 곧 문체이기 때문이다. 문체를 바꾸고 싶으면 삶을 바꾸라는 이야기다.

삶을 바꾼다는 것은 내가 살아가면서 직접 시도하고 도전하는 체험

體이 바뀌는 것이고, 내가 만나는 인간관계仁가 바뀌는 것이며, 내가 읽는 책知이 바뀌는 것이다. 이것이 체인지體仁知로 체인지change하는 전략이다.[114] 내가 바뀌기 위해서는 체험적 자극, 인간적 자극, 지적 자극이 바뀌어야 한다. 세 가지가 바뀌는 과정을 녹여내는 글쓰기가 이루어질 때, 내 삶도 바뀌지만 글을 읽는 다른 사람의 삶도 바뀐다. 글쓰기는 그래서 내가 읽은 책에서 얻은 개념과 체험하면서 느낀 깨달음, 그리고 살아오면서 내가 만난 사람의 인간적 자극이 혼연일체가 되어 문장을 완성해나가는 사투다.

종합: 공부는 교실이 아니라 감상실에서 배우는 과정이다

공부는 책상을 벗어나 일상에서 비상하는 부단한 상상력 실험이다.

공부는 일상적 삶과 분리시켜 생각할 수 없는 삶 그 자체이기에 살아가는 과정 자체가 배움의 과정이고 배움의 과정이 곧 삶이다. 그래서 앎과 삶은 따로 이루어지는 독립적인 두 개의 활동이 아니라 하나의 통합된 활동이다. 나는 앎과 삶과 일이 옳음이라는 소금에 절이지 않으면 올바른 앎과 삶과 일이 되지 않을 수 있다는 판단 하에 어떻게 하면 앎과 삶과 일이 옳음을 지향할 수 있는지를 부단히 고민하고 행동하는 공부를 계속하고 있다. 앎에는 야성과 지성이 겸비될 수 있도록 야성 없는 지성은 지루하고, 지성 없는 야성은 야만이라는 사실을 몸소 익히고 있다. 삶에는 열정과 애정이 녹아들어갈 수 있도록 열정 없는 애정은 탐닉이고, 애정 없는 열정은 무모하다는 사실을 체화시키고 있다. 마지막으로 일에는 재미와 의미가 살아 숨 쉴 수 있도록 재미없는 의미는 견딜 수 없는 지루함이고, 의미 없는 재미는 참을 수 없는 가벼움이라는 사실을 스스로 깨달아가고 있다.

진정한 공부는 앎에 있어서 야성과 지성이 만나고, 삶에 있어서는 열정과 애정이 만나며, 일에 있어서는 재미와 의미가 만나는 과정을 부단히 탐구해나가는 과정이다. 세 가지가 혼연일체가 되어 하나가 되는 과정에서 반드시 옳음이라는 거울에 비추어 늘 반성하고 성찰하는 가운데 앎과 삶과 일이 올바른 목적을 위해 올바른 방법을 활용하여 올바르게 추진되고 있는지를 점검해보는 것이다.

앎이 곧 삶이고 삶이 곧 일이며 일이 곧 앎이 되는 삼중주의 공부는 교실 책상보다 일상의 감상실感想實에서 더 많이 일어난다. 여기서 말하는 감상실은 감수성, 상상력, 실험 단계를 줄여서 만든 약어다.[115]

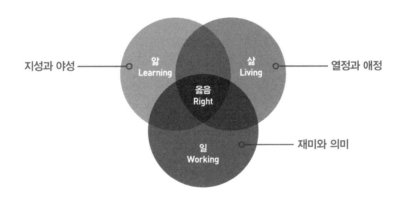

〈그림 3-1〉 앎과 삶, 일의 행복한 삼중주

감수성: 따뜻한 가슴으로 세상의 아픔을
치유할 수 있는 질문을 던져라

심금을 울리는 지식이나 제품과 서비스는 우선 타인의 아픔에 공감하는 정서적 능력, 즉 감수성感受性에 기반을 두고 탄생한다. 감수성은 기존의 것에 대한 거룩한 불만족이자 참을 수 없는 불편함과 끊이지 않는 불안감을 포착하는 정서적 마음이다. 예를 들면 글을 모르는 백성을 궁휼히 여기는 세종대왕의 마음이다. 만약 세종대왕이 글을 모르는 백성의 아픔에 대해 공감하는 마음이 없었다면 한글은 창제되지 않았을 것이다. 감수성은 타인이 겪고 있는 아픔과 슬픔, 고민과 고뇌를 안타까워하는 마음이다. 또한 타인이 겪고 있는 불편함, 불만족스러움, 불안감에 공감하고 배려하며 격려해주는 마음이다.

전문가가 갖추어야 될 자질과 역량을 논의할 때 언급되는 사단四端의 측은지심惻隱之心·수오지심羞惡之心·사양지심辭讓之心·시비지심是非之心도 감수성과 함께 가져야 될 기본 덕목이다. 사단四端은 사덕四德에 해당하는 인의예지仁義禮智와 각각 상응한다. 측은지심은 인仁을 꽃피우는 실마리로서 남의 고통을 불쌍히 여기는 착한 마음은 정확히 감수성과 연결된다. 의義를 꽃피우는 실마리로서 자기의 잘못을 부끄러워하고 남의 거짓을 미워하는 의로운 마음인 수오지심, 예禮를 꽃피우는 실마리로서 자기의 이익을 버리고 남을 밀어주는 마음인 사양지심, 그리고 지智를 꽃피우는 실마리로서 옳고 그름을 가리는 마음인 시비지심은 감수성과 직접 연결되지는 않지만 모든 전문가가 밑바탕에 지니고 있어야 될 덕목이 아닐 수 없다. 감수성을 기반으로 내가 경험해보지 못한 타인의 불편, 불만, 불안을 치유하기 위해 평상시와 다른 예사롭지 않은 의심, 꼬리에 꼬리를 무는 의문, 그리고 집요하게 파고드는 질문을 던지는 과정이 곧 공부의 시작이다. 《주역周易》에 '궁즉변窮卽變, 변즉통變卽通, 통즉구通卽久'라는 말이 나온다. 궁하면 변해야 하고 변하면 통하고 통하면 오래간다는 뜻이다. 막다른 골목과 같은 궁窮한 상황에 몰리면 어떻게든 위기를 탈출하려는 노력을 거쳐, 위기를 기회로 전환시킨 안정적 상태로 통通하게 되면 그 변화가 오래 지속된다는 말이다.

세상을 뒤집는 아이디어는 한가롭고 여유로운 가운데 이루어지기보다 절체절명의 위기 상황, 더 이상 참을 수 없는 한계 상황에 직면했을 때 나온다. 알고 보면 뇌는 선천적으로 게으르고 효율을 추구한다. 외부에서 색다른 자극이 들어오지 않으면 뇌는 늘 익숙한 방식으로 반응한다. 익숙한 자극이 뇌로 입력되면 뇌 안의 프레임은 기존의 경험을 통해 알고 있는 정보나 이미지를 조합하여 뭔가를 생각해낸다. 기존 고정관념을 근간으로 일정한 단계와 절차로 프로그램화된 회로가 습관적으로 돌아가는 것이다. 색다른 지식이 창조되기 위해서는 편안한 뇌에 불편함을 주는 지적 자극이나 충격이 필요하다. 인지적 불협화음을 일으키는 거룩한 불만족이나 참을 수 없는 불편함, 끊이지 않는 불안감에 휩싸일 때 비로소 뇌는 정상적인 방법으로 위기를 탈출할 수 없다는 판단을 한다. 한계나 위기 상황에 직면하면 뇌는 이제까지와는 다른 방법으로 움직인다. 즉, 뇌가 다른 생각을 하면서 공부를 시작하기 위해 지금까지와는 다른 방법으로 프레임을 작동한다. 뇌에 색다른 자극을 주기 위해서는 뇌에 주먹질을 해대는 독서, 상상력을 자극하는 영화 보기, 낯선 곳으로의 여행, 불편한 사람과의 부단한 접촉이 필요하다. 결국 공부는 편안한 뇌 회로에 인지적 불협화음이 일어나 뇌로 하여금 다시 균형을 회복하는 공부를 시작하도록 자극할 때 시작된다.

경이로운 감동을 받았을 때, 눈물겨운 장면으로 내 가슴이 뛰었을 때, 색다른 해답을 오랜 궁리 끝에 찾았을 때 전율했던 과거의 체험을 떠올려보자. 그런 경험이 앞으로도 계속 발생하려면 어떤 자세로 살아가야 할까. 거룩한 불만족이 경이로운 만족과 감동을 가져온다. 불만, 불안, 불편이 색다른 가능성을 탐구하는 시작이다. 이런 과정에서 순진무구한 궁금증과 엉뚱한 관심이 유도하는 관찰, 모든 것을 밝혀보려는 집요한 탐구심 등 어린이와 같은 호기심 어린 눈으로 세상을 향해 질문이 제기된다. 당연한 세계를 당연하지 않은 세계로 바라보면서 원래 그런 세계, 물론 그렇다고 가정하는 세계에 의심을 품고 의문으로 무장해야 한다. 엉뚱하고 바보 같은 질문이 의외의 해답을 가져올 수 있다. 본격적인 공부는 당연하다고 생각하는 원래 그런 세계에 물음표를 던져 궁리에 궁리를 거듭하는 과정에서 시작된다. 공부는 모두가 당연하다고 생각한 현상에 대해서 남다른 호기심과 의심의 눈초리로 당연과 물론의 세계에 시비를 걸면서 의문을 던지고 구체적인 질문으로 만들어보는 과정이다. 공부는 정답을 찾는 과정이 아니라 여러 가지 현명한 답, 현답을 찾을 수 있는 질문을 던지는 과정이다. '당신의 대답은 무엇입니까What's your answer?'보다는 '당신의 질문은 무엇입니까What's your question?'

가 더욱 중요하다.

　남다른 질문을 던지기 위해서는 그동안 선각자가 던지지 않은 질문을 찾아 헤매야 한다. 그렇게 하기 위해서는 이전의 연구 성과물을 통독通讀하고 정독精讀하면서 묵독默讀해야 한다. 대강 대충 읽어서는 선각자가 던진 질문에 대한 답만 보이지 다른 질문을 던질 수 없다. 다른 질문을 던지기 위해서는 기존의 학자들이 당연하다고 생각했던 허점을 파고들어야 하며, 물론 그렇다고 간과한 부분을 들춰내야 하며, 원래 그렇다고 폄하한 부분을 헤집고 드러내야 한다. 평이한 질문은 식상한 답을 가져다주지만, 색다른 질문은 일면 몰상식한 답을 가져다준다. 겉으로 보기에 그리고 지금 당장은 몰상식해 보이지만 조금만 참고 기다리면 거기에 세상을 뒤집는 열쇠가 숨어 있다. 생각지도 못한 깨달음은 소수의 몰상식한 사람이 일으킨 지적 혁명의 산물이다. 흥미로운 사실은 몰상식한 사람이 제기한 문제의식에 조소와 조롱, 비난과 저항, 질책과 시비를 건 사람들도 시간이 지나면서 몰상식한 초기의 문제제기에 어느새 동조하는 세력으로 바뀔 수 있다는 것이다.

　공부하는 즐거움은 남들이 무조건 반대하는 사안이나 불가능하다고 모두가 포기한 일에 도전하는 과정과 우여곡절과 산전수전의 어려움 끝에 마침내 해내는 성취감에서 비롯된다. 모두가 반대하고 비난하거나 조소를 보낼 때 자신을 믿고 묵묵히 걸어간 사람의 뒤안길에서 전대미문의 창조가 이루어진다. 누구보다도 자신을 굳게 믿고 세상을 향해 문제의 그물을 던진 사람들이 색다른 답을 건져 올릴 수 있다. 쉽지 않은 길이다. 주류들이 걸어간 길을 따라 그 안에서 알을 품고 새끼를 기르는 일은 편안하고 안락한 공부 여정이 될 수 있다. 색다른 관점을 가질 필요도 없고 난해한 책을 읽을 필요도 없으며, 불필요하다고 생각되는 철학적 논의를 할 필요도 없다. 그저 앞서간 사람들이 만들어놓은 울타리 안에서 안주하면서 간간이 들려오는 새로운 학문적 뉴스레터에 귀를 기울이고 그것만 소화하면 된다. 쓸데없이 문제를 제기하면서 평지풍파를 일으켜봐야 일신상에 심각한 손해만 다가올 뿐이다.

하지만 안락한 길에는 가슴 설렘도, 도전도, 꿈도 없다. 이왕 공부하는 길에 들어섰으면 뭔가 새로운 깨달음을 얻는 험난한 여정을 떠나야 하지 않을까? 앞으로 어떻게 될지를 정확히 예측할 수 있으며, 어떤 결과물이 나올지를 통제하고 조정할 수 있다면 참으로 지루하고 재미가 없을 것이다. 적당한 불안감과 불확실성이 긴장감을 불러일으키고 불확실성이 가져다주는 긴장감이 학문적 탐구를 뜨겁게 달구는 열정의 불길이 되는 것이다.

곤란한 상황에 처하면 이전과 다른 열정의 불꽃이 타오른다. 열정은 목표에 대한 강한 의지와 더불어 지금 하고 있는 일이 불확실하다는 판단이 설 때 타오른다. 결과가 정해져 있다면 적당히 해도 되고 지금껏 해오던 방식대로만 하면 된다는 안도감이 생긴다. 안도감은 현실 안주를 불러오고 결과적으로 안락사를 불러온다는 사실을 인식해야 된다. 전나무도 주변 환경이 예전과 같지 않다는 불안감이 가중될 때 더 많은 열매를 맺는다. 종족 보존을 평소와 같은 방식으로 해서는 도저히 달성할 수 없다는 엄청난 불안감이 폭발적인 열정을 불러일으키는 것이다. 앞날이 불확실한 전나무의 이 같은 종족 보존을 위한 분투노력을 '앙스트블뤼테Angstblüte'라고 한다. 새로운 지식을 창조하는 과정도 이와 같아야 한다. 앙스트블뤼테는 불안감이 피워낸 열정의 꽃이다. 불안감은 일단 현실을 부정하는 가운데 생길 수 있다. 물론 긍정적인 자세로 삶을 살아가는 것이 최상의 방법이기도 하지만 공부하는 사람에게는 긍정과 더불어 지금 있는 그대로의 당연한 세계에 대한 철저한 부정이 더욱 중요하다. 깊게 긍정하려거든 우선 철저하게 부정해봐야 한다. 철저한 부정 끝에 찾아오는 긍정이라야 쉽게 뒤집히지 않는 긍정이 될 수 있다. 쉽게 인정하는 긍정은 쉽게 걱정할 수 있는 부정으로 돌변할 수 있다. 일단 철저하게 부정하라. 그것이 긍정하는 가장 확실한 방법이다.

대학에서 강의를 하면서 한편으로는 많은 시간을 할애해 글을 쓰는 작가이기도 한 나의 경우도 마감 시간이 임박하면 평소 때와는 다른 긴장감으로 극도의 집중력을 발휘하여 그동안 고민했던 복잡한 실타래가 순식간에 풀리는 경험을 종종 하곤 한다. 물론 평소에 그만큼 해당 주제에 대해서 치열하게 고민한 결과라고 생각한다. 고민의 흔적이 쌓여서 어느 날 갑자기 세렌디피티serendipity라는 선물을 받아 생각지도 못한 글로 쏟아질 때가 많다.

불멸의 작곡가 베토벤은 그의 천재적인 재능 덕분에 어릴 적부터 세계적인 명성을 얻었다. 하지만 그는 나이 스물일곱 무렵 귓병으로 청력을 상실하면서 듣지 못하기 시작했다. 소리가 안 들린다는 것은 작곡가에게는 사형 선고나 다름없다. 그도 위대한 작곡가이기 이전에 평범한 한 인간이기에 깊은 절망감과 좌절을 맛보았으며, 1802년 하일리겐슈타트에서 유서를 작성하고 급기야 죽을 결심까지 했다. 하지만 베토벤의 위대한 작품은 그때부터 개화하기 시작했다. 1804년 교향곡 3번 〈영웅〉 작곡, 1806년 피아노소나타 23번 〈열정〉 작곡, 1808년 교향곡 5번 〈운명〉 작곡, 1809년 피아노협주곡 5번 〈황제〉 작곡. 대작으로 평가받는 그의 곡들은 대부분 청력을 거의 손상한 이후 탄생했다. 불후의 명곡으로 꼽히는 교향곡 9번 〈합창〉은 청력이 완전히 소멸된 시기이자 임종 3년 전인 1824년에 작곡했다. 불안 가득한 나날 속에서 창작에 대한 그의 간절함은 극에 달했고, 죽음보다 더 깊었던 간절함은 장애조차 초월하여 위대한 창조의 앙스트블뤼테를 피워낸 것이다. 사람들에게 감명을 주는 미술 작품들도 실은 삶과 죽음이 오가는 처절한 창조적 전투의 결과물이다.[116]

좌절이 없다면 성취도 없다. 부정이 없다면 긍정도 없다. 결핍이 없다면 충족도 없다. 결핍된 상황, 부족한 상황에 직면해야 지금 갖고 있는 도구나 지식도 다른 목적으로 활용하려는 아이디어가 떠오르며 결과적으로 생각지도 못한 생각을 해낼 수 있다.

"한계가 없다면 예술은 불가능하다. 한계는 집중을 낳는다… 제약이 많을수록 영혼을 옭아매는 족쇄로부터 해방된다… 한계는 맞서는 데 그치지 않고 협력해야 할 대상이다. 시냇물은 장애물에 부딪쳐야 노래한다."[117]

절박함은 치열한 긴장감이며 더 이상 어찌할 수 없는 막다른 골목이다. 절박한 순간에 뇌는 평범함을 거부하고 비범함을 추구하기 시작한다. 이때 뇌는 정상적인 방법으로는 위기를 돌파할 수 없음을 자각한다. 정상에 오르기 위해서는 정상적인 방법을 써서는 불가능하다. 비정상은 상식의 틀을 깨고 몰상식한 발상으로 식상함에 시비를 거는 발상이다. 평범함 속에서 비범함을 찾아내기 위해서는 상식에 시비를 거는 몰상식한 발상이 필요하고, 정상적인 사람들이 하지 않는 비정상적인 방법으로 색다른 대안을 찾아야 한다. 세상은 정상에 시비를 거는 비정상적인 사람, 상식에 문제를 제기하는 몰상식한 사람, 합리성에 파란을 일으키는 비합리성을 가진 사람, 질서와 조화와 안정과 평화를 추구하는 사람들에게 무질서와 혼돈과 불안과 평지풍파를 일으키는 사람이 주도한다.

혁신적인 제품이나 서비스는 고객의 제품과 서비스에 대한 불편함, 불만족스러움, 불안감을 치유하는 과정에서 탄생한다. 감수성은 이런 점에서 모든 변화와 혁신, 상상과 창조의 출발점이다. 타인의 아픔을 어루만져주는 지식도 감수성에서 비롯된다. 심금을 울리는 지식은 공감대역이 깊고 넓을수록 감동의 강도가 다르다. 아파본 사람이 아픈 사람의 마음을 어루만지는 지식을 창조할 수 있다.

지식은 기존 지식에 대한 거룩한 불만족과 지적 분노, 나아가 도덕적 분개의식을 가질 때 색다른 문제의식으로 탄생한다. 모든 지식은 이전 지식에 대한 불만으로 탄생된다. 기존 지식으로는 자신의 문제의식에 대한 속 시원한 답을 줄 수 없다고 판단될 때 새로운 지식을 창조하거나 기존 지식을 남다른 방식으로 조합, 가슴속에 품고 있는 야심적인 문제에 대한 현답을 찾아 나선다. 기존 지식을 접할 때나 누군가 내린 개념에 대한 정의도 그냥 읽고 지나가서는 안 된다. 기존 지식에 대한 불만이 무엇이었으며, 그런 불만을 해소하기 위해 저자는 어떤 방법으로 자신의 지식을 창조하려고 했는지를 곰곰이 따져봐야 한다.

창조된 지식에는 지식 창조자의 거룩한 불만족과 치열한 문제의식이 담겨 있다. 지식은 그냥 진공 속에서 탄생되지 않는다. 탄생된 지식의 이면에는 수많은 사연이 담겨 있다. 그 사연에는 기존 지식에 대한 불만과 더불어 기존 지식의 한계를 넘어서려는 수많은 열정과 상상력이 꿈틀거리고 있다. 공부는 기존 지식이 담고 있는 문제의식, 그 지식이 탄생될 수밖에 없었던 사연과 배경, 해당 지식이 이전 지식에 품고 있었던 가슴 아픔과 지적 분개의식에 대한 집요한 탐구에서 시작된다.

상상력: 세상의 아픔을 치유할 수 있는
다양한 아이디어를 궁리하라

감수성으로 포착된 현실적 문제의식과 타인의 아픔, 그들이 겪고 있는 불편, 불만, 불안을 치유하기 위해 아이디어를 내는 단계가 상상력이다. 어떤 아이디어를 내면 타인의 아픔을 치유할 수 있을까를 고민하면서 끊임없이 질문을 던지다 보면 결정적인 단서나 또 다른 야심적인 문제가 발견된다. 의심의 눈초리도 필요하지만 의문을 품고 질문을 던지는 미지의 세계에 대한 감출 수 없는 끌림이 더 중요하다.

문제는 야심적이어야 그 문제를 해결하려는 불굴의 의지와 미지의 세계에 대한 지적 호기심이 강하게 발동된다. 남다른 문제의식으로 당연과 물론, 그리고 원래의 세계에 시비를 걸고 색다른 문제를 끊임없이 제기하다 보면 이전과는 전혀 다른 단서를 발견할 수 있다. 세상을 움직이는 사람은 누군가가 던진 문제에 대해서 답을 찾은 사람이 아니라 아무도 던지지 않은 새로운 질문을 던지고 문제를 일으키는 사람이다. 사과가 땅에 떨어지는 것을 많은 사람들이 당연하다고 여겼지만 오로지 뉴턴만 당연하지 않다고 생각했다. 뉴턴은 '왜?'라고 물으면서 물론과 당연, 원래 그렇다고 생각하는 세계에 시비를 걸었다. 그 결과 상식으로 가려진 이면의 상식이 아닌 새로운 지식을 만들어냈다. '당연하다'고 생각하는 것에 물음표를 던져 시비를 거는 마음, '원래 그렇다'고 생각하는 고정관념에 통렬한 의문을 던져 통찰력을 가져오는 역발상, '물론 그렇다'고 생각하는 습관적인 타성에 '물론 그렇지 않을 수 있다'는 시비를 걸고 끊임없이 의문을 품고 질문을 던지는 집요한 문제의식만이 익숙한 세계를 벗어나 낯선 세계로 나아가도록 인도한다.

야심적인 문제를 발견하는 순간 그 문제가 해결되었을 때의 모습을 불확실하지만 행복하게 상상하게 된다. 골머리를 앓고 있는 문제에 봉착했을 때, 내 인생의 전환점을 마련할 정도로 가슴을 뛰게 만드는 야심적인 문제와 직면했을 때, 미지의 세계로 향하는 낯선 즐거움을 상상하면 현실이 된다. 내가 어떤 상상을 하는지가 미래의 모습을 결정한다. 지금 봉착한 문제가 해결되었을 때의 모습을 그리워하면서 그림으로 그려보자. 그림도 그리워하는 대상을 그리는 것이다.

미래가 설레지 않는다면 미래는 영원히 오지 않는 내일來日, 미래未來다. 내일은 아직 오지 않은 '미래未來'가 아니라 지금 이미 와 있는 아름다운 내일, '미래美來'다. 지금은 비록 '미완성未完成' 상태에서 완성을 향하는 꿈을 꾸고 있지만, 미완성도 '미완성美完成'으로 생각하면 '미완성'

은 '완성'의 또 다른 이름이라 할 수 있다. '완성'과 '완벽'은 인간세계에 존재하지 않는다. 다만 '완성'에 다가서고 '완벽'에 가까워지기 위해서 부단히 노력할 뿐이다. 완성되었다고 자만하는 순간 완성은 순식간에 바닥으로 전락할 수 있다. 그래서 인생은 '미완성' 교향곡이다. 미완성 교향곡에는 실패의 노래가 있고 좌절과 절망의 가사가 있다. 실패가 있는 미완성 교향곡은 그래서 반성과 성찰의 대상이다. 좌절과 절망이 있는 미완성 교향곡에는 희망의 끈을 잡고 일어설 수 있는 가능성의 여지가 있다. '미완성'은 언제나 새로운 '가능성'을 잉태하고 있다. 상상력의 힘은 '미완성未完成' 상태에서 '미완성美完成'으로 향하는 여정을 그림으로 그려보면서 설레는 마음과 함께 살아간다.

상상력은 감수성을 기반으로 발휘되지 않으면 공상空想이나 환상幻想, 망상妄想이나 몽상夢想에 지나지 않는다. 감수성으로 포착된 타인의 아픔을 치유하기 위해 여러 가지 아이디어를 구상할 때 그것이 공상이나 환상, 망상이나 몽상에 머무르지 않고 상상력으로 잉태되어 마침내 새로운 아이디어가 나오는 것이다.

아이디어를 구상하기 위해서는 기존 지식에 머물러서는 안 된다. 새로운 지식을 습득하는 것도 중요하지만 기존 지식을 버리는 노력이 남다른 상상력을 발휘하는 과정에서 결정적인 관건으로 작용한다. 상상은 기존 지식에 머물러 있지 않는다. 기존 지식이 상상력 발휘에 도움이 되기도 하지만 다른 가능성을 상상하는 과정에 걸림돌이 되기도 한다. 경험과 결부된 지식은 다른 경험을 과감하게 시도할 수 있는 가능성을 원천적으로 봉쇄하기도 한다. 그래서 아인슈타인은 '지식보다 상상력'이

절박한 순간에 뇌는 평범함을 거부하고
비범함을 추구하기 시작한다.

중요하다고 했다.

기존 지식을 버리는 학습, 즉 창조적 파괴를 통한 폐기학습unlearning 이 새로운 지식을 습득하는 학습보다 더 중요한 이유는 버리지 않으면 채울 수 없기 때문이다. 고정관념의 틀에 갇혀 낯선 도전을 시작하기도 전에 자신의 경험적 지식에 비추어 안 된다고 단정해버리는 일은 빈번하다. 상상력은 고정관념의 틀에서 벗어나 역발상을 시도하고 세상을 남다르게 바라보는 가운데 싹이 자라고 꽃이 피는 생각 너머의 생각이다.

상상은 두 가지 이상의 새로운 아이디어를 연결하는 이연연상二連聯 想을 통해서 이루어진다. 이연연상이 자유롭게 일어나기 위해서는 두 가지 조건이 필요하다. 첫째, 풍부한 재료가 필요하다. 재료에는 다양한 경험, 독서, 여행, 영화 보기 등이 해당된다. 두 번째 조건은 이연연상을 가로막는 연상 장벽을 탈피하는 것이다. 연상 장벽은 기존의 범주에 갇혀 범주 밖의 정보를 기존 범주에 끼워 맞추려는 습관화된 생각이다. 관계있는 것과 관계없는 것을 구분할 때 범주화가 가능하다. 하지만 관계 있는 것과 없는 것을 구분하는 기준을 바꾸거나 그 기준으로 만들어진 기존의 범주를 벗어나지 않는 이상 이연연상은 일어날 수 없다.

연상 장벽을 탈피하는 한 가지 방법은 다른 사람 입장에서 생각해보고 다른 방식으로 세상을 보는 것이다. 역지사지가 쉽지는 않지만, 그렇게 하지 않으면 늘 내가 보던 방식대로 보고 싶은 것만 골라서 보고 생각하는 습성이 생긴다. 영화 〈흐르는 강물처럼〉에 "물고기와 똑같이 생각하려면 아직도 3년은 더 있어야 해요."라는 대사가 나온다. 위대한 낚시꾼이 되려면 물고기 입장에서 생각하고 행동해야 된다는 말이다. 노벨 물리학상 수상자 리처드 파인만은 "내가 만약 전자電子라면"이라는 생각으로 물리학적 연구에 몰두했고, 양자물리학 창시자 아이슈타인은 "내가 만약 광자光子라면"이라는 생각으로 양자물리학의 새로운 이정표를 마련했다. 상대방의 입장에서 헤아려보면 상대가 왜 그렇게 생각하고 행동했는지를 알 수 있다. 이해는 머리로 하는 것이 아니라 가슴으로 하는 것이다.

상대방의 입장과 처지에서 생각한다는 의미는 머리로 생각하고 말로 하는 것이 아니라 그 사람의 입장이 되어 느껴봐야 한다는 말이다. 가슴으로 느끼기 위해서는 직접 몸을 움직여 체험해봐야 한다. 체험해봐야 공감할 수 있다. 전문가일수록 자신이 축적한 전문성의 세계 안에 갇혀 다른 세계를 이해하고 해석할 때에도 자기 시각과 관점으로 보는 데 익숙하다. 나와 다른 세계의 사람들이 갖고 있는 생각이나 의견을 자기 방식으로 이해하려고 할 때 나와 다른 의견은 틀린 의견으로 간주하기 십상이다. 새로운 아이디어를 구상하기 위해 이연연상을 시도해도 자기가 알고 있고 익숙한 세계 안의 경험적 지식과 노하우를 연결하려고 노력한다. 입장을 바꾸고 처지를 바꿔서 생각하면 전혀 다른 상상력이 발동될 수 있다.

크리스토퍼 차브리스와 대니얼 사이먼스가 지은《보이지 않는 고릴라》[118]라는 책에서는 무주의 맹시inattentional blindness라는 현상을 실험으로 보여준다. 실험에서는 검은 셔츠 팀과 흰 셔츠 팀으로 나누어서 공을 서로 주고받게 한 다음, 흰 셔츠 팀이 공을 몇 번 패스했는지를 세어보게 했다. 공을 패스하는 사이 고릴라 의상을 입은 여학생이 약 9초 동안 무대에 머물렀다. 학생들은 흰 셔츠 팀이 공을 몇 번 패스했는지를 세어 보는 데 온 신경을 쏟았다. 그런데 느닷없이 동영상에 "고릴라 보셨나요?"라는 질문이 나온다. 놀랍게도 실험에 참가한 학생 중에 절반가량이 고릴라를 보지 못했다. 패스 회수를 세는 데 집중한 나머지 바로 눈앞의 고릴라에는 '눈이 먼' 것이다. 이것이 바로 '무주의 맹시'다.

전문가들도 마찬가지로 무주의 맹시에서 벗어나기 어렵다. 자기가 관심을 갖고 있는 것만 지각하고 보기 때문에 다른 현상은 눈에 들어오지 않는다. 무주의 맹시를 극복하기 위해서는 자신의 관심 분야에서 의도적으로 벗어나 다른 사람의 눈으로 세상을 보는 노력이 필요하다. 안에서 밖을 내다보는 것도 중요하지만 밖에서 안을 들여다봐야 내가 갖고 있는 문제와 한계를 깨달을 수 있다. 좌정관천의 어리석음에서 벗어나 내가 보는 세계와 다른 세계도 얼마든지 존재한다는 생각을 하기 위해서는 전공의 틀에서 벗어나 다른 전공자의 눈으로 내 전공을 들여다봐야 한다.

실험 단계: 불굴의 의지로 아이디어를 현실로 구현시켜라

감수성과 상상력의 단계를 통과한 아이디어는 마지막 관문, 즉 실험 단계를 통과해야 아이디어로서의 가치가 살아난다. 상상력 단계에서 도출된 창의적인 아이디어가 아무리 혁신적이라고 할지라도 감수성 단계에서 포착된 타인의 아픔을 치유할 수 없다면 무용지물이 되기 때문이다. 상상력에 불굴의 의지가 추가되지 않으면 상상력은 날개를 잃고 공상이나 환상, 망상이나 몽상으로 전락한다.

누구나 상상을 하지만 상상한 것을 반드시 현실로 구현시키지는 않는다. 상상한 것을 구현시키기 위해서는 발견적 열정이 필요하다. 미지의 세계에 살고 있는 상상을 현실 세계로 불러들이기 위해서는 야망과 집념이 필요하다. 남다른 도전과 색다른 시행착오를 통해 다양한 시도와 도전, 실험과 탐험, 때로는 모험을 감행하는 백절불굴百折不屈의 의지와 열정이 필요하다.

물줄기를 찾기 위해서는 여러 번의 시추가 필요하듯이 상상력을 통해 구상한 창의적 아이디어가 현실로 구현되기 위해서는 반복적인 실험, 색다른 탐험, 과감한 모험의 여정을 통과해야만 한다. 전문가의 체험적 노하우는 기본기를 철저히 익힌 다음 다양한 응용 동작을 통해 깨달음의 경지에 이르는 절차탁마切磋琢磨의 지혜를 통해 단련된다. 아리스토텔레스가 이야기하는 실천적 지혜practical wisdom, 즉 프로네시스도 이런 과정을 통해서 나의 체험적 지식으로 체화되는 것이다.[119] 실천적 지혜는 딜레마 상황에서 객관적인 상황 판단과 냉철한 결정, 상대방이 겪고 있는 아픔을 공감하는 도덕적 판단 능력이다. 실천적 지혜는 무수한 시행착오와 우여곡절의 체험, 절치부심의 결단을 내리는 수많은 딜레마 상황에 직면해서 절차와 규율을 넘어서는 상황 대응적 판단력에서 나온다.

무수한 시행착오와 실험과 모색을 하는 가운데 재능도 발견하게 된다. 재능은 머리로 알 수 있는 능력이 아니라 몸으로 실천하는 가운데 때가 되면 몸이 감지하는 능력이다. 이런 재능은 남과의 비교에서 나오지 않고 내가 잘할 수 있는 게 무엇인지를 진지하게 찾아보는 가운데 나온다.

"비교는 비극으로 가는 길이고, 비유는 비전으로 가는 길이다."[120]

주철환의《청춘》에 나오는 말이다. 비교와 비유는 한 사람의 재능을 발견하고 발휘하는 데에도 적용된다. 사람들은 주로 어제의 나와 비교하지 않고 남과 비교한다.《Drive》[121]의 저자 다니엘 핑크는 "나는 어제보다 잘하고 있는가Was I better today than yesterday?"라는 질문을 던진다. 비교의 대상이 남이 아니고 어제의 나다. 어제의 나와 오늘의 나를 비교할 때 어제와 다르게 오늘을 살고, 오늘과 다른 내일을 생각하고 행동하게 된다.

그런데 비교의 대상이 내가 아니고 남일 때 사람은 불행한 삶을 살 수밖에 없다. 내가 얼마나 잘했는지의 평가 기준을 남에게 둘 경우, 왜 내가 이 일을 해야 되는지에 대한 이유를 찾을 수 없다. 자유로운 영혼으로 자신의 꿈을 좇는 삶을 살아가지 않고 남과 비교하면서 목적의식을 상실한 삶을 반복한다. '자유自由'는 '자기自己의 존재 이유理由'의 줄임말이라고 한다. 남과 비교하는 삶을 살아가는 사람은 그래서 자유롭지 못하다.

《유영만의 청춘경영》이라는 책에서 "남보다 잘하려고 하지 말고 전보다 잘하라."[122]는 말을 남긴 적이 있다. 어제의 나와 비교할 때 오늘의 나는 얼마나 다르게 생각하고 행동하는지를 성찰해볼 수 있다. 그러나 남과 비교하기 시작하면 나다움을 찾아가는 자기 발견과 자기 변신의 과정을 통해 발전하는 삶이 아니라 열등감에 휩싸인 삶을 살아갈 수밖에 없다. 반면에 비교의 대상을 내 안에 둘 경우에는 자신의 재능을 찾아 비전으로 가는 삶을 살아간다.

누구나 재능을 보유하고 있다. 재능은 남과 비교해서는 찾을 수 없다. 재능은 밖에 있지 않고 안에 잠자고 있기 때문이다. 재능은 비교의 대상이 아니라 비유의 대상이다.

오리와 토끼, 그리고 참새가 동물 학교에 입학했다고 가정해보자. 동물 학교의 첫날 교과목은 수영하기다. 수영은 오리가 제일 잘한다. 그런데 토끼는 선천적으로 수영을 할 수 없는 동물이다. 오리의 재능인 수영하는 능력을 따라잡기 위해서 토끼 엄마가 토끼를 데리고 괌으로 전지훈련을 다녀왔다. 그래도 토끼는 수영을 오리처럼 잘할 수 없다. 둘째 날 교과목은 눈 오는 날 산등성이를 올라가는 등산이다. 산등성이를 올라가는 동안에 가장 스트레스를 받는 동물은 오리다. 이번에는 오리가 토끼처럼 등산을 잘하기 위해 알래스카로 전지훈련을 다녀왔다. 오리는 뼈를 깎는 각오로 훈련에 임했지만 남은 것은 찢어진 물갈퀴, 동상에 걸린 발, 관절염과 디스크밖에 없다. 마지막 날 교과목은 노래하기다. 노래는 참새가 제일 잘한다. 물론 오리도 노래한다고 생각할 수 있다. 토끼는 전혀 노래를 못한다. 노래를 못하는 토끼를 데려다 성대 수술을 해도 토끼의 재능은 노래라고 말하기 힘들다.

자연에 있는 모든 생명체는 저마다의 개성과 재능을 발휘하면서 살아간다. 오직 인간만이 남과 비교하면서 불행한 삶을 살아간다. '학교가 창의력을 죽이고 있다'는 TED 강연을 하고,《엘리먼트》[123]라는 책을 쓴 미국의 교육철학자 켄 로빈슨은 재능과 열정이 만나는 지점에서 위대한 반전과 도약이 시작된다고 했다. 지능지수나 학문적 능력은 창의 성과는 별개다. 그는 오늘날의 '학교school'는 '물고기 떼school'와 같다면서 지능이나 특정한 교과목으로 아이들을 획일화시켜 한 무리의 '물고기 떼'를 양성하고 있다고 말한다. 자신의 재능을 비유적으로 찾지 않고 특정 교과목 성적이나 다른 학생들의 지능지수와 비교함으로써 불행한 삶을 강요하고 있다는 것이다.

《위대한 나의 발견 강점 혁명》[124]을 쓴 미국의 마커스 버킹엄 역시 자신이 하면 잘할 수 있는 강점을 개발하는 것이 단점을 보완하는 노력보다 훨씬 중요하다고 역설한다.《다중지능》[125]을 쓴 미국의 하워드 가드너도 인간의 능력을 지능지수로 획일화시켜 평가하지 말라고 한다. 사람은 공간 지능, 언어 지능, 논리·수학 지능, 신체 지능, 음악 지능, 대인관계 지능, 인터퍼스널 지능, 자연주의적 지능 등 무려 여덟 가지 지능을 갖고 있다고 한다. 논리·수학적 지능이 떨어진 아이가 신체 지능이 발달해서 세계적인 운동선수로 성장한 사례는 얼마든지 있다. '남보다' 잘하려고 노력하기보다 '전보다' 잘하려고 노력해야 행복해진다. 남과 비교하는 순간 불행이 시작된다. 행복한 삶은 내가 하면 신나는 일을 찾아 그 일을 재미있게 하면서 살아가는 것이다.

미쳐야
미칠 수 있다

전문가가 되는 유일한 길도 자신의 재능을 찾는 일이다. 재능을 찾아서 재미있게 갈고닦으면 어느 순간 최고의 대열에 올라가는 것이다. '1만 시간의 법칙'을 주창한 말콤 글래드웰은 분야를 막론하고 한 분야의 위업을 달성한 사람은 모두 자신이 하면 재미있는 일을 찾아 하루 3시간씩 10년 정도를 투자한 사람이라고 한다. 최고는 최악의 순간을 경험하면서도 최고가 되는 길을 포기하지 않은 사람이다. 반전에 반전을 거듭하기도 하고 '역경'을 뒤집어 자신만의 '경력'으로 바꿔나가는 사람들이다. 그런 최고만이 최고를 넘어서 유일함으로 발전한다. 진정한 최고는 'Best One'이 아니라 'Only One'이다. 'Best One'은 남과 비교해서 이루어지는 최고지만, 'Only One'은 오로지 자신의 재능을 찾아 유일함uniqueness을 추구하는 최고다.

나의 유일함을 찾아내기 위해서는 뭔가에 미쳐야 된다. 불광불급不狂不及, 미치지 않으면 미칠 수 없다는 말이다. 열정적으로 몰입해서 자신을 불사르지 않으면 목적지에 도달할 수 없다. 그 과정은 좌절과 절망, 모순과 갈등이 시시각각으로 찾아드는 고뇌의 시간이다. 남다른 도전과 시행착오를 통해 끊임없이 배우고 익히면서 창의적 아이디어를 현실의 무대에서 검증하는 과정을 통과해야 혁신적인 성과로 연결된다. 혁신적인 성과는 히트 상품과 서비스가 될 수도 있고 기존 지식의 한계와 문제점을 극복하는 창의적 지식이 될 수도 있다. 혁신적인 성과를 창출했거나 창의적인 지식을 창출한 사람은 이런 성과를 자신의 안위와 이익을 위해 사용하지 않고 사회적 공동의 선을 위해 활용하는 아레테의 미덕을 가진 사람이 되어야 한다. 전문 지식과 기술의 탁월성과 윤리적 자세, 그리고 전문성을 활용하는 도덕적인 행위가 이상적으로 조화를 이루는 상태를 아리스토텔레스는 아레테라고 했다.[126] 즉, 전문 지식의 탁월성excellence과 덕virtue을 겸비한 상태를 의미한다.

아레테의 수준에 이르기 위해서는 특정 분야에 대한 뛰어난 능력을 발휘하는 탁월성과 함께 자신이 종사하는 분야와 상관없이 갖추어야 될 바람직한 자세와 태도를 동시에 지니고 있어야 한다. 올바른 정신과 덕목을 지니지 않는 전문성의 추구만으로는 아레테의 수준에 이를 수 없다. 나아가 자신이 보유하고 있는 전문성을 입신양명을 위한 출세의 수단으로 활용하거나 이기적 마음가짐을 갖고서는 도저히 이를 수 없는 상태가 아레테다. 아리스토텔레스는 실천적 지혜를 가진 사람을 프로니모스phronimos라고 지칭했다. 그에 따르면 프로니모스는 자신에게 선한 일이나 이익이 되는 것에 대해서 부분적으로 생각하지 않고, 전체적으로 어떤 일이 잘 사는 것행복에 도움이 되는가에 대해 숙고하는 능력을 소유한 사람이라고 한다.

창의적인 지식은 이미 알고 있는 개념을 남다른 방식으로 조합, 새로운 개념으로 변경 또는 창조하는 가운데 개발된다. 새로운 지식을 습득하고 남다른 개념을 창조하기 위해서는 지금 나의 생각도 틀릴 수 있다고 가정하고 열린 마음으로 다른 생각과 의견도 경청할 줄 알아야 한다. 기존 지식도 무조건 무시할 것이 아니라 나름의 문제의식과 아픔이 있을 것이라고 생각해야 한다. 기존 지식을 창조한 사람이 어떤 문제의식과 아픔을 갖고 이전의 지식을 넘어서는 새로운 지식으로 창조하게 되었는지 마음으로 이해하는 이심전심以心傳心의 정신이 필요하다. 1년 전에 내가 사용한 개념과 지금 사용하고 있는 개념 간에 별다른 차이가 없다면 나는 그동안 개념 없이 살아온 것이다. 개념 없이 살아왔다는 이야기는 생각 없이 살아왔다는 방증이다.

니체는 꿀벌은 밀랍으로 집을 짓고 살지만 사람은 개념으로 집을 짓고 살아간다고 했다. 어떤 개념으로 집을 짓느냐에 따라 그 집에서 살아가는 사람의 생각도 달라질 수 있다. 들뢰즈는 개념이 곧 인격이라고 했다. 그 사람의 인격과 품격 수준을 알아보는 방법은 그 사람이 사용하는 개념을 알아보면 된다. 생각을 바꾸려면 개념을 바꿔야 한다. 개념이 바뀌면 생각이 바뀌고 생각이 바뀌면 이전과는 다른 방법으로 창조가 일어나기 시작한다. 내가 창조할 수 있는 가능성의 폭과 깊이는 내가 보유하고 있는 개념적 수준의 다양성에 비례한다. 다르게 창조하고 싶으면 다른 개념을 끊임없이 습득하거나 기존 개념을 남다른 방식으로 이종 결합시켜 색다른 개념으로 변경하거나 창조해야 한다.

'내가 사용하는 단어의 세계가 내가 상상할 수 있는 세계를 규정한다Words create World.'라는 말이 있다. 지금과는 다른 세상을 상상하려면 지금 갖고 있지 않은 색다른 개념을 갖고 있어야 한다. 틀에 박힌 개념을 사용하면 세상은 언제나 물론과 당연, 원래 그런 세상으로 보일 뿐이다. 이제까지 볼 수 없었던 새로운 가능성의 세계를 보고 그런 가능성의 세계로 현실을 바꾸기 위해서는 이제까지 없었던 새로운 개념을 창조해야 한다. 새로운 세계는 새로운 개념으로 포착될 수밖에 없다. 세상의 변화를 주도한 혁신가나 한 시대의 흐름을 꺾었던 철학자는 모두 자기만의 개념을 창조한 사람들이다. 내가 세상을 바라보는 방법과 새로운 생각을 현실로 구현하는 가능성의 세계는 내가 어떤 개념을 갖고 있느냐에 따라 달라진다.

혁신적인 성과든 창의적 지식이든 그것이 시련과 역경을 뚫고 세상으로 나오는 순간이 경이로운 진리 체험의 순간이다. 몰랐던 사실을 깨닫는 순간을 넘어서 골머리를 앓던 문제가 해결되고 꿈에 그리던 신상품이 출시되거나 감동을 줄 수 있는 신지식이 창조되는 순간이다. 경이로운 진리 체험을 맛본 사람들은 맹자에 나오는 욕파불능欲罷不能의 상태에 이른 사람들이다. 욕파불능이란 그만두고 싶어도 도저히 그만둘 수 없는 상태, 즉 공부하는 사람이 도달하고 싶은 궁극의 상태를 말한다. 진리 탐구 여정에 뛰어든 사람은 몸과 마음이 혼연일체渾然一體가 되어 흠뻑 빠지는 물아일체物我一體의 체험을 하게 된다.

혼돈 이론의 핵심적인 원리 중 하나가 바로 '혼돈의 가장자리edge of chaos'라는 개념이다. 복잡하게 얽힌 실타래가 순식간에 풀리면서 무거웠던 머리와 답답했던 가슴이 뻥 뚫리는 순간이 바로 혼돈의 가장자리다. 이런 혼돈의 가장자리에 이르기 위해서는 상상으로 잉태한 아이디어를 반드시 현실로 구현시키고야 말겠다는 불굴의 의지와 어떤 역경에도 포기하지 않는 불포가인不抛加忍의 자세가 필요하다.

경이로운 진리 체험은 칠흑같은 어둠의 터널 끝에서 가장 영롱한 새벽을 맞이하는 형언할 수 없는 즐거움이다. 그러나 경이로운 진리 체험도 순간일 뿐, 이제 또 다른 장벽을 넘어서야 비로소 세상의 빛을 볼 수 있다. 내가 창조한 지식이나 발견한 진리가 아무리 독창적이고 혁신적이라고 할지라도 남이 알아주지 않으면 아무것도 아니다. 세상에는 아무것도 아닌 경우가 두 가지 있다. 첫째, 남과 다르지 않으면 아무것도 아니다. 나의 생각과 아이디어, 그리고 나의 경쟁력이 남과 다르지 않으면 나의 경쟁력은 그만큼 가치가 없다. 둘째, 남과 다른 데는 성공했지만 남이 인정해주지 않으면 역시 아무것도 아니다. 독창성을 남이 인정해주지 않거나 주어진 공동체나 영역 또는 현장에서 받아들여지지 않으면 의미가 없다. 그래서 나의 독창성이 궁극적으로 구현되기 위해서는 타인의 입장에서 그들의 아픔을 가슴으로 이해하고 공감하는 능력이 필요한 것이다. 나만 이해할 수 있는 독창성은 결국 무용지물이다. 다른 사람이 이해하기 쉽도록 아무리 낯선 아이디어라도 익숙하게 설득하는 능력이 필요하다.

설득적 열정으로
공감대를 조성하라

신영복 교수에 따르면 '공부'의 출발점은 '공감'하는 것이고 공부의 궁극적 목적은 더불어 살아가는 '공존'의 인간관계를 만들어나가는 데 있다고 한다.[127] 그는 갇혀 있는 우리의 생각, 머릿속에 주입된 생각을 깨트리고, 가슴으로 다른 사람들과 공감하는 과정이 바로 공부의 첫걸음이라고 하였다. 나아가 공부는 우리가 다른 사람의 아픔을 공감하는 수준을 넘어서서 그것을 계기로 해서 자기를 변화시키는 단계로 나아가야 한다. 진정한 공존과 공감이 이루어지기 위해서는 자기 자신이 변화해야 한다. 공부는 차이와 다양성을 승인하고 공감하는 데 그치는 것이 아니라 차이와 다양성에서 자신이 변화하려는 노력을 시작하는 것이다. 자기 변화로 이어지지 않는 공부, 머리에 축적하는 공부, 개인의 애정으로서만 관리되는 공부는 진정한 공부가 아니라는 것이다.

신영복 교수는 자기 개인만 변하는 것은 진정한 변화라고 볼 수 없다고 하였다. 자기 변화는 내가 맺고 있는 인간적 관계 맺음의 변화를 의미한다. 자신이 체득한 실천적 지혜를 활용하여 자신과 직간접적인 영향력을 주고받는 인간관계를 변화시키는 길을 배우는 과정이 바로 공부가 지향하는 길이다. 자기 변화는 내 생각과 행동, 지식과 지혜의 변화를 넘어서서 나의 인간관계의 변화를 의미한다. 다른 사람과의 관계 속에서 튼튼하게 서로 연대망이 구축될 때 비로소 변화가 완성되는 것이다.

인간관계의 출발은 서로가 서로에게 상처를 줄 수 있는 모난 돌의 만남으로 시작될 수 있다. 모난 돌은 서로 부딪치면서 상처를 주지만 세월이 흐르면서 상처 위의 딱지가 아물면 서로의 아픔을 어루만져주고 가슴으로 이해하는 과정을 거친다. 모난 돌로 시작된 낯선 만남이 둥근 돌로 바뀌면서 강한 신뢰를 기반으로 인간관계가 형성되는 것이다. 튼실한 인간관계가 확산되면서 인식과 관심을 같이하는 강한 연대망이 구축된다. 공부 또한 자신을 비롯하여 사람과 사람이 만나는 인간관계와 인간적 연대망을 사회적으로 확산시키는 책임을 어떻게 질 것인지를 배우는 과정이다.

혁신적인 성과는 궁극적으로 시장의 고객으로부터 공감을 얻어내고 감동시켜야 진정한 의미의 혁신으로 완성되고, 창의적 지식은 기존 지식을 지지하는 사람들의 비판적 도전을 극복하고 공감대를 형성해야 각광을 받는다. 상품이든 지식이든 그것을 활용하는 사람들에게 전파되고 공유되어 공감대를 얻는 공명共鳴의 장으로 확산되어야 한다. 상품은 쓰면 쓸수록 그 효용 가치가 떨어지지만, 지식은 나누고 공유할수록 가치가 배가된다. 지식의 공명 가치가 상품의 공명 가치보다 높은 이유는 바로 이런 점에서 설득력을 지닌다.

물론 인류의 아픔과 슬픔을 치유하기 위해 디자인된 상품은 많은 사람들에게 만족을 넘어서 감동을 줄 수도 있지만, 결국 상품은 써서 없어지는 소비재일 뿐이다. 반면에 지식은 지식 창조 주체의 고뇌에 찬 사유와 체험적 깨달음의 산물이기도 하지만 지식 창조 과정에 직간접적으로 관여했거나 아이디어나 단서를 제공해준 모든 사람들이 함께 만든 합작품이기도 하다. 상품이 한 개인의 소유물이라면 지식은 우리 사회가 고민하는 문제나 위기를 극복하기 위해 공동의 노력으로 창조된 공유물이다. 새롭게 창조된 지식이 기존 지식으로 틀 밖의 세계, 경계 너머의 세계를 볼 수 없었던 사람들에게 무한한 가능성과 자신감, 희망과 용기를 심어주는 공유재라는 점에서 지식의 공명 가치는 더없이 소중하다. 지식의 가치는 함께 공유하고 공동의 문제를 협력해서 해결할 때 더욱 빛이 나는 법이다. 그 무대가 바로 지식의 가치가 전파되고 공유되며 확산되는 공명의 장이다.

그리스의 철학자 아리스토텔레스의 《니코마코스 윤리학》[128]에 보면, '수사학'에서 설득의 수단으로 에토스ethos, 파토스pathos, 로고스logos의 세 가지를 구분한 바 있는데, 에토스는 품성이나 품격에서 나오는 인간적 신뢰감, 파토스는 감성적 호소력, 로고스는 논리적 구속력에 해당된다고 볼 수 있다. 에토스는 화자의 품성에서 풍기는 진정성이나 전하려는 메시지의 신뢰성, 즉 화자의 인격과 품격에 해당하고, 파토스는 청중의 가슴을 파고드는 정서적인 호소와 공감력을 뜻한다. 마지막으로 로고스는 객관적 사실이나 논리적 근거를 갖고 화자의 주장을 뒷받침함으로써 청자로 하여금 믿음을 갖게 만드는 설명력이다. 본래 에토스는 민족적·사회적인 관습을 말하는데, 아리스토텔레스에 의하여 이 말에 중요한 철학적 개념이 주어졌다.

인간의 무한한 가능성이나 능력은 항상 상반되는 방향을 내포하고 있으나 동일한 행위를 반복해서 수행함으로써 한 방향으로만 지향하는 습관이 형성된다. 이렇게 형성된 습관이 에토스이며, 이 에토스에 의하여 영혼의 선악의 성격도 결정된다. 반복적 행위로 형성된 에토스는 일관되고 지속적인 특성을 가지고 있어 감정 상태에 따라 수시로 변하는 변덕스러운 파토스와 구분된다. 파토스는 로고스와 상대되는 말로, 정념, 충동, 정열 등으로 이해되며, 흔히 감성을 지칭한다. 이에 반해서 로고스는 논리적 근거를 활용해 객관적으로 설명하는 이성을 의미한다. 로고스는 존재의 본질을 드러내는 보편적인 법칙과 원리, 사람이 마땅히 따라야 할 준칙이나 규칙이며, 이 법칙과 준칙을 인식하고 이를 따르는 분별력 있는 판단과 이성을 뜻한다.

일반적으로 상대방의 공감을 얻어내고 마침내 의사 결정과 행동을 유발하는 과정에 미치는 영향력은 에토스가 60%, 파토스가 30%, 로고스가 10% 정도를 차지한다. 한마디로 믿을 만한 사람이 믿을 만한 메시지를 통해 수신자의 감성을 자극하고 감동시켜 공감을 얻을 수 있어야 설득이 된다는 말이다.

착한 마음에서 일어나는 네 가지 본성, 즉 측은지심·수오지심·사양지심·시비지심을 갖고 있는 전문가는 인간적 믿음과 존경받는 품격으로 60% 정도의 설득력을 이미 지니고 있다. 미래의 경쟁력이 있는 인재는 메시지를 전달하기보다 메시지에 담긴 자신의 철학과 가치관, 열정과 용기를 전달함으로써 메시지 그 자체보다는 메시지를 전달하는 메신저, 즉 자기 자신을 파는 사람이다. 공부를 통해서 경지에 이른 사람은 정교한 논리와 객관적 사실을 근간으로 이성에 호소함으로써 흔들리는 감성을 굳건하게 바로잡아준다.

살신성인의 미덕으로
공명의 장을 마련하라

공부하는 사람이 갖추어야 될 가장 아름다운 미덕에는 살신성인殺身成仁이 있다. 살신성인은 《논어》[129]의 '위령공편衛靈公篇'에 "뜻있는 선비와 어진 사람은 살기 위하여 인仁을 해치는 일이 없고, 오히려 자신의 목숨을 바쳐 인仁을 행할 뿐이다志士仁人 無求生以害仁 有殺身以成仁."라는 말이 나온다. 사단四端이라는 미덕과 인덕仁德을 갖춘 전문가라면 목숨과 인仁 모두를 지킬 수 없을 때 생명을 아끼느라 인仁을 저버리지 않는다는 의미다. 위기 상황에서 전문가는 자신의 목숨을 희생하면서도 인仁을 버리지 않는다. 여기서 공자가 말하는 인仁은 타인에 대한 자비와 인간애, 동정심이다. 살신성인은 반드시 목숨을 바치는 것뿐 아니라 자신의 고통을 감수하며 이웃에 봉사하거나 자신의 이익을 양보하여 남을 위해 살아가는 미덕이다.

살신성인의 미덕을 지닌 전문가는 누군가가 위기나 문제 상황에 봉착했다면 몸을 사리지 않고 사회적 공동선을 위해 과감한 실천을 감행할 것이다. 우리 모두가 기대하는 미래의 전문가는 이런 살신성인의 미덕을 근간으로 전문성이나 재능을 나누는 봉사 정신을 스스로 발휘할 뿐만 아니라 나눔의 미덕이 사회적으로 확산될 수 있는 무대를 마련하는 데에도 헌신적이다. 미래의 인재는 자신이 체득하고 있는 전문성이나 노하우는 자신을 둘러싸고 벌어지는 다양한 인간적 관계 맺음이나 사회와의 부단한 상호작용을 통한 역사적 산물이라고 생각한다. 따라서 자신의 전문성을 공유하고 공감할 수 있는 무대와 조건을 마련하는 것이 미래 사회가 필요로 하는 전문가나 인재의 미덕이자 당연한 의무라고 생각한다.

미래 인재의 전문성은 시행착오와 우여곡절 끝에 온몸으로 체득한 몸에 밴 습관이자 실천적 지혜다. 몸에 밴 습관이자 실천적 지혜를 공유하기 위해서는 관심을 같이하는 사람들 간의 공동체적 결속과 연대망이 필요하다. 그래야 한 사람의 전문성이 한 개인의 전문성으로 머무르지 않고 사회적으로 확산될 수 있는 공명의 장이 마련될 수 있다. 여기에 단서를 제공할 수 있는 아이디어가 프랑스의 사회학자 피에르 부르디외Pierre Bourdieu가 《구별짓기》[130, 131]에서 말한 아비투스Habitus다.

아비투스는 Habit습관에서 유래되었다. Habitus는 Habit이란 단어에 us가 붙어 형성된 것으로, 해비투스라고도 하는데 프랑스에서는 아비투스라 발음한다. 아비투스는 특정한 거주지나 거주자 및 이들이 일상적으로 공유하는 습관적인 사고방식이나 삶의 양식 등을 포괄하는 용어다. 이것은 사회 공간 속에서 우리가 차지하는 위치 및 그와 관련된 삶의 방식, 그리고 부르디외가 기질이라고 부르는 것, 즉 문화적 취향 및 느끼고 사고하는 방식 등을 포괄하는 개념이다.

부르디외는 객관적인 계급 구조와 행위자들의 취향 사이의 밀접한 관계를 발견해내고 그 사이를 매개하는 구조로서 '아비투스'라는 새로운 개념을 끌어들였다. 사람의 행동이나 취향이 지극히 개인적이라고 생각하기 쉽지만 사실은 개인의 옷 스타일이나 행동과 취미 등은 그가 속한 계급적 성격이나 성향을 반영한다. 상류층은 상류층대로 그가 속한 주류 사회의 문화적 혜택을 받아가면서 살기 때문에 고급스러운 취향의 문화적 성향을 몸에 지니고 살아가고, 중산층은 중산층대로, 서민층은 서민층대로 자신의 경제적 여건에 맞는 문화적 생활을 영위하면서 특정 계급이 지향하는 문화적 성향을 몸에 익히며 살아간다. 모차르트나 베토벤을 좋아하는 사람과 트로트 음악을 좋아하는 사람은 성향

이 다르다. 고전음악을 좋아하는 취향을 가진 사람과 트로트나 대중가
요를 좋아하는 사람의 취향은 원래부터 그런 성향을 가진 것이 아니라
그런 성향을 가질 수밖에 없는 물질적 조건이나 문화적 구조에서 기인
한 것이다.

부르디외의 아비투스가 공부하는 사람에게 주는 교훈을 몇 가지로
정리해볼 수 있다. 공부하는 사람은 전문성을 축적하는 것도 중요하지
만, 자신의 전문성을 다른 사람과 나눌 수 있는 공론의 장을 마련하는
일이 더욱 중요하다. 전문가적 식견과 안목을 지닌 사람이 그렇지 않은
사람을 무시하거나 업신여긴다면 전문가적 기본자세와 자질이 없는 사
람으로 판단할 수 있다. 전문가를 육성하는 교육적 기회나 나눔의 장이
특정 계층에만 열려 있고 극히 제한적인 경우에만 전문가가 될 수 있다
면 전문가와 비전문가 간의 인식의 격차가 커지는 것은 물론 살아가면
서 누릴 수 있는 혜택도 지극히 부분적일 수밖에 없다. 전문가일수록 비
전문가 입장에서 그들이 만들어가는 문화적 취향과 생활 조건을 수용
하고 비전문가의 삶의 질을 높일 수 있는 공유와 공감의 장을 마련하는
데 남다른 관심과 노력을 기울일 필요가 있다.

전문성의 체득과 전수, 그리고 공감과 확산의 사회적 조건이 풍부하
게 마련될수록 해당 공동체의 전문성 축적과 체득 과정은 그만큼 더 빠
르게 이루어질 수 있다. 스스로 재능을 기부하고 나눔을 실천하는 전문
가가 연대망을 구축, 이를 사회적으로 확산시키는 노력을 경주할 때 아
비투스는 자연스럽게 마련될 것이다. 아비투스는 다양한 전문성을 지닌
전문가가 인식과 관심, 체험적 깨달음과 실천적 지혜를 나누고 내면화

시키는 사회적 공론화의 장이다. 개개인의 주관적 체험은 공동체 내부에서 지속적으로 공유됨으로써 사회화된다. 낯선 지식이 익숙한 지식으로 변화되고, 소통과 교감이 활발하게 일어나면서 공감대역도 사회적으로 확산된다. 이런 점에서 아비투스는 주관적 체험을 근간으로 형성된 실천적 지혜가 공유되는 '사회화된 주관성'이다.

사회화된 주관성으로서의 아비투스는 주관과 주관이 만나서 이루어지는 간주관성間主觀性, intersubjectivity이 다시 개개인의 주관적 체험에 영향을 미치는 구조화된 삶의 양식이다. 사회화된 주관성이 자유롭게 교감되고 공감되면서 아비투스는 전문가와 전문가가 아닌 사람의 문화적 특성을 구분 짓는 생활 조건에서 이제 나와 다른 의견과 주장도 폭넓게 수용하면서 더불어 성장하고 발전하는 나눔 공동체적 기반으로 전환되어갈 수 있다.

간주관성은 상호신체성相互身體性, intercorporeite을 통해서 더욱 의미심장해지고 모두가 공감할 수 있는 지식으로 탄생되는 동인이다. 개인의 주관적 의견이 다른 사람의 주관적인 의견과 만나 간주관성이 생긴다. 한 사람의 주관은 선입견과 편견에 사로잡힐 가능성이 있으므로 다른 사람의 주관과 만나 상호 주관적인 의견을 만들어간다. 그 결과 생기는 간주관성이 가장 객관적인 의견이다. 이런 간주관성은 머리로 분석하고 평가하는 의견을 벗어나 몸으로 직접 체험하면서 체득한 사실이나 지식을 의미하는 신체성의 공유 과정에서 생긴다. 철학자 메를로퐁티 Maurice Merleau-Ponty에 따르면 상대와 인간적으로 마주 보면서 정신이나 의식보다 신체적 공감이 이루어지는 순간이 바로 상호신체성이 형성되는 순간이다.

인간은 타인과 신체적으로 시공간을 공유하고 접촉함으로써 상대의
입장을 이해하고, 좀 더 큰 상호주관성 또는 간주관성을 만들어낼 수 있
다.[132] 객관성은 주관적인 인간이 도달할 수 없는 신화다. 객관성은 오로
지 주관적인 인간의 주관적인 의견과 의식의 공유를 통해 이루어지는
간주관성과 나아가 주관적인 인간 간의 신체적 접촉을 통한 교감과 공
감이 만나 이루어지는 상호신체성을 통해 이루어질 뿐이다.

지금까지 설명한 공부 과정을 감상실에 비추어 논의한 내용을 한 장
으로 도해하면 다음 장에 그려진 그림과 같다.

공부의 시작은 감수성으로 포착한 타인의 아픔을 해결하기 위한 호
기심과 바보 같은 질문, 기존 지식에 대한 거룩한 불만족과 참을 수 없
는 불편함에서 비롯된다. 감수성으로 포착된 이런 문제의식과 인지적
불협화음은 이를 충족시키기 위해 기존 지식을 버리고 새로운 지식을
수용하면서 발휘되는 다양한 상상력으로 돌파구를 마련하기 시작한다.
기존 지식과 새로운 지식을 융합하기도 하고 다양한 체험적 통찰력과
기존 지식을 연결시키는 이종결합이나 이연연상을 통해 잉태되는 아이
디어가 불굴의 의지로 실험하고 탐색하는 가운데 실천적 지혜를 습득하
게 되고 경이로운 진리 체험을 맛보면서 공부의 즐거움으로 다가온다.

공부를 통해서 깨달은 진리 체험은 미덕을 갖춘 최고 경지의 전문
성으로 완성되면서 설득적 열정과 공감대를 조성하는 살신성인의 미덕
으로 보다 많은 사람들에게도 알려지는 공명의 장을 마련하게 된다. 공

부의 궁극적 목적은 자기다움의 발견과 자기 연마로 나와 더불어 살아가는 공동체와의 공감대역 조성과 공명의 장을 마련함으로써 더불어서 행복한 삶의 공동체를 만들어나가는 데 있다.

사단四端: 측은지심·수오지심·사양지심·시비지심

색다른 자극과 경험
뇌에 주먹질을 해대는 독서,
상상력을 자극하는 영화,
낯선 곳으로의 여행,
도전적 프로젝트, 불편한 만남

전율했던 근원적 체험
가슴 깊이 남아 있는
과거의 강렬한 체험,
시간 가는 줄 모르고
몰입했던 경험

앙스트블뤼테
상황의 뇌

· 인지적 불협화음
· 강렬한 지적 충격

심각한 긴장감,
지적 분노,
도덕적 분개의식

· 거룩한 불만족
· 참을 수 없는 불편함
· 끊이지 않는 불안감

어린아이 같은 호기심
순진무구한 궁금증,
엉뚱한 관심과 주도면밀한 관찰력,
모든 것을 밝혀보려는 탐구욕

엉뚱하고 바보 같은 질문
예사롭지 않은 의심,
꼬리에 꼬리를 무는 의문,
집요하게 파고드는 질문

의문과 집요한 질문

미지의 세계에 대한 감출 수 없는 끌림

야심적인 문제 발견

남다른 문제의식과 색다른 문제 제기

다양한 연상과 끈질긴 구상

역지사지 발상과 Framework의 변화

기존 지식의 버림
Unlearning

이연연상을 통한 아이디어 구상

새로운 지식의 습득
Learning

이종결합을 통한 자유로운 구상

실 험 단 계

의지와 돌파력

백절불굴 百折不屈

화이부동和而不同 / 다름을 포용하는

새로운 지식 습득과 / 개념의 변경 및 창조

시추, 도전,
실험, 탐험, 모험

발견적 열정

절망, 좌절,
모순, 갈등, 고뇌

시행착오와 절차탁마切磋琢磨
불광불급不狂不及, 남다른 재능 발견
끊임없는 학습과 실천적 지혜 체득
욕파불능欲罷不能

경이로운 진리 체험 Creative Spark

아레테 arete

!? **설득적 열정과 공감대 조성** !?

살신성인의 미덕과 공명의 장인 아비투스 마련,
전파·공유·확산을 통한 공감대역 조성

How[4] Much

어느 정도 공부할 것인가?

공부의 왕도에 이르는 비결이나 비법은 없다. 다만 공부의 정도正道에 이르는 부단한 탐구 여정만이 있을 뿐이다. 일주일 만에 주식 투자로 1억 원을 버는 비결, 한 달 만에 국영수 급속 마스터 요령 등 우리 사회에는 유난히 핵심, 비결을 알려준다는 속성 공부 비법이 많다. 이런 공부는 벼락부자나 출세를 위한 수단으로서의 공부다. 공부 자체가 즐거울 리가 없을 뿐만 아니라 공부의 정도에서 한참 벗어난 것이다. 정도를 벗어나는 공부가 계속될수록 개인은 물론 그 사람이 몸담고 있는 사회에도 심각한 문제가 발생할 수 있다. 공부의 정도에 이르기 위해서는 어제와 다른 생각과 시도로 도전해보고 그 결과를 성찰하는 노력을 부단히 전개해야 한다. 공부의 정도에서 벗어나지 않고 올바른 공부를 계속하기 위해서는 지금까지 이야기한 공부의 다섯 가지 의미를 되새기며 부단히 자기 변신을 시도하는 수밖에 없다. 공부의 정도는 알고 나서 실천하라는 지행일치知行—致가 아니라 앎이 곧 실천이고 실천이 곧 앎이라고 생각하는 지행합일知行合—에서 나온다. 공부의 정도는 현실과 무관한 상태에서 열심히 공부한 다음 아는 바를 실천하는 지행일치의 정도에서 비롯되지 않는다. 오히려 공부의 정도는 앎이 곧 삶이고 삶이 곧 앎이 되는 지행합일의 정도에서 비롯된다. 이 장에서는 아직도 공부를 멈추지 않고 공부하고 있는 한 사람의 공부 여정을 들여다보면서 공부의 정도에 이르는 부단한 탐구 과정을 살펴보고자 한다.

공부의 어느 정도 - 지행합일

1 암중모색
생각 없는 잠복기(기대와 전망)

2 질풍노도
대책 없는 방황기(절망과 결단)

3 욕파불능
열정적 몰입기(몰입과 집중)

4 절차탁마
체험적 각성기(반성과 성찰)

5 일이관지
여전히 공부 중(사유와 통찰)

공부의 정도正道는
지행합일의 정도程度

공부는 지행합일의 정도를 높이려는 분투노력이다.

어느 정도程度 공부하면 공부의 정도正道의 경지에 이를 수 있을까? 아마 평생을 공부해도 왜 무엇을 어떻게 공부해야 되는지에 대해서 만족스러운 답을 얻지 못할 것이다. 아니, 만족스러운 답이란 영원히 존재하지 않는 게 공부의 이상이 아닐까? 고뇌하는 문제에 대해 답을 찾았다고 생각하는 순간 그 답은 또 다른 문제를 규정하는 인식의 일부일 뿐, 완성된 앎을 향한 길은 영원한 미완성이다. 그래서 삶과 앎, 앎과 삶은 서로가 서로에게 영향을 주고받으면서 함께 걸어가는 쌍두마차다. 앎이 곧 삶이고 삶이 곧 앎인 사람에게 공부는 어느 정도 했다고 그만둘 수 있는 것이 아니라 살아 있는 동안 영원히 마칠 수 없는 미완성 교향곡인 셈이다.

공부를 통해서 한번에 정도正道에 이르는 방도는 없다. 자기만의 방식으로 꾸준히 공부를 반복하다 보면 어느 순간 정도正道의 경지에 이르는 공부의 왕도王道를 발견할 수 있다. 하지만 도달했다고 생각하는 공부의 왕도도 완성된 자기만의 방도가 아니라 영원히 갈고닦아야 될 미완성 작품이다.

공부의 매력이자 마력은 공부하는 길에 한번 빠지면 절대로 멈출 수 없는 욕파불능欲罷不能의 상태가 계속된다는 것이다. 욕파불능이라는 말은 《논어》의 '자한편'에 나오는 말이다. 공자를 스승으로 모시고 있는 제자 안연이 "공부를 그만두려고 해도 차마 그럴 수가 없다."는 심정을 토로할 때 욕파불능이라는 말로 대신하였다. 공부하는 즐거움에 한번 빠지면 빠져나올 수 없다. 누가 뭐라고 해도 몰입의 즐거움이 주는 중독 증세에서 벗어나기 어렵다.

공부의 정도正道는 어느 정도 공부하면 이를 수 있는 경지가 아니라 영원히 공부해도 미칠 수 없는 불가능한 지고至高의 경지다. 공부의 정도正道에 가까이 가는 유일한 정도征途는 어느 정도程度의 노력을 끊이지 않고 계속 반복하는 수밖에 없다. 반복이 반전을 가져오고 때로는 역전의 감동을 가져오는 공부의 여정은 어제와 다른 차이를 낳는다. 그 차이가 나를 더 나답게 가꾸어나가는 앎의 기반인 것이다.

공부는 삶이고 삶이 곧 공부이기 때문에 공부를 멈춘다는 것은 삶을 멈춘다는 말과 같다. 공부는 나답게 살아간다는 것의 의미를 발견하는 과정이고, 발견된 의미대로 나다움을 찾아 떠나는 여행이다. 공부의 정도, 첫 번째 주제는 내가 누구인지를 아는 정도가 바로 공부의 정도라는 점을 밝혀보는 데 있다.

공부의 정도는 지행일치의 정도가 아니라
지행합일의 정도가 결정한다

공부하는 사람들이 당면하는 커다란 두 개의 길은 앎과 삶의 문제로 이해될 수 있다.[133] 하나의 길은 전문 학자들이 걸어가는 길이다. 이들이 학문을 통해서 달성하고 싶은 욕망은 세계에 대한 '해석 욕망'이다. 문제가 발생했다면 그 발생 요인을, 성공적인 결과가 나왔다면 그 결과가 나올 수밖에 없었던 근본적인 원인이나 요인을 밝혀내는 과학적 탐구로서의 공부다. 앎으로 삶을 설명하려는 전문 학자들의 공부가 여기에 속한다. 공부를 통해서 얻어지는 앎이 삶에 얼마나 유용한지는 문제가 되지 않는다. 이들의 관심은 공부하는 사람들의 주관적인 감정이나 의견은 가급적 배제하고 제3자의 입장에서 사실을 논리적으로 분석하고 객관적으로 설명하는 데 있다. 인간의 주관적 감정이나 주체적 의지가 담고 있는 개인적인 의미나 의도를 통해 인간적 진실을 밝혀내는 공부보다 사실을 객관적으로 조명하는 공부에 치중한다. 이런 공부는 앎과 삶이 철저하게 분리되어 있어서 삶과 무관한 앎, 또는 앎과 독립적인 상태로 삶이 존재할 뿐이다.

앎과 삶의 문제를 생각하는 두 번째 길은 민감한 사회 문제 등에 적극적으로 참여함으로써 열정과 헌신으로 앎을 증명하려는 길이다. 이들에게는 앎보다 삶이 더 절박하고 갈급한 이슈다. 이들이 지닌 욕망은 사회적 이슈를 해결하는 과정에 적극적으로 뛰어들어 지금보다 나은 삶으로 만들어보려는 욕망이다. 한마디로 세상을 지금과 다른 세계로 바꿔보려는 '변혁 욕망'이다. 세계를 변혁시키겠다는 욕망은 추상적인 목표나 관념적인 꿈이 아니라 지금 눈앞에서 펼쳐지고 있으면서도 동시에 내 삶을 걸고 추구해야 될 절박한 욕망이다. 사회적 사실을 과학적으로 설명하기보다 사회적 사실이 품고 있는 인간적 진실을 해명하고 그 속에 담겨진 사람들의 진심을 드러내는 데 앎의 목적을 두고 있다. 세계를 변혁시키기 위해 논리와 이성이 아니라 감성과 용기에 호소함으로써 사람들의 동참을 촉구하는 데 더 많은 관심을 두고 있다.

비슷한 맥락에서 공부하는 사람은 고병권[134]이 말하는 '앎을 참조하는 앎'보다 '삶을 참조하는 앎'을 선호한다. 삶을 앎의 무대로 활용하지 않고 하나의 지식을 다른 지식과 참조함으로써 논리적 정당성을 따져 묻는 앎은 다른 앎을 참조로 자신의 앎을 발전시키려고 하기 때문에 그 배움이 삶의 변화로 연결되지 않을 수 있다. 앎이 삶의 구체성과 절박함을 원료로 하지 않기 때문에 관념성과 추상성이 강한 경우다. 이들의 공부는 주로 '입'으로 앎을 증거하기 때문에 실천의 효용성보다 논리적 정합성이 중시된다. 결과적으로 이런 공부를 하는 사람들은 앎이 삶을 지배한다. 반면에 앎이 다른 앎을 참조하지 않고, 곧바로 삶을 참조하며 공부하는 사람들은 그 배움이 곧 삶의 변화로 나타난다. '삶을 참조하는 앎'의 공부는 '몸'으로 앎을 증거하기 때문에 앎이 내 몸을 동반하는 신체성이 확보되고 구체성으로 나타난다. '삶을 참조하는 앎'의 공부는 이론의 논리적 정합성이나 근거의 확실성을 추구하기보다 앎을 통한 삶의 변화나 삶이 앎과 맺고 있는 관계의 정도, 또는 앎으로 인한 삶의 유용성이 어느 정도 확보되는지가 중요한 이슈로 부각된다. 이런 공부를 하는 사람들의 최대 이슈는 앎이 삶을 지배하기 이전에 삶이 앎을 구원하는 공부가 되도록 온몸으로 투쟁하는 것이다. 앎과 삶은 어느 것이 먼저이고 나중인지의 문제가 아니다. 앎과 삶은 본래부터 하나였다. 앎을 추구하는 것이 바로 삶을 추구하는 일이며, 삶을 추구하는 것이 곧 앎을 추구하는 것과 같다.

"앎을 생산하는 방식으로 삶을 생산하며, 삶의 과제를 앎의 과제로 떠안은 사람이다."[135]

먼저 뭔가를 알고 난 다음 그 앎을 가지고 삶으로 돌아가 어떤 변화를 추진하는 게 아니다. 앎의 과제가 곧 삶의 숙제이며, 삶의 숙제가 앎으로 풀어내야 될 절박한 과제다. 앎과 삶이 일치가 되는 사람은 공부가 어쩔 수 없이 풀어야 될 숙제가 아니라 재미있으면서 동시에 의미심장한 앎과 삶의 축제다. 그런데 교육학자가 교육 현상을 연구하고, 사회학자가 사회 현실을 연구하고, 경영학자가 경영 현장을 연구하고, 경제학자가 경제 현실을 연구하고, 지리학자가 지리를 연구할수록 자신의 연구 대상인 현장과 거리가 멀어지는 현상이 발생하곤 한다. 그리하여 교육학은 교육 현상을 설명하기 어려워지고, 사회학은 사회적 현실과 동떨어진 설명력을 낳고, 경영학은 경영 현장에 도움이 되지 않으며, 경제학은 경제 개혁에 별다른 답을 주지 못하고, 지리학은 지리와 관계없는 책상 논리를 양산한다는 비판이 제기되는 것이다.

교육학 이전에 교육은 존재해왔고, 사회학 이전에 사회는 구성되어왔고, 경영학 이전에 경영은 어디선가 이루어져왔고, 경제학 이전에 경제는 전개되어 왔으며, 지리학 이전에 지리는 언제나 발밑에서 다양한 변화를 거듭해왔다. 모두가 다 그렇다고 볼 수는 없지만 학자들의 앎이 학자의 삶 속에서 일어나지 않고 삶과 분리된 별개의 학문적 탐구 활동이 전개되면서 앎은 삶을 변화시키지 못하고 삶은 앎에 새로운 깨달음의 원천을 제공해주지 못하고 있다. 학자의 눈으로 연구 대상을 바라본 결과, 현장이나 현실에 존재하는 사실과 진실이 있는 그대로 드러나지 않고 학문적 관점에 따라 다르게 해석되며, 극단적으로는 현실 변화에 도움이 되지 않는 탁상공론卓上空論을 양산하는 역기능을 초래한다. 교육학이 교육과 가까워지고, 사회학이 사회와 친근한 관계를 유지하며, 경영학이 경영에 도움을 제공하고, 경제학이 경제생활을 설득력 있게 설명하고, 지리학이 지리와 가까워지는 가장 확실한 방법은 '학'을 떼는 것이라는 조소에 가까운 비판적 의견도 있다.

공부의 정도는 삶을 매개로 앎이 일어나고 앎을 매개로 삶이 변화되는 정도에 따라 달라진다. 그런데 어느 순간부터 공부는 삶에서 멀어지기 시작했으며 삶 또한 앎과 무관한 상태에서 돌아가기 시작하면서 공부는 무력한 책상 담론으로 전락하고 말았다. 니체가 주장한 "진정한 기독교인들이라면 상당히 오랫동안 기독교 없이 생활할 의무가 있다."는 말을 교육학에 대입해봐도 같은 맥락에서 이해할 수 있다.

"진정한 교육학자라면 상당히 오랫동안 교육학 없이 교육할 의무가 있다."

교육 현상을 과학적 설명과 이론적 탐구 대상으로 생각하기 이전에 진정한 교육의 미래와 미래의 교육이 지금 현장에서 어떤 방식으로 펼

처지고 있는지를 교육학자가 아니라 교육 현장에서 교육을 직접 실천하는 사람의 입장으로 바라볼 필요가 있다. 우리 교육 현장에서 탄생되지 않는 서구 교육학적 이론이 많아질수록 우리가 지향하는 교육 본래의 목적을 실현하는 과정과 그다지 관계가 없는 연구 목적의 변수와 수단이 많아지고 있지는 않은지 생각해봐야 한다. 또한 지금처럼 교육 문제가 상존하고 교육의 위기가 교육의 미래를 암담하게 할 때 교육학은 우리에게 어떤 답을 던져줄 수 있을지도 생각해볼 필요가 있다. 논리적 분석과 이론적 정교화 작업도 중요하지만 공부를 하는 진짜 목적은 공부를 통해서 내가 발을 딛고 서 있는 현실을 더 철저하게 이해하고 지금보다 나은 삶으로 변화시킬 수 있는 방법을 탐색하고 실험하면서 체험적 교훈을 얻는 데 있다.

"학자들은 머리에만 의존해서 논문이라는 작품을 만든다. 그렇게 머리에만 호소하고 가슴을 억압하는 논문은 사람의 마음을 움직이지 못한다. 어렵사리 논문을 읽어가다 보면 고개를 끄덕이게 될 때도 있지만 마음의 문은 좀체 열리지 않는다. 논문을 많이 읽을수록 마음이 메말라가는 느낌이 든다."[136]

공부를 통해서 배워야 할 것은 '지식'이라기보다 자신이 알고 있는 지식을 실천할 수 있는 '용기'다. 이 말은 "대학에서 배워야 할 것은 '진리'가 아니라 '진리를 말할 수 있는 용기'라고 말한 고병권[137]의 주장과 일맥상통한다. 공부를 통해서 배워야 할 것은 만고불변의 진리나 보편타당한 지식보다 내 삶을 위기로부터 건져 올릴 수 있는 지혜다. 지혜는 체험적으로 깨달은 지식에 나의 육감적 통찰력이나 직관적 판단력이 축적되면서 생긴다. 삶의 현장에서 온몸으로 터득한 앎이 다시 실천을 매개로 현장에 적용되는 과정에서 진정한 공부의 문이 열리는 것이다.

"대중적인 요소는 느낌인 반면 항상 앎이나 이해는 아니다. 이에 반해 지식인적 요소는 앎이지만, 항상 이해는 아니며, 특히 느낌은 더더욱 아니다… 지식인의 오류는 이해나 심지어 느낌 및 열정 없이도 알 수 있다고 믿는 데 있다… 즉, 민중의 기본적 열정을 느끼고 이해함이 없이도 지식인일 수 있다고 믿는 데 있다."[138]

현실 속에서 진실을 캐내는 작업보다 책상에서 논리적 근거를 찾아 앎을 구성하는 지식인은 주로 냉철한 이성과 논리적 분석에 의존한다. 그들은 대중들의 상식에 호소하기보다 전문가들만이 알아들을 수 있는 양식에 호소한다.

"상식은 상냥하고 어루만져주는 어투를 사용하지만, 양식은 공식적이고 엄격하고 훈계하는 말투를 사용한다. 상식이 나를 무조건 이해해주는 연인 행세를 한다면, 양식은 냉정한 심사위원과도 같다."[139]

상식에는 대중들의 일상적 지혜가 살아 숨 쉬고 있고 양식에는 소위 공부한 사람들만이 이해할 수 있는 전문 용어들이 숨을 죽이고 있다. 상식에는 대중들의 분노와 절규가 있지만 양식에는 현실 속의 진실이 고급 언어로 무미건조하게 각색되어 있다. 공부를 통해서 습득하는 지식은 상식과 양식을 모두 포함하고 있지만 언제부터인가 공부는 상식과 거리가 먼 양식을 습득하는 골치 아픈 과정으로 인식되고 있다. 주관적 감정이 실종되고 객관적 분석과 논리적 증거로 이루어진 양식을 주식으로 섭취하는 공부가 계속될수록 공부는 현실과 거리를 눈 채 대중을 계몽하고 설교하려는 앎으로 자리를 잡으려고 노력한다. 하지만 열정과 용기, 신념과 철학이 살아 숨 쉬지 않는 지식은 관념의 파편으로 머릿속에 야적될 뿐이다. 이들에게 주관적인 느낌이나 감정은 믿을 수 없는 변덕에 지나지 않는다. 글은 주로 객관적으로 쓰는 것이 가장 논리적이고 높은 설명력을 지닌다고 한다. 하지만 객관적이라는 말 자체가 손님客의 관점觀이라는 뜻이다.

"객관客觀을 뒤집으면 관객觀客이 됩니다."[140]

객관적이라는 말에는 가급적 주인의 관점을 배제하고 손님의 관점에서 바라보라는 의미가 내포되어 있다. 객관적으로 볼수록 관객의 입장으로 전락하고 주관적으로 보기 어려워진다. 혹자는 그래도 인간은 편견을 배제하고 제3자의 입장에서 가급적 객관적으로 바라볼 때 이해타산을 떠나 중립적인 입장에 설 수 있다고 말한다. 하지만 인간에게 객관을 요구하는 것은 심하게 얘기하면 감정을 제거하라는 말과 다름없다. 감정을 갖고 편견과 선입견으로 세상을 바라보는 인간은 본래부터 주관적일 수밖에 없다. 중요한 것은 내 생각도 틀릴 수 있으며, 확고부동하다고 생각하는 나의 주관은 이미 나의 편향적 관심과 체험, 편파적 의견과 이해타산을 향한 욕망으로 얼룩진 편견과 선입견의 산물이라는 점이다. 주관적인 인간이 그나마 객관적일 수 있는 한 가지 방법은 주관적인 사람과 만나는 접점을 만드는 일이다. 소위 주관과 주관이 만날 때 주어진 처지에서 간주관적間主觀的인 입장을 만들어가는 것이다. 어차피 주관적인 인간이 또 다른 주관적인 인간을 만나 허심탄회하고 자유로운 대화를 주고받을 때 비로소 주관의 공통분모가 생긴다. 그 지점에서 인간은 객관적일 수 있다.

공부는 주인의 관점에서 세상을 바라보고 배워나가면서 주체성을 획득하는 과정이다. 살아가면서 부딪히는 다양한 이슈나 문제를 제3자의 입장에서 냉정하게 분석하는 한편, 당사자 입장에서 가슴으로 생각해보고 공감하는 두 가지 능력을 동시에 단련하는 과정이다. 주관적 감정이 없는 객관적 분석은 사실을 기반으로 설명하지만 감동이 없다. 또 객관적 분석이 없는 주관적 감정은 사람을 설득할 수 있지만 논리적 기반이 없어서 오래가지 못한다. 따라서 공부는 주어진 현상을 객관적으로 분석하면서도 동시에 분석된 사실에 대한 주관적 느낌을 실어 시류에 흔들리지 않는 주관을 표현하는 과정이다. 지식에 감정이 담기지 않으면 무미건조해지고 사람들의 마음을 움직일 수 없다.

공부는 언제나 지금 여기서 시작된다. 고전에 대한 탐구도 지금 여기서의 의미를 반추해보면서 오래된 미래를 전망하는 과정이다. 모든 공부는 한 개인의 지적 호기심과 상상력으로 시작하지만 결국 공부가 대중적 설득력을 지니고 공동체적 삶의 기반에 도움이 되기 위해서는 끊임없이 대중적 관심의 깊이로 파고들어가야 한다. 대중과 거리를 두고 객관적으로 탐구하는 동시에 사실적 데이터로 표현되지 않는 이면의 아픔을 가슴으로 공감하는 것이 참된 공부다.

"참된 철학적 운동이란 몇몇 제한된 지식인 집단 사이의 특수한 문화를 창조하는 데 그치는가, 아니면 '상식'보다 우월하며 과학적 정합성을 갖는 사상 형식을 만들어내는 과정에서조차도 결코 '순진한' 대중과의 연관성을 잃지 않고 바로 그 속에서 자신이 참구하고 해결해야 할 과제의 원천을 발견하는 것인가 하는 문제다. 이와 같은 연관성을 잃지 않을 때에야 비로소 철학은 '역사적'인 것이 되며, 한 개인의 지적 호기심을 넘어서는 삶이 되는 것이다."[141]

한 개인의 공부가 대중적인 설득력과 역사적 문제의식으로 발전하기 위해서는 시대가 던져놓은 사회적 이슈의 배경, 그리고 해당 이슈를 움직이는 구조적인 관계나 힘의 원천을 파고들어야 한다. 겉으로 드러난 증상보다 보이지 않는 원인을 파고들며, 밝은 면보다 어두운 그림자 속에 담긴 의미의 정체를 파헤치는 공부가 필요하다.

"작가는 언제나 자신의 시대와 환경을 위기로 인식하는 사람이고 의심하는 사람이다. 불확실한 상황 속에 머무르는 사람이고 경계에 서 있는 사람이며 미아이고 고아일 수밖에 없는 위치에 자신의 자리를 둔 사람이다… 빛보다는 그늘에, 영광보다는 상처에, 승리보다는 패배에, 기쁨보다는 고통 쪽에 자신의 자리를 마련하는 것이 작가의 숙명이다. 글쓰기를 통해 우리의 삶의 심연과 우리를 억압하고 훼손하는 것들의 정체를 드러내며 무심하고 무감각하게 지나치는 것들 앞에 발걸음을 멈추고 주위를 돌아보게 하여 우리가 얼마나 이상한 세계에 살고 있는가를 일깨울 수 있을 뿐이다."[142]

여기 나오는 작가를 공부하는 사람으로 바꿔 읽어도 괜찮다. 공부하는 사람은 삶의 터전을 언제나 위기로 인식하는 사람이고 어제와 다른 의문을 품고 질문을 던지는 사람이다. 언제나 경계에 서서 많은 사람들의 시선이 비껴간 곳을 파헤쳐 그 속에 숨겨진 사연과 배경을 들춰내고 의미를 탐구하는 것이다. 그래서 공부는 타성에 젖어 살아가려는 나태함에 죽비를 내리치며 스스로를 긴장감과 위기감으로 몰아넣는 과정이다.

공부를 많이 한 사람이 공부를 통해서 깨달은 앎대로 실천하지 않으면 지행일치知行一致를 보여주지 못한다고 비난한다. 지행일치는 앎과 삶, 구체적으로 말하면 알고 있는 지식과 실천하는 행동은 일치되어야 한다는 데 있다. 행行 이전에 지知가 먼저라고 생각하는 선지후행先知後行의 입장이다. 앎은 삶과 분리된 상태에서 삶보다 선행한다. 먼저 알지 못하면 행동하기 어렵다는 입장이 바로 지행일치를 주장하는 주자학이다. 이런 면에서 지知는 수단이고 행行은 목적이다. 즉, 지知는 행하기 위한 수단적 지식이다. 앎을 통해 습득하는 지식은 실천적 목적을 달성하기 위한 수단으로 작용하면서 앎과 삶은 더욱 분리되었다.

공부의 정도正道를 지행일치로 해석할 경우는 아는 대로 행동하지 않으면 비난의 대상이 된다. 우리가 이전과 다르게 행동하기 위해서는 이전과 다른 앎이 필요하다는 전제를 갖고 있다. 제대로 행하지 못하는 이유는 제대로 알지 못하기 때문이다. 지행일치를 삶으로 확대, 해석해보면 이전과 다른 삶은 이전과 다른 앎이 확보될 때 가능하다.

그러나 공부의 정도正道는 지행일치의 정도程度가 아니라 지행합일의 정도程度에 따라 결정된다. 공부하는 목적은 알고 난 이후 행동하는 지행일치를 배우는 데 있지 않다. 공부의 목적은 앎이 곧 삶이고 삶이 곧 앎인 지행합일의 정도와 수준을 높이는 데 있다. 이런 지행합일의 철학은 왕양명의 《전습록》에서 배운 것이다.[143] 지행일치의 모순을 비판하고 지행합일을 주장한 사람이 바로 양명학의 창시자 왕양명이다. 지행일치는 말한 다음 행동하는 것이지만 지행합일은 말이 곧 행동이고 행동이 곧 말이다. 진정한 공부는 먼저 안 다음 행동하는 지행일치보다 일상적 삶 속에서 앎을 추구하고, 앎이 곧 삶인 지행합일을 추구한다.

지행합일을 추구하는 공부에서는 알면서도 행하지 않는 것은 아직 알지 못하는 것으로 간주한다. 예를 들면 부모에게 효도해야 된다는 사실을 알면서도 효도하지 않으면 효도에 대해 알고 있는 게 아니라는 것이다. 앎과 행함이 하나의 활동이라는 점을 나는 드럼을 배울 때 깨달았다. 드럼 치는 방법에 관한 책을 보고 기본 박자를 머릿속으로 아무리 외워도 생각대로 손발이 움직이지 않았다. 드럼을 배우면서 내 몸이 어떻게 반응하는지, 특히 머릿속의 뇌 기억brain memory과 몸에 각인되는 근육 기억muscle memory이 어떻게 혼연일체가 되어가는지를 나 스스로 관찰하면서 일기를 쓴 적이 있다. 배우고 익히는 과정은 기본적으로 머리가 관여한다고 생각하지만 머리가 담당하는 기억은 몸이 동반되는 근육 기억으로 각인되지 않는 한 휘발성이 있어서 금방 날아간다. 손가락에 굳은살이 박일 때까지 스틱을 두드리다가 어느새 스틱과 드럼과 내가 일체가 되어 머리가 생각하기 이전에 몸이 기억하면서 무의식적으로 움직이는 수준을 상상해봤다. 근육 기억이 동반되지 않는 뇌 기억만으로는 체화體化되지 않는다. 탁월성은 한두 번의 행동으로 완성되는 게 아니라 반복되는 지루한 습관의 산물이다. 아리스토텔레스의 말이다. 온몸이 관여되는 지루한 반복이자 어제와 다른 반복만이 생각지도 못한 반전을 일으키는 원동력이다.

공부의 정도正道는
영원한 미美완성

공부는 어제와 다른 나를 탄생시키는 혁명이다.

한 사람의 됨됨이는 물론 그 사람의 성격이나 인성을 알아보는 방법은 그 사람이 어떤 공부를 해왔는지를 몇 가지 질문을 통해 물어보는 것이다. 프랑스의 정치가이자 미식가인 브리야 사바랭Jean Anthelme Brillat-Savarin은 《브리야 사바랭의 미식 예찬》[144]에서 이렇게 말했다.

"당신이 무엇을 먹었는지 말해 달라. 그러면 당신이 어떤 사람인지 알려주겠다."

이 말은 '당신이 먹는 것이 곧 당신이다You are what you eat.'로 해석할 수 있다. 마찬가지로 "당신이 어떤 공부를 해왔는지 말해 달라. 그러면 당신이 어떤 사람인지 알려주겠다."는 말로 바꿔 쓸 수 있다. 이 말은 '당신이 공부하는 것이 곧 당신이다You are what you study.'라고 해석할 수 있다. 이처럼 공부는 한 사람이 살아가는 삶과 분리시켜 생각할 수 없다. 공부가 그 사람의 삶이고 그 사람의 삶이 곧 공부가 된다. 공부는 하루 이틀 하고 안 해도 되는 간헐적 활동이 아니라 평생을 통해서 어제와 다른 반복을 거듭해야 하는 지속적인 활동이다. 음식을 하루만 먹고 며칠을 안 먹으면 살아가기 힘든 것처럼 공부도 일정 기간만 하고 그 후에는 하지 않으면 살아가는 과정에서 많은 어려움에 직면한다. 물론 공부를 하지 않고도 살아갈 수 있다. 그때의 살아감은 인간적 실존으로 자신의 존재 이유를 드러내기 위한 몸부림으로 살아가는 게 아니라 생물학적 존재로 목숨을 이어가는 생명의 연장일 뿐이다.

배고픔을 해결해주는 게 음식이라면 뇌의 고픔을 해결해주는 건 지식이다. 배가 고프면 사람들은 음식을 찾지만 뇌가 고프다고 해서 그것을 해결하기 위해 의도적으로 공부를 계속하는 사람은 얼마나 될까. 매일 음식은 먹지만 매일 어제와 다른 공부를 통해 낯선 깨우침을 얻으려는 사람은 많지 않다. 결과적으로 육체적, 생물학적 존재는 살아 있지만 정신적, 실존적 존재는 죽어지내는 것과 마찬가지다.

공부는 내가 살아 있음을 어제와 다른 방법으로 증거하면서 어제와 다른 나를 끊임없이 변신시키는 과정이다. 공부를 멈춘다는 건 나의 실존적 성장과 성숙의 과정을 포기하는 것과 다름없다. 니체에 따르면 진정한 철학자는 영리하고 박식한 현자가 아니라 끊임없이 모험과 시도를 감행하는 달갑지 않은 바보다.[145] 삶을 무대로 부단히 공부하는 사람도 니체가 말한 달갑지 않은 바보에 가깝다. 똑똑하지만 현실 변화에 무력한 현자가 아니라 불가능하다고 생각하는 한계에 무모한 도전을 감행하면서 무수한 실패를 반복하며 배우는 패기 있는 바보인 것이다.

나의 공부도 그것을 왜 해야 하는지 분명한 이유를 알고 시작했다기보다 주어진 여건에서 공부를 할 수밖에 없었고, 그런 공부를 하면서 뒤늦게 그 이유와 의미를 깨달은 무모한 공부가 더 많았다. 내 인생의 공부 여정은 공부가 무엇인지 모르고 뭔가를 배우며 살아오다 먼 훗날 생각해보면 그것이 내가 살아온 삶과 앎이 분리되지 않은 진정한 공부였음을 알게 된 경우도 많다. 본래 깨달음이란 사전에 계획을 세워 일정한 주기별로 공부한다고 찾아오는 게 아니다. 뭔가에 빠져 공부하는 과정에서 자신도 모르게 우연히 찾아온다. 다른 시기에 각각 다른 내용을 공부했지만 어느 순간 그동안 배운 것이 하나로 엮여 서로 무관했던 불확실하고 불확정적인 관계에 긴밀한 구조적 관계가 있음을 뒤늦게 발견하는 것이다. 어떤 공부는 공부하는 과정 그 자체에 매료돼 미친 듯이 하다 그 결과로 얻은 작은 성취감이 또 다른 공부 여정으로 뛰어들게 만드는 촉발점이 되기도 한다.

돌이켜 보면 공부 아닌 것이 없으며 공부하지 않은 시기도 없다. 공부가 일상이고 일상이 곧 공부가 되어 지금의 나를 만들어왔다. 앞으로도 공부는 내 삶을 아름답게 만들어가는 영원한 미美완성의 추동력이 될 것이다. 다행스러운 것은 공부하는 여정에서 나는 수많은 공부의 스승을 만나 앎과 삶이 일치되는 춤을 출 수 있게 되었다는 것이다. 그 스승에는 내 인생을 바꾼 인간적인 스승들과, 나의 앎을 색다르게 수놓은 무수한 자연의 스승, 그리고 위대한 선각자들이 남긴 책이라는 스승이 있었다. "스승을 찾아가는 과정 자체가 이미 훌륭한 공부였다."[146]는 고미숙의 고백처럼 스승 없이 시작한 공부가 스승을 만나 내 삶이 바뀌었고, 나를 찾아가는 공부를 하다 어느 순간 누군가의 스승이 되어가는 공부를 아직도 하고 있다.

"배워서 때때로 익히면 또한 기쁘지 아니한가."

공자가 배움의 즐거움을 말한 구절이다. 이 말은 "배우기만 하고 때때로 익히지 않으면 슬프지 아니한가."로 바꿔서 쓸 수 있다. 배운 내용을 나의 것으로 체화시키는 별도의 노력을 전개하지 않는다면 무용지물이 될 수 있음을 알려주는 말이다. 나아가 공부의 목적은 나의 무지함을 깨우치는 과정일 뿐만 아니라 깨달은 바를 다른 사람과 나누고 공감하는 과정에서 또 한 번 배우는 데 있다.

"배워서 때때로 가르치지 않으면 또한 슬프지 아니한가."

배운 내용을 토대로 자신이 체득한 삶의 교훈을 매개로 다른 사람을 올바른 방향으로 인도하는 스승의 길을 걸어가지 않으면 공부는 다시 무용지물이 될 수 있다.

"우리는 누군가의 제자이면서 동시에 누군가의 스승으로 살아갑니다. 교학상반敎學相伴, 가르치는 일이 또한 배우는 일입니다."

신영복 교수의 말이다. 처음부터 스승인 사람은 없고 언제나 스승인 사람도 없다. 우리는 모두 스승이면서 동시에 끊임없이 공부하는 제자다. 스승이라고 해도 배움을 멈추는 순간 제자에게 존경받을 수 없다. 비록 내가 스승을 모시는 제자일지라도 어떤 분야에 대해서는 스승에게 색다른 관점과 깨달음을 던져줄 수 있는 스승이기도 하다. 스승과 제자의 인간적 믿음과 신뢰의 연대 속에서 실험하고 모색하며 함께 배우고 가르치는 과정이야말로 가장 인간적인 공부가 아닐까?

공부는 시행착오와 우여곡절, 파란만장과 절치부심의 체험을 통해 온몸으로 체득하는, 괴롭지만 즐거운 노동이자 놀이다. 처음에는 어쩔수 없이 할 수밖에 없었던 노동이지만 계속할수록 재미있게 빠져들어 몰입하는 놀이와 같기 때문이다. 노동은 어쩔 수 없이 뭔가를 달성하기 위해서 하는 목적과 수단이 분리된 활동이지만 놀이는 자신도 모르게 빠져드는 목적과 수단이 구분되지 않는 활동이다.

공부의 여정은 처음부터 장미 꽃잎을 뿌려놓은 탄탄대로가 아니다. 공부하는 과정은 언제나 양극단의 스펙트럼에서 희로애락을 온몸으로 경험하면서 터득하고 체화시키는 과정이고, 지난하지만 결과적으로 지적 희열을 맛볼 수 있는 즐거운 과정이다. 공부는 뭔가를 시작해서 끝을 맺는 사이에서 일어나는 변화이자 항상 끝났다고 생각하는 지점에서 다시 시작하는 끝없는 과정이다. 어둠과 밝음 사이를 오가다 우여곡절 끝에 밝은 빛을 찾아 나서는 모험이기도 하다. 공부는 직선의 느낌표를 발견하기 위해 곡선의 물음표를 마음속에 품고 언제 끝날지 모르는 기나긴 여정을 탐색하고 발견하는 과정이다. 답을 발견하겠다는 조급한 마음에 직선으로 달리다 넘어져서 좌절과 절망을 경험할 수도 있겠지만 그 곡선의 궤적을 참고 견디면서 답을 찾는 과정인 것이다.

공부는 오르막과 내리막, 정상과 바닥 사이를 오가며 바닥을 치면 다시 위로 솟구칠 수 있음을 온몸으로 체험하는 과정이다. 바닥을 기어 다니면서 느낀 절절한 체험이 다시 정상을 향해 도전하면서 솟구칠 수 있는 용기이자 패기의 원동력임을 공부를 하면서 깨닫는 것이다. 바닥과 정상을 오르내리면서 바닥보다 더 낮은 밑바닥에서 기다 보면 정상을 정복할 수 있는 힘을 축적하게 된다.

공부는 절망과 희망 사이를 오가면서 연주하는 이중주곡이다. 절망적인 상황에 직면해서도 포기하지 않고 그 속에서 희망의 텃밭을 경작하는 희망 찬가이기도 하다. 공부를 하다 보면 수없이 많은 걸림돌을 만나 넘어진다. 그리고 디딤돌이 얼마나 소중한지 몸소 깨닫게 된다. 왜냐하면 나를 넘어지게 만든 걸림돌도 디딤돌로 바꾸면 전화위복의 기회를 잡을 수 있다는 사실을 체험적으로 깨닫기 때문이다. 공부를 통해서 걸림돌과 디딤돌은 같은 돌임을 비로소 알게 된다. 공부는 혼돈과 질서의 경계를 오가면서 질서도 혼돈이 낳은 자식임을 깨닫는 과정이다. 모든 질서는 혼돈의 복잡함이 낳은 단순함이다. 복잡한 혼돈의 세계에서 일정한 관계와 패턴을 찾아내는 연습이 바로 공부다.

공부의 과정에서는 성공과 실패의 경험을 승화·발전시켜 성공했다고 자만하지 않고 실패했다고 좌절하지 않는 미덕을 배운다. 성공 체험을 통해 자만해지기보다 실패 체험을 통해 겸손해지는 방법을 배울 때 더욱 성장하고 성숙해진다.

이제 지나온 내 삶을 반추해보면서 내가 했던 공부의 목적과 내용과 방법이 내 생각을 어떻게 만들어왔고, 내가 소중하다고 생각하는 가치관과 신념 체계가 어떤 과정을 통해서 형성되어왔으며, 그것이 내 삶을 어떻게 이끌어왔는지를 역추적해보는 역사적 탐험을 해보려고 한다. 지금의 내 생각은 나의 의지와 관계없이 내 생각 속으로 들어와 주인 행세를 하고 있는 타자의 생각이거나[147] 나도 모르게 나에게 설치된 타자의 사유, 즉 나를 구성하고 명령하는 문화적 복합물일 수 있다.[148] 이제까지 살아오면서 나의 의지와 관계없이 내 생각 속으로 들어와 안착한

공부는 직선의 느낌표를 발견하기 위해 곡선의 물음표를 마음속에 품고
언제 끝날지 모르는 기나긴 여정을 탐색하고 발견하는 과정이다.

사회·문화·역사적 복합물들과 내가 공부하면서 의도적으로 형성해온 사유 체계의 내용이 무엇인지를 파헤쳐보려고 한다. 그것이 내가 공부하는 이유이기도 하다.

공부는 내가 누구인지를 탐구하는 과정일 뿐만 아니라 가장 나다운 내가 누구인지, 즉 자기다움을 규명하는 과정이다. 내가 공부해온 역사가 곧 내 생각의 변천사다. 지금 내 생각은 우여곡절의 체험적 깨달음과 살아오면서 만난 수많은 사람들과의 인간관계, 그리고 내가 읽은 책으로 생긴 앎의 합작품이다. 그 생각의 내면을 들여다보는 역사적 추적 여행은 내 인생에서 가장 값진 공부 여행이 될 것이다. 공부를 통해 나는 과거로 되돌아갈 수는 없지만 되돌아볼 수는 있다.[149]

1막 암중모색(기대와 전망):
생각 없는 잠복기

자연을 벗 삼아 뛰놀면서 생태학적 상상력의 터전을 마련할 수 있었던 시절이다. 공부가 무엇인지, 그리고 공부를 왜 하는지 모르는 상태에서 그냥 타고난 머리로 학교를 다녔다. 돌이켜 생각해보면 초등학교와 중학교를 다니는 동안 농사일을 거들면서 자연과 함께 살아가는 농부들의 지혜를 많이 배웠던 것 같다. 자연에서 놀면서 야생 체험을 통해 길들여지지 않는 야성을 쌓을 수 있었고 지금의 지식생태학자가 되는 데 필요한 생태학적 상상력을 배양했다.

내 공부의 첫 스승은 자연이었다. 충북 음성에서 태어나 중학교 졸업할 때까지 내 삶의 터전은 논과 밭, 그리고 들판이었다. 들판에서 뛰놀면서 계절의 변화와 함께 내 몸에 각인된 기운이 야성이고 야망이며 야심이다. 길들여지지 않은 사유, 틀에 박히지 않고 언제나 틀 밖에서 뜻밖의 사유를 즐기는 본성은 야생에서 배운 야성 덕분이다. 쉽게 도전할 수 없는 목표를 설정해놓고 도전할 수 있는 용기와 희망을 배운 원동력은 야생에서 키운 야망 덕분이다. 뭔가를 이루겠다고 뜻을 세우면 쉽게 포기하지 않고 집요하게 물고 늘어지면서 암중모색暗中摸索하는 근성은 야생에서 넘어지고 일어나면서 깨달은 야심 덕분이다. 야성을 배우지 않고 야만으로 빠지거나, 야망을 꿈꾸지 않고 타인이 꾸는 꿈에 야유를 보내며, 야심으로 정면 돌파하지 않고 올바르지 못한 방법으로 꿈을 이루려는 야욕에 휩싸이는 것은 야생에서 야성과 야망과 야심을 올바르게 배우지 못했기 때문이다.

내가 오늘날 지식생태학적 상상력을 품게 된 것도 자연에서 몸으로 겪은 야생 체험이 원동력이다. 눈이 오는 겨울에는 어김없이 야산에 올라가 토끼 사냥을 하고 손수 만든 썰매를 타면서 지냈던 지난 시절의 체험은 공부의 배경이 책이 아니라 자연임을 다시 느끼게 해준다. 계절별로 천지사방에서 자라는 각종 산나물과 칡뿌리와 마를 캐먹었으며, 산딸기, 뽕, 머루, 다래, 도토리, 밤 등도 배고픔을 충족시켜 주었던 중요한 식량자원들이었다. 논에서 진흙을 파내면서 꿈틀거리는 미꾸라지를 잡던 시절, 개울가에서 그물이나 간단한 도구를 활용해 붕어를 비롯하여 피라미, 붕어, 모래무지 등을 잡았던 그 시절이 한없이 그립다. 그뿐인가. 학교 갔다 와서 논밭 농사를 거들면서 농사짓는 일이 얼마나 정직한 승부인지 몸소 알게 되었다. 푸른 벼가 누런 황금들판으로 변해가는 일련의 모습들도 대자연의 섭리를 그대로 보여주는 참으로 아름다운 광경이 아닐 수 없다.

　이제 우리는 자연의 고마움을 단순히 느끼고 감사하는 수준을 넘어서서 자연과 더불어 살아가는 생태학적 삶의 원리를 총체적으로 실천하는 근본적인 의식 전환을 하지 않으면 역으로 인간적 삶을 더 이상 향유할 수 없을 정도가 되었다. 내가 버리는 작은 쓰레기 하나도 환경적으로 많은 피해와 오염을 불러일으킬 수 있다는 생각을 갖고 이를 구체적으로 실천하는 생태학적 상상력이 필요하다. 생태학적 상상력은 세상에 존재하는 모든 생명체 중에 저 홀로 독립적으로 존재하는 것은 아무것도 없다는 관계론적 사유다. 인간이 자연의 모든 생명체보다 우월하다는 인간중심적 사고로 자연을 무한 개발함으로써 오늘날 우리가 겪고 있는 자연재해를 불러왔다. 우리가 자연과 더불어 살아가는 생태학적 상상력을 공부하기 위해서는 이 세상에 존재하는 모든 생명체는 저마다의 살아가는 존재 이유가 있음을 인정하고 우리 모두가 함께 살아가는 생명 공동체의 일원임을 깨달아야 한다. 공부를 통해서 배워야 할 사고의 전환은 인간이 지구상의 모든 생명체 우위에 있다고 여기는 오만한 생각을 버리는 데 있다. 세상은 인간과 자연과 우주, 그리고 그 속에서 살아가는 모든 생명체들이 함께 연주하는 아름다운 교향곡이다. 어느 하나 소중하지 않은 게 없다는 생각, 아무것도 아닌 것은 없다는 생각을 배워나갈 때 모든 생명체는 생태계와 더불어 살아가는 운명 공동체임을 알게 될 것이다. 나의 영원한 스승은 자연이다. 아니, 나 이외에 배움의 원천을 제공해주는 모든 사람과 사물, 그리고 생명체와 그들이 만들어가는 삶이다.

2막 질풍노도(절망과 결단):
대책 없는 방황기

적성과 관계없이 선택한 수도전기공업고등학교에 입학하면서 하고 싶었던 공부 대신에 주야로 용접 실습을 비롯한 다양한 기능 연마로 일관했던 시기다. 의지했던 어머니마저 저세상으로 떠나시고 후배 구타로 인한 무기정학은 학교생활에 설상가상의 위기를 불러왔다. 수업 시간에 배우는 각종 기계나 발전發電 관련 과목은 흥미가 전혀 생기지 않았으며, 대입에 필요한 국영수 과목 수업에도 덩달아 흥미를 잃었다. 학교생활은 하루를 견디기 어려운 지옥과도 같았으며 밤늦게까지 이루어지는 용접 실습은 졸업 최소 요건 수단으로 전락한 지 오래였다. 그나마 언젠가는 대학에 갈 것이라는 막연한 기대감으로 틈틈이 공부한 영어와 수학, 그리고 한자 공부는 나중에 큰 도움이 되었다. 우여곡절 끝에 졸업해서 시작한 직장 생활은 방탕과 방랑의 연속이었다. 그러다 우연히 잡은 고시 체험생 수기집에서 삶의 희망을 건져 올렸지만 그 희망은 또 다른 희망을 위한 기약 없는 절망으로 자리를 잡았다. 몹시 빠르게 부는 바람과 무섭게 소용돌이치는 물결처럼 질풍노도의 시기를 겪으며 우여곡절과 절치부심 끝에 인생의 터닝포인트를 마련했던 시기였다.

고등학교 시절 어머니가 돌아가신 뒤 나는 꽤 오랫동안 방황했다. 하지만 삶에 대한 막연한 희망은 버리지 않았다. 뭔지는 잘 모르지만 이렇게 살아서는 안 되겠다는 생각이 순간순간 머리를 스쳐 지나갔다. 지금 갈피를 못 잡고 방황을 하고 있지만 언젠가는 나도 방향을 잡아야 된다는 막연한 생각이 있었다. 곡선의 방황이 어느 지점을 지나면 직선으로 달릴 수 있는 방향을 잡으리라는 막연한 생각이 오히려 삶의 위안이 되었다. 무료한 시간을 달래기 위해 틈틈이 한자를 공부하고, 영어와 수학 책을 보면서 나도 언젠가는 대학에 가야겠다고 생각했다. 당시 두꺼운 《성문종합영어》와 《수학의 정석》이 나에게는 그 어떤 자기계발서보다 커다란 위로이자 안식처이자 진정제였다. 앞날을 적당히 몰라야 살맛이 나는 법이다. 모든 것을 완벽하게 예측할 수 있다면 앞날에 대한 기대와 호기심, 그리고 애틋한 기다림이 없을 것이다. 곡선으로 적당히 가려져 있는 미지의 세계가 존재해야 내일을 기다리는 설렘이 생긴다. 설상가상의 시련과 역경은 아마도 오늘의 나를 만들기 위한 담금질이었는지 모른다.

나는 고등학교를 다니면서 대부분의 시간을 용접 실습을 하면서 보냈다. 철판과 철판을 붙이는 방법은 여러 가지가 있지만 가장 강력한 방법은 뜨거운 불꽃으로 녹여서 붙이는 용접이다. 용접을 통해서 이질적인 두 가지 아이디어를 융·복합시키는 창조의 원리를 배운 셈이다. 이질적 아이디어가 융합되어 하나의 새로운 아이디어로 탄생하려면 체험적 상상력이라는 촉매제가 필요하다. 누구나 두 가지 이상의 이질적인 아이디어를 엮어낼 수 있지만 남다른 방식으로 융합해서 새로운 아이디어를 내기 위해서는 남다른 체험적 상상력이라는 윤활유가 필요하다.

나름대로 밤늦게까지 준비했던 용접기능사 2급 자격증 첫 시험에서 용접기의 온도 조절 실패로 낙방의 고배를 마셨다. 용접기능사 시험 낙방은 내 인생의 첫 번째 실패로 기록되었다. 실패를 해봐야 이전과는 다른 방법을 시도할 수 있으며 그래야 이전과는 다른 성취를 얻을 수 있다. 길을 가다 넘어지는 것이 실패가 아니라 넘어지고 안 일어나는 것이 실패다. 따라서 실패는 포기하는 순간 시작된다. 위대한 실패일수록 위대한 성취를 가져다준다. 삶은 실패의 연속이기도 하지만, 실패 속에서 새로운 깨달음을 얻는 배움의 과정이기도 하다. 실패의 곡선 속에 번뜩이는 깨달음의 직선이 놓여 있다. 대입학력고사나 다름없는 시험에서 낙방의 고배를 마셨던 당시의 실패 경험은 오히려 체험적 상상력의 중요성을 새삼 깨닫는 계기가 되었다. 온도 조절을 못해서 철판에 뚫린 구멍을 보는 순간 어차피 시험에 떨어졌으니 철판에 구멍이라도 크게 뚫어보자는 각오로 보름달처럼 구멍을 크게 뚫었다. 지금도 철판만 생각하면 보름달이 연상되는 이유는 철판에 보름달처럼 구멍을 크게 뚫어본 체험이 있었기 때문이다. 모든 상상력은 체험적 상상력이라야 이연연상되어 창조로 연결될 수 있음을 체험적으로 깨닫게 된 것이다.

고등학교를 졸업한 후 1981년 평택화력발전소에 입사하여 2년 동안 근무했다. 이때는 회색빛 청춘을 불사르며 대책 없이 방황하면서도 한방에 인생 역전을 하려는 불온한 꿈을 꾸었던 시기다. 전기를 생산하는 발전소 특성상 365일 쉬지 않고 기계를 가동해야 해서 낮과 밤, 평

일과 휴일의 구분 없이 교대 근무를 해야 했다. 당시 나는 매너리즘에 빠져 술과 더불어 고달픈 삶을 토로하며 그럭저럭 살아가고 있었다. 그러던 어느 날 《다시 태어난다 해도 이 길을》[150]과 《고시를 향한 집념》[151]이라는 책을 만나게 되면서 인생이 일대 전환점을 맞게 되었다. 책이 한 사람의 운명을 바꾼다는 말이 그 짝이다. 이 두 권의 책은 고시 합격 체험 수기집이었는데, 그중 한 공고생의 고시 합격 사연을 읽고 '내가 갈 길이 여기 있구나.' 하는 생각을 하였다. 나도 할 수 있다는 생각을 갖게 되었고 그날 이후로 고시 패스를 위한 장기전에 돌입했다. 그런데 막상 공부를 시작하려고 하니 한숨부터 나기 시작했다. 취업을 준비하는 공업계 고등학교를 나온 탓에 영어와 수학은 물론 모든 과목을 독학으로 다시 공부해야 했다. 의지할 스승이라고는 교육방송 수업과 라디오 강의뿐이었다. 일하고 남는 시간에 집에서 그날 방송하는 강의를 듣는 것이 고작이었다.

엄청난 소음으로 돌아가는 집채만 한 발전기 틈새로 들어가서 눈치 보면서 공부했던 기억과 발전소 곳곳을 은신처로 만들어가면서 공부하고 전의를 다지고 열정을 불태웠던 추억이 지금도 생생하다. 시꺼먼 기름때 묻은 책을 희미한 조명등 아래서 들여다보다 불현듯 다가오는 서글픔과 이유 없이 처량해지는 신세에 눈물겨워했던 시절, 그래도 가야만 하는 고지가 있어서 나는 외로운 투쟁을 계속하였다. 왜 그토록 대학을 가려고 갈망했을까? 어쩌면 공고를 졸업하고 직장에 취직했을 때 대학 나왔다고 어깨 힘주고 마구 부려먹는 선배나 상사들에게 품었던 오기일 수 있다. "그래 두고보자."라는 불손한 생각이 대학으로 향하는 나의 마음가짐을 재촉한 건 사실이다. 모든 인간관계를 끊고 책을 통째로 외우다시피 하면서 지냈던 당시의 1년은 내 인생에서 가장 처절하게 공부했던 시기였다. 간절함과 절박함이 사무치면 불같은 열정이 솟구친다는 것을 체험적으로 알게 한 공부였다. 긴 시간의 사투 끝에 학력고사를 보고 나서 깊은 허망감이 밀려온 것은 그동안 노력한 것만큼 시험을 보지 못했다는 좌절감에서 비롯된 것이었을까? 결과적으로 법학과나 행정학과 응시 자격에 필요한 점수가 나오지 못해서 교육 행정고시를 보기 위한 차선을 선택하면서 지금 내가 교수로 재직하고 있는 한양대 교육공학과와의 불길한(?) 인연이 시작되었다.

—

3막 욕파불능(몰입과 집중):
열정적 몰입기

공부가 하고 싶어서 공부에 미쳤던 즐거운 시기다. 방황의 종지부를 잠시나마 찍고 공부하는 재미에 푹 빠져서 삶의 즐거움을 맛보았던 시기, 용기와 결단으로 고시 공부를 그만두고 오늘의 교육공학자가 되기 위한 여정에 열정적으로 몰입한 시기다. 공부의 깊이를 추구하기 위해 대학원에 진학하고 유학까지 가서 주경야독으로 공부하는 고단한 시기를 보냈지만 사실 그 어느 때보다도 행복하게 공부한 시기이기도 했다. 목적 달성을 위한 수단으로서의 공부, 어쩔 수 없이 할 수밖에 없는 노동으로서의 공부가 아니었다. 공부 그 자체가 재미있어서 공부에 빠져서 열정적으로 몰입했다. 공부가 목적이 아니라 공부하는 과정에서 느끼는 즐거움일 때 공부는 그 사람의 삶이 되고 일이 될 수 있음을 몸으로 깨달았다. 공부하는 재미에 빠져서 누가 뭐라고 해도 그만둘 수 없는 욕파불능欲罷不能의 상태로 열정적으로 몰입했던 시기다.

사실 학력고사 점수가 기대보다 낮게 나와서 한참을 망설이다가 법대를 포기하고 행정고시로 선회했고 다시 차선책으로 택한 대안이 교육 행정고시를 보는 것이었다. 이를 위해서 교육학과 교육공학과를 고민하다가 한양대학교 교육공학과를 선택하게 되었다. 이 운명적인 만남이 오늘의 나를 이렇게 만들어놓을 줄 누가 알았을까. 단순히 교육이라는 말이 과명에 포함되어 있다는 것과 교육 행정고시를 보는 데 도움이될 수 있으리라는 막연한 기대감, 그리고 신설학과로서 무엇인가 색다른 느낌이 들어서 선택하게 된 교육공학과가 나로 하여금 평생 동안 교육공학이라는 학문을 매개로 살아가게 하리라고 누가 생각했겠는가. 교육공학과를 별다른 생각 없이 선택했지만 그 세계가 가져다주는 묘미에 빠져서 지금은 교육공학을 벗어나는 학문적 삶을 생각하기 어려울정도로 되어버린 것이 우연일까, 필연일까.

꿈에 그리던 대학에 들어왔지만 이제부터 모든 것을 스스로 책임져야 한다는 중압감을 느끼는 한편 자유분방한 대학 생활에 적응하기가 쉽지 않았다. 고시 공부를 하러 대학에 들어왔지만 학교에서 배우는 과목과 너무 간극이 있어서 심각한 고민과 함께 다시 방황의 늪에 빠져버리고 말았다. 문제는 대학 4년 동안 버틸 수 있는 경제적 여력이었다. 다행히 1학년 1학기 등록금은 성적 우수 장학생으로 선발되어 반액만 내면 되었지만 앞으로가 걱정이었다. 우선 아르바이트를 시작한 곳이 빌딩 야간 경비였다. 낮에는 학교에 가고 밤에 근무하는 아르바이트였다. 빌딩 경비를 그만두고서는 본격적으로 과외를 시작했다. 무조건 일등을 하지 않으면 전액 학비 면제 장학금을 받을 수 없기 때문에 이판사판으로 공부를 했다. 재미있어서 한 것이 아니라 학비를 안 내기 위해서 공부를 했다. 과외로 번 용돈은 생활비를 남겨놓고 보고 싶은 책을 사는 데 상당 부분을 할애했다. 그런데 과외도 언제나 계속되는 게 아니었다. 거의 모든 아르바이트가 끊겨서 그야말로 무일푼이었던 적도 있었다. 끼니 걱정과 학비 걱정, 그리고 진로 걱정에 휩싸여 지내다 1학년 2학기를 마치고 군대에 갔다가 복학하면서 방황에 종지부를 찍고 공부에 몰입하기 시작했다.

군복무를 마치고 다시 돌아온 캠퍼스는 여전히 젊음과 낭만이 곳곳에서 숨 쉬고 있었다. 나는 본격적으로 고시 공부를 하든지, 아니면 잘 알지도 못하는 교육공학을 공부할 것인지 선택의 갈림길에 서 있었다. 고시를 합격한다는 것이 무슨 의미인가? 그것이 나를 행복하게 만드는 것인가? 내가 하지 않으면 마음이 아픈 일, 내가 하면 신나는 일이 무엇인가? 내 안에 잠자고 있는 재능이 원하는 길인가? 공부를 통해서 내가 진정 꾸는 꿈은 무엇인가? 하루에도 수십 번 질문을 던졌고, 내면에서 울려 퍼지는 두드림의 강도는 더욱 강해졌다. 그 고민의 끝자락에서 어느 날 밤 고시 책을 모두 불살라버렸다. 나를 끌고 온 꿈의 원동력은 날아가고 새로운 엔진을 장착한 것이다. 고시 포기는 또 다른 삶의 선택을 의미했다. 그렇게 오랜 고민과 스스로에게 던진 질문 끝에 나는 밤을 새워가면서 책을 읽기 시작했다. 태어나서 처음으로 읽고 싶은 책을 붙잡고 무작정 읽기 시작했다. 공부하는 것이 재미있고 즐거웠다. 무엇을 먹을 것인지보다 어떤 책을 읽을 것인지가 더 고민되기 시작했다. 미래에 대한 꿈은 없었다. 그저 원 없이 공부하고 싶었을 뿐이었다. 그길로 대학원에 진학했다.

공부하는 길로 나의 삶의 방향을 선택한 이상 가장 중요한 것은 내가 왜 공부를 해야 되며 이런 공부를 통해서 궁극적으로 내가 달성하고 싶은 꿈은 무엇인가, 그것이 무슨 의미와 가치가 있는가를 깨닫는 것이었다. 그래서 당시에 다양한 책을 읽으면서 나름대로 정립한 나만의 삶의 방정식을 앎과 삶과 옳음이 모두 승리하는 것이라고 잡아보았다. 앎, 그것은 삶 속에서 옳음을 추구할 때 가치가 있는 것이라고 스스로에게 각인시키기도 했다. 앎의 여정이 삶과 분리되어서는 의미가 없으며, 더욱이 앎의 여정 내내 모든 의사 결정과 가치 판단의 가장 중요한 기준으로 옳음이 추구되고 지향되지 않는다면 그런 앎도 내게는 큰 의미가 없는 것으로 생각하였다. 나름대로의 삶의 방정식을 설정해놓고 이를 해결하기 위한 지적 여정을 학부 수준이지만 치열하게 전개했던 여러 가지 추억이 아련하다. 짧은 순간이지만 공부하는 여정에서 느꼈던 지적 희열은 말로 형언할 수 없는 즐거움이었다. 점차 교육공학을 넘어서 인문사회과학 분야의 책을 읽으면서 바깥에서 교육공학을 바라보는 새로운 관점을 배워나갔다. 또 사회학과와 철학과의 수업을 토대로 비판적 문제의식과 생각하는 힘을 길렀다.

학부 생활을 마치고 공부하는 길로 들어선 나에게 대학원은 새로운 지적 도전이었다. 이 시기는 공부하는 삶이 어떤 의미와 가치가 있는지를 몸소 깨닫는 소중한 체험기였다. 대학원에서의 공부는 지적 호기심을 충족시키기 위해 다양한 분야를 폭넓게 섭렵할 수도 있고, 특정 분야를 깊이 있게 탐구할 수도 있는 절호의 기회였다. 대학원 시절에 나의 지적 호기심을 자극했던 분야는 공학철학에 근거한 교육공학의 학문적 정체성 재정립, 과학철학적 탐구를 통해 방법론에 대한 이해 확산과 이를 기반으로 교육공학을 탐구하는 대안적 연구 방법론을 정립하는 문제, 그리고 인류학적 탐구를 통해 교육공학적 실천이 실천 현장에서 무수히 실패하는 근원적인 이유를 해명하는 문제, 사회학적 탐구를 통해 교육공학적으로 정당화된 신념 체계와 기본 가정을 전면 비판하면서 그 속에 담긴 이데올로기적 성격을 파헤치는 작업 등이었다. 이러한 지적 관심은 지금까지도 여전히 나의 학문적 도전을 기다리고 있다.

이처럼 분야와 관련된 비판적 독서를 하고 관련되는 과목을 다른 과에 가서 수강하거나 청강하면서 이론적 안목을 확산시키고 교육공학적 학문성을 다르게 볼 수 있는 안목을 조금씩 키워나갔다. 관련 논문을 찾아 처음부터 끝까지 완역해보면서 의역과 해석의 요령을 터득했을 뿐만 아니라 해당 논문의 근간이 되는 핵심 단어를 나의 관점에서 재개념화하는 과정을 반복적으로 전개하면서 교육공학, 나아가 인문사회과학 분야에서 자주 쓰이는 핵심 개념의 근본적인 의미를 나름대로 간파할 수 있었으며, 이들 간의 관계에 대해서도 유용한 분류 체계를 만들어나갈 수 있었다. 지금도 그 당시 직접 육필로 정리했던 노트를 간직하고 있는데, 가끔씩 꺼내보면서 당시에 손으로 눌러쓰면서 고민했던 치열함의 흔적을 들여다보곤 한다.

대학원 시절에 생긴 버릇 중 하나는 도서관 정간실에 가서 인문사회, 정치, 경제경영, 문화 등의 분야와 관련된 국내 정기간행물을 주기적으로 훑어보는 것이다. 조금이라도 지적 호기심을 자극하는 자료라고 판단이 들면 무조건 복사해서 다 읽어보거나 속독을 통해서 핵심 주장을 파악해보는 습관을 가졌다. 당시만 해도 인터넷이 일상적으로 쓰이는 시기가 아니었기 때문에 주로 아날로그 텍스트 정보를 통해서 글감을 찾았다. 이렇게 하면서 사회과학적 안목과 통찰력과 인문학적 상상력을 발휘할 수 있는 기반을 닦았다. 영어 잡지나 저널도 빠짐없이 읽으며 지적 추적을 끈질기게 반복적으로 감행하면서 다양한 관점에서 교육공학을 바라볼 수 있는 문제의식을 키워갔다. 이런 지적 방랑의 여정이 나의 글쓰기 작업에 막대한 영향을 끼쳤으며 학문적 문제의식을 정련시키는 데에도 정통 교육공학자와는 다른 시각을 갖게 하는 원동력으로 작용했다. 남의 얘기를 듣거나 읽을 때도 주옥같은 문장은 메모하는 습관을 가졌으며, 그런 말 속에 담긴 저자의 생각과 의도를 되묻고 정리하고 일정한 구조와 형식에 따라서 한 편의 글로 엮어보는 작업도 해보았다. 이런 과정들이 바로 남의 얘기를 나의 지식으로 재탄생시키는 데 결정적으로 중요한 역할을 했다.

앎의 여정에 돌입하면 누군가에게 분명하게 설명할 수 있을 때까지 해당 분야에서 논의되는 주장을 근원적으로 이해하려고 노력하였다. 특정한 이론적 관점이나 방법론적 접근을 대강 알고 넘어가는 것을 나 스스로가 용납하지 않았기에 여러 번 밑줄을 치면서 읽어보고 직접 정리해보는 과정을 반복하곤 했다. 나의 앎의 여정 속에서 "뿌리째 뽑아버리자."라는 다짐으로 근원적인 앎과 투명한 앎을 추구하려고 부단히도 노력했다. 이런 지적 방랑의 여정에서 그동안의 미력한 학문적 성과를 〈대안적 교육공학 연구 방법론에 관한 연구: 자연주의적 탐구를 중심으로〉라는 석사 논문으로 집대성하였다. 이 논문은 참된 앎에 이르는 방법을 철학적으로 해명하려는 야심찬 의욕의 산물이다. 교육공학을 방법론적은 물론 인식론적으로 새롭게 조명함으로써 교육공학의 학문성을 이제까지와는 전혀 다른 방향과 관점에서 비판적으로 논의했다.

대학원을 마치기 전부터 유학 준비를 해왔지만 학비 문제로 내가 가고 싶은 대학을 마음대로 갈 수 없는 상황이었다. 이런 고민의 와중에 결정적으로 도움을 준 분이 바로 나의 영원한 스승인 허운나 교수님이다. 허운나 교수님의 소개로 미국 플로리다 주립대학 장학생으로 선발되어 재정적 부담을 크게 느끼지 않고 유학 생활을 시작할 수 있었다. 영어가 큰 스트레스였지만 다행히도 코스에서 다루는 내용은 이미 접해보았거나 내가 익히 알고 있는 내용이라서 교육공학 프로그램을 듣고 남는 시간을 활용해서 사회학과 철학과, 그리고 질적 연구 방법론을 추가로 청강하면서 다학문적이고 간학문적인 시각을 갖추려고 노력하였다. 코스웍 시간 이외에는 도서관에 들러 새로 나온 인문사회과학 서적과 교육학, 교육공학 관련 저널을 점검했다.

그러다가 우연하게 발견한 것이 《Systems Practices》라는 체제 이론 및 방법론에 관한 저널과 《Design Studies》라는 디자인 관련 저널이다. 이 두 잡지는 일상적 삶 속에서 현상학과 해석학적 체제 이론과 방법론의 효용 가치를 발견하게 해주었고 디자인을 다양한 학문적 관점에서 접목하는 계기를 제공해주었다. 그 이후로 미국산 체제 이론, 즉 실증주의적 체제 이론의 한계와 문제점을 극복할 수 있는 대안적 관점에 몰입하는 공부를 한동안 계속했으며, 그런 와중에 연성 체제 이론을 개발한 영국의 경영학자와 조우하는 계기를 만들 수 있었다.

연구실에서 우연히 발견한 담배 연기 속에서 혼돈의 그림자를 붙잡고 수많은 밤을 지새우며 교육공학의 밖에서 안을 들여다보는 시간을 자주 갖곤 했다. 틀 안에서 나와 내가 공부하는 것을 바라볼 때와 틀 밖에서 나와 내가 공부하는 것을 들여다볼 때의 차이가 생각보다 크다는 점을 깨달았다. 공부는 남들이 당연하다고 생각하는 것, 남들이 보고 있고 볼 수 있는 것을 기존의 눈으로 바라보고 들여다보는 데 있지 않다. 공부는 남과 다른 눈으로 이제까지와는 다른 문제의식으로 무장, 당연한 세계, 물론 그렇다고 생각하는 세상, 원래 그렇다고 치부하는 진리에 끊임없이 시비를 걸면서 남들이 보지 못했고, 볼 수 없었던 것을 보는 부단한 자기 연마의 과정이다.

박사 학위 논문 이전에 보는 종합 시험을 준비하면서 쓰기 시작했던 혼돈 이론 논문은 아직도 대안적인 교육공학에 관심 있는 사람들에게 인용되고 있다. 저명한 학자들의 논문 뒷부분에 내 논문이 참고 문헌으로 들어가 있는 것을 볼 때면 입가에 절로 미소가 지어진다. 그렇게 오랜 시간을 투자해서 힘들게 쓴 논문인 데다가 평소 내가 갖고 있었던 공부에 대한 철학뿐만 아니라 추구하는 삶의 가치관이 녹아들어 있어서 더욱 애정이 간다. 논문 주제를 잡기까지 오랜 시간이 걸렸고, 주제를 잡은 다음 관련 논문 리뷰를 하는 데에는 더욱 많은 시간이 걸렸다. 연구를 의미하는 영어 단어 'research'는 찾아보고search 안 나오면 또 찾아보는search 가운데 가능성을 발견하는 과정이다. 무엇을 연구하는지 모르는 상태에서 하는 것이 연구라고 한다. 처음부터 무엇을 왜 어떻게 연구할지를 뻔히 알고 있다면 연구 과정에서 호기심도 생기지 않을 뿐만 아니라 지적 도전의식도 생기지 않을 것이다.

종합 시험이 끝나면 본격적으로 논문을 쓰기 전에 통과해야 될 또 하나의 관문이 있다. 일종의 박사 학위 논문 계획서를 지도교수에게 확증 받는 단계다. 논문 계획서에는 왜 무엇을 어떻게 쓰려고 하는지가 분명하게 나와 있어야 한다. 유학을 떠나기 전 미리 준비해간 박사 학위 논문 주제와 구조를 염두에 두고 관련 자료를 꾸준히 찾아 정리하는 공부를 했었다. 결과적으로 본래 쓰려고 했던 주제로 학위 논문을 쓰지 못하고 중간에 논문 주제를 바꾸는 우여곡절이 있었다. 당시 지도교수였던 모건Robert M. Morgan 교수님과 수차례 상의를 했다. 본래 쓰려고 했던 논문 주제는 교육공학 분야가 가정하는 철학적 논제를 비판적으로 논의하면서 대안적인 방향을 모색하는 것이었다. 하루는 지도교수가 나를 부르더니 "영만, 논문 주제가 너무 어려워. 이 논문 쓰다가 평생 졸업 못할 수도 있어. 이런 논문은 박사 학위를 받은 다음 평생의 학문적 탐구 주제로 가져가는 것이 좋을 것 같다."라며 진심 어린 충고를 해주었다. 고심 끝에 논문 주제를 바꿨다.

정말 기념비적 박사 논문을 쓰고 싶었지만 지금 생각하면 과욕이었다. 가던 길을 잠시 멈추고 논문 주제를 새롭게 찾아서 다시 시작해야 된다고 생각하니 앞이 캄캄했다. 그렇게 짧은 방황 끝에 잡은 주제가 모건 교수님이 추진 중이던 교육개혁 프로젝트였다. 꼬박 3개월 동안 주야로 새로운 논문 주제와 씨름해야만 했다. 전혀 생각하지 못했던 논문 주제를 잡고 이렇게도 해보고 저렇게도 생각해보는 수많은 시행착오 끝에 어느 날 밤 갑자기 선명하게 떠오르는 순간적 깨달음의 광채가 보였다. 그길로 밤을 낮 삼아서 줄기차게 달려가기 시작했다.

직관은 직선으로 다가오지만 그 직관이 일어나기 전에는 수많은 곡선의 방황과 시행착오의 흔적이 있어야 했다. 공부는 철저하게 물음을 갖고 시행착오를 경험하면서 깨달음을 얻는 과정이다. '불면'의 밤 속에서 '불멸'의 작품이 잉태된다. 처절한 자기와의 싸움으로 만들어진 '얼룩'이 아름다운 작품의 '무늬'로 탄생한다. 쉬지 않고 달려온 지난 10여 년이 주마간산으로 스쳐 지나갔다. '고지가 바로 저기인데 여기서는 멈출 수 없다.'는 자신과의 다짐을 되뇌면서 숱한 밤을 연구실에서 지내지 않았는가? 모두가 잠든 밤, 적막함이 쓸쓸함으로 다가오기 전에 내 정신을 흔들어 깨우면서 고심했던 날을 떠올려봤다. 논문은 생각보다 빠르게 진전되어 결국 3년이 채 안 되는 기간에 비교적 빠른 속도로 박사 학위를 받게 되었다.

꿈에 그리던 박사 학위를 받고 나니 생각보다 허탈감이 컸다. 우여곡절 끝에 대학에 들어온 지 10년 만에 내가 꿈꾸던 박사 학위를 받았지만 그때부터 본격적인 고민이 시작되었다. 이제 나의 관점을 갖고 다양한 이론들을 주체적으로 해석해나가면서 나만의 독자적인 학문 체계를 완성해나가는 긴 공부 여정이 시작된 것이다. 박사 학위는 이제 혼자서 학문의 바다로 나가 스스로 항해하면서 부딪히는 시련과 역경을 견뎌낼 수 있다는 자격증을 의미한다. 지금보다 더 거친 세상의 바다로 나가서 지금까지와는 다른 물음표를 갖고 더 근본적으로 삶의 본질에 대해 묻고 대답하라는 뜻이다.

박사 학위에는 나의 분투노력의 기록뿐만 아니라 내가 공부할 수 있도록 배려해주고 지원해주었던 수많은 은인들의 역사도 담겨 있다. 나 또한 지금은 한양대학교 이사장으로 있는 김종량 교수님, 그리고 유학의 길을 마련해준 허운나 교수님, 박사 과정 내내 물심양면으로 도움을 준 모건 교수님과 학부 시절 따뜻한 사랑을 몸소 베풀어준 권성호 교수님처럼 나의 잠재적 가능성을 발굴해주고 헌신적으로 지도해준 학은 덕분에 박사 학위를 마치고 오늘의 이 자리게 서게 됐다. 하나의 성취는 한 개인의 노력의 결과일 뿐만 아니라 그 성취가 이루어지기까지 직간접적으로 연결된 모든 사람들의 관계가 만들어낸 합작품임을 결코 잊어서는 안 된다.

4막 절차탁마(반성과 성찰):
체험적 각성기

이 시기에는 밤잠을 설치며 기뻐했던 공부의 결과들이 깨달음의 경지로 가기에는 아직도 역부족임을 처절하게 온몸으로 느꼈다. 체험적 공부야말로 공부를 공부답게 만들어가는 또 하나의 소중한 과정임을 알게 된 시기이기도 하다. 책상에서 공부한 관념적 지식의 무력함을 온 몸으로 깨닫는 체험적 각성기였다. 나의 체험적 고통을 통과하지 않는 그 어떤 사상도 내 생각의 깊이로 연결될 수 없음을 현장 체험으로 알게 된 또 다른 공부가 시작됐다. 경영학자와 경영자 사이, 교육학자와 교육자 사이, 그 사이에 존재하는 차이의 본질을 체험적으로 알게 되었다. 아무리 위대한 생각과 아이디어, 좋은 이론과 전략이라고 해도 내 몸이 동반되는 체험적 통찰과 상황적 특수함을 고려하지 않는 일반화는 성급하면서도 위험한 결론일 수 있음을 깨달은 공부 시기다. 옥돌을 자르고 줄로 쓸고 끌로 쪼고 갈아 빛을 내는 절차탁마切磋琢磨처럼 허공에 뜬 관념의 파편을 현실로 끌어내려 구체적인 현장에서 그 의미를 실험하고 모색하면서 갈고닦으며 공부했다. 체험 없는 개념은 관념이고, 관념 없는 체험은 위험하다는 깨달음을 얻고 위대한 창조가 일어나기 위해서는 남다른 체험적 통찰력을 방대한 독서로 얻은 다양한 개념을 조합하는 가운데 일어난다는 점도 배웠다. 이때 몸소 깨우친 현장 공부의 소중함을 나름의 관점과 시각으로 정리하면서 전문 서적과 논문을 쓰기 시작했다.

　박사를 마치고 삼성인력개발원에 근무하면서 체험적으로 깨달은 지적 충격은 박사 과정까지 공부하면서 얻은 깨달음보다 질적으로 훨씬 심도 있었다. 책상에서 공부한 관념적 공부가 복잡하고 역동적으로 변하는 일상의 세계에서 무력하게 무너지고 있음을 다양한 프로젝트 체험을 통해서 깨달았다. 교육학이 교육 앞에서 무력한 이유는 무엇일까? 경영학이 경영 현장에서 진가를 발휘하지 못하는 이유는 무엇일까? 실제 현장 체험을 통해 박사 과정까지 배운 수많은 이론과 다양한 모델, 그리고 방법과 프로세스에 관한 지식이 기대하는 방향대로 현실에서 구현되지 못하는 경험을 하면서 진짜 공부는 현장의 현실과 만나면서 진실을 알아가는 과정임을 깨닫게 되었다. 아무리 위대한 생각과 아이디어라고 할지라도 내가 직접 부딪히며 적용하고 실패하면서 깨닫지 않는 이상 나의 지식으로 체화되기 어렵다는 점을 무수한 실패 체험을 통해서 깨달았다. 알고 있는 내용을 실제로 현장을 대상으로 체험하는 과정에서 다가오는 우연한 깨달음의 축적이 나의 신념과 철학을 담아내는 지식과 지혜가 되어간다는 사실도 깨닫게 되었다.

체험적 느낌이 없는 지식은 체험적 공감대를 형성하기 어렵다. 책상에 앉아서 머리로 이해할 수 있지만 체험하지 않고는 가슴으로 느낄 수 없다. 가슴으로 느낌이 오는 공부야말로 나의 신념과 용기를 불러일으키는 공부가 될 뿐만 아니라 다른 사람에게도 감동적인 체험적 공감대를 형성할 수 있다. 교육학자가 교육 현장을 변화시키는 실천적 학문으로 발돋움하기 위해서는 구체적인 현장을 배경으로 부단히 적용해보는 노력을 게을리해서는 안 된다.

20여 년 전 삼성인력개발원 근무 시절 미국에 출장 가서 우연히 만난 한 석학과의 대화에서 얻었던 영감은 지금도 잊을 수 없는 강렬한 추억으로 남아 있다. 내가 지금 쓰고 있는 지식생태학자라는 퍼스널 브랜딩의 씨앗을 마련하는 계기가 그 당시 만났던 조지 포 박사와의 짧은 대화 덕분이었다. 햇살 좋은 캘리포니아 언덕 위에 있는 그의 집에서 주고받으며 나눴던 대화들이 아직도 기억에 생생하다. 개인과 조직의 변화를 추구하기 위한 생태학적 아이디어와 다양한 학습이론적 안목을 융합, 자기만의 지적 세계를 기반으로 수많은 기업 경영자들에게 안목과 식견을 나눠주는 포 박사와의 우연한 만남은 우연으로 끝나지 않고 공부와 새로운 인연을 맺어가는 계기가 되었다.

"꼭 요란한 사건만이 인생의 방향을 바꾸는 결정적 순간이 되는 건 아니다. 실제로 운명이 결정되는 드라마틱한 순간은 믿을 수 없을 만큼 사소할 수 있다."

영화 〈리스본행 야간열차〉에 나오는 대사다. 캘리포니아 출장길에서 웹사이트를 검색하다 만난 포 박사와의 우연한 인터뷰는 내가 전공한 좁은 울타리를 벗어나 광활한 지적 광맥을 찾아 부단히 탈주하는 영원한 유목적 공부의 시발점이 되었다. 내 인생의 학문적 반경을 생각지도 못한 방향으로 넓혀나갈 수 있도록 도와준 조우遭遇였다. 시골에서 자라면서 기른 생태학적 상상력이 지식과 생태학의 융·복합으로 지식생태학을 탄생시키는 씨앗이 된 것이다.

진실을 발견하기 위해서는 현장으로 내려가야 된다. 지식은 논리적 설명력도 지녀야 되지만 감성적 설득력도 지녀야 된다. 감성적 설득력은 직접 현장에서 실천해본 사람만이 가질 수 있는 자신감이다. 체험적 깨달음을 갖고 있는 사람은 다른 사람의 지식을 기반으로 논리적으로 설명하는 시간을 최소화시킨다. 오히려 자신의 체험적 깨달음을 근간으로 감성적 설득을 시도하면서 의미심장하게 만든다. 논리적으로 설명하면 이해는 가지만 가슴에 와 닿지 않아서 행동으로 옮겨질 가능성이 희박하다. 자신의 체험적 깨달음을 갖고 감성적 설득을 시도하면 상대도 감동을 받고 실제로 행동으로 옮길 가능성도 그만큼 높아진다.

다른 사람의 관념적 지식에 나의 체험적 깨달음과 용기가 추가될 때 사람을 설득할 수 있는 신념이 생긴다. 다양한 현장 경험을 통해서 내가 갖고 있는 보잘것없는 지식에 열정과 깨달음을 추가하는 노력을 게을리한다면 확실한 나의 주관을 다져나가는 데 많은 어려움이 있으리라 생각했다. 현실은 교과서 지식처럼 움직이지 않는다. 박사 지식이 현실 변화에 별로 도움이 되지 않을 수도 있다는 사실, 그리고 책대로 현실이 움직이지 않을 수 있다는 사실도 뼈저리게 깨달았다. 박사博士의 '넓을 박博' 자는 '넓다', '크다', '많다'를 의미하지만, '얇을 박薄'이 될 수 있다는 사실도 현장 경험을 통해서 깨달았다. 시행착오 끝에 깨달은 교훈은 그대로 나의 소중한 체험적 지식이 되었다. 공부는 남다른 도전과 창조, 성공과 실패 속에서 소중한 교훈을 체득하는 과정이다. 박사 과정까지 습득한 지식보다 박사 후 직장에서 온몸으로 체득한 지식이 더없이 소중하다. 가장 값진 깨달음의 실천을 통한 인식이라는 사실과, 실천 없는 인식의 반복은 현실 논리와 거리가 먼 관념적 허구의 집을 구축할 수 있다는 깨달음을 얻은 소중한 체험이었다.

—

5막 일이관지(사유와 통찰):
여전히 공부 중

공부를 할수록 공부할 것이 너무나 많다. 영원히 공부해도 도달할 수 없는 미지의 경지를 바라보며 오늘도 여전히 공부로 시작해서 공부로 하루를 마감한다. 공부가 뭔지를 모르고 공부하다 공부에 미쳐서 공부했지만 그럼에도 여전히 공부가 도대체 무엇인지를 아직도 탐구하며 공부하고 있는 영원한 학생이다. 그래서 학자scholar는 영원히 공부하는 학생student이다. 학자든 학생이든 공부를 멈추는 순간 늙기 시작한다. 공부를 멈춘다는 것은 마음속의 호기심의 물음표가 없어진다는 뜻이다. 호기심의 물음표가 없어지기 시작하면 세상은 이제 공부의 대상이 아니라 당연함에 갇힌 지루한 세계로 전락한다. 나는 출세를 위한 수단으로 공부를 시작하였고, 긴 방황과 우여곡절 끝에 취미이자 직업으로서 공부하는 삶을 살아가는 대학교수이자 작가이며 강연가가 되었다. 오늘도 여전히 책을 읽고 선각자들의 깨달음을 배우고 있으며, 색다른 도전을 통해 지금 여기서의 삶과 다른 미지의 세계로 탐험을 계속하고 있고, 다양한 사람을 만나 그들의 경험으로부터 아직도 배우고 있다. 공부는 영원한 미美완성이다.

삼성에서의 직장 생활을 정리하고 대학교수가 되어 안동대학교로 자리를 옮겼다. 삼성에 입사하면서 최소한 3년, 최대한 5년의 현장 경험을 쌓은 후에 기회가 되면 대학으로 옮겨야겠다고 다짐했는데 좋은 기회가 주어졌다. 가르친다는 것의 본질은 무엇인가? 스승으로서의 교수가 가져야 할 마음 자세와 가야 할 길이 무엇인지를 끊임없이 묻고 또 물었다. 그동안 여러 교수님들로부터 입은 학은을 되돌려 갚는 길이 교수로서 내가 걸어가는 길이라고 생각했다. 처음으로 강단에 선다는 설렘을 안고 안동대학교 교수로 시작한 나는 삼성에서 그동안 실험해본 다양한 아이디어를 정리해보기로 했다. 직장인들을 대상으로 교육 프로그램을 개발하고 강의하며 현장의 변화와 혁신을 모색했던 경험이 대학에서 학생들을 가르치는 데에 소중한 체험으로 작용했다. 새벽까지 책을 읽었던 학부와 대학원, 그리고 유학 시절의 하루 일과를 삼성에 취업하면서 정상적인 일과로 되돌렸지만, 안동대학교에 재직하면서 다시 새벽까지 책을 읽고 아침 일찍 출근하는 일과를 시작했다. 밤 12시까지 책을 읽고 글을 쓰다가 대운동장을 달리고, 다시 돌아와 책상에 앉아서 닥치는 대로 책을 읽고 글을 쓰는 생활을 반복했다. 어둠이 내리기 시작하면 집중력이 더 높아졌다. 한 줄기 빛으로 바위를 가를 정도로 정신이 맑아져서 거침없이 글이 써졌다. "경험은 좋은 글을 쓰는 작가들의 안주인"이라는 레오나르도 다빈치의 말이 생각났다. 그렇게 해서 책을 서너 권 쓰고 나면서부터 본격적인 저술 작업을 시작했다.

먼 길을 돌아온 기분이지만 어디 가서 잠깐 쉬었다가 돌아온 기분이었다. 그렇게 신나게 공부하면서 가르치고 연구하며 재미있게 책을 쓸 수 있는 나의 길을 찾기 위해 먼 길을 돌아왔지만 안동대학교 재직 시절은 참으로 행복한 시절이었다. 굳이 1만 시간의 법칙을 인용하지 않아도 돌이켜 보면 나도 근 10년은 한 우물을 판 것 같다. 하루도 쉬지 않고 줄기차게 달려왔다.

새벽녘까지 책을 읽다가 저자의 메시지에 감동받아 연상되는 아이디어를 정리하기 위해 쉴 새 없이 키보드를 두드려가면서 글을 썼던 그 시절은 전투적 글쓰기의 시간이었다. 그때의 추억은 지금 생각해도 심야에 울려 퍼지는 깨달음의 경작이었다. 그동안 줄기차게 달려온 속도의 페달을 잠시 멈추고 실전 경험을 이론화하기 시작했던 안동에서의 2년 반은 내 인생의 또 다른 의미의 역사였다. 그때의 경험은 가르치고 배우며 연구하는 보람과 가치가 얼마나 소중한 삶인지를 각성케 해준 깨달음의 이정표였다. 지금은 편안한 동쪽, 안동에서의 교수 생활을 마감하고 다시 모교로 돌아와 공부하면서 글을 쓰고 후배들을 가르치는 행복한 삶을 살아가고 있다.

생태계에서 살아가는 수많은 생명체들의 살아가는 원리를 남다른 관심으로 관찰해서 생존과 성장, 그리고 지식 창조의 원리를 파헤치는 전대미문의 지식생태학자이자 익숙한 개념의 낯선 조합과 색다른 개념 임신으로 언제나 새로운 지식을 끊임없이 출산하는 금시초문의 지식산부인과의사, 그리고 즐거운 학습을 통해 건강한 지식이 자연스럽게 창조될 수 있는 색다른 방법을 연구하는 유일무이한 학습건강전문의사, 이것이 바로 내가 추구하는 나의 퍼스널 브랜드다.

앞으로도 대학교수 생활을 하면서 공부를 통해서 만들어내고 싶은 몇가지 목표가 있다. 첫째, 일반인들도 이해하기 쉬운 지식생태학 대중 서적을 써서 생태학적 상상력으로 생명공동체를 건설하는 일이 얼마나 소중한 일인지를 알리고 싶다. 둘째, 지식산부인과학 분야를 개척해서 즐거운 학습을 통해 건강한 지식이 임신, 출산, 양육되는 조건과 다양한 방법을 연구하고, 많은 사람들이 건강한 지식 창조로 행복하고 건강한 삶을 조성하는 데 일익을 담당하고 싶다. 셋째, 즐거운 학습을 방해하는 다양한 원인들을 규명, 병리학적 입장에서 학습 질환을 예방, 진단, 처방할 수 있는 학습 병원과 학습 약국을 설립하고 이를 운영할 학습 의

사와 학습 약사를 위한 자격증 취득 및 관련 교육 과정을 개발하는 프로젝트를 전개할 계획이다. 학습 질환별 예방과 진단, 그리고 처방전을 제공하고 학습 질환별 학습 신약을 개발할 예정이다. 지식생태학자, 지식산부인과의사, 학습건강전문의사가 되는 여정에 공부는 늘 신선한 자극과 함께 색다른 생각을 임신할 수 있게 해준다.

지금까지 공부하는 삶을 사는 동안 도전적인 체험을 즐기고, 다양한 사람을 만나며, 색다른 책을 읽어오면서 내 몸에 각인된 세 가지 메시지가 있다.

첫째, 지성 없는 야성은 야만이고, 야성 없는 지성은 지루하다. 야성은 길들여지지 않는 본성이다. 틀에 박힌 사유에 길들여지면 사물의 본성을 볼 수 있는 눈이 퇴화되거나 무뎌진다. 날카로운 지성과 본질을 파고드는 야성이 만날 때 창조의 불꽃이 튄다.

둘째, 재미없는 의미는 견딜 수 없는 답답함이고, 의미 없는 재미는 참을 수 없는 가벼움이다. 설명으로 이해시키기는 쉽지만 행동하게 만들기는 참으로 어렵다. 체험적 상상력으로 감성적 설득이 이루어질 때 재미있는 이야기가 펼쳐진다.

셋째, 체험 없는 개념은 관념이고, 개념 없는 체험은 위험하다고 선동한다. 체험이 없는 지루한 공부가 공허한 관념을 양산한다. 그렇다고 아무런 개념 없이 무조건 체험을 강조할 경우 위험한 지경에 이를 수 있다. 그래서 나는 지금 여기를 벗어나 낯선 세계인 사하라 사막에서 마라톤을 뛰고 안나푸르나 베이스캠프에 오르며 킬리만자로 등반에 도전하는 삶을 계속하고 있다. 오늘도 어제와 다른 체험적 상상력의 텃밭을 가꾸어나가고 있다. 내가 습득한 개념이 바로 나고, 내가 체험한 깊이와 넓이가 내가 발휘할 수 있는 상상력과 창의력을 지배한다. 우리말을 계속 공부하고 어제와 다른 체험적 도전을 즐기는 이유가 바로 색다른 상상력과 창의력으로 세상을 다르게 보려는 노력이기 때문이다.

나는 공부한다.
고로 행복하다!

공부는 나다움을 드러내기 위한 자기 발견의 과정이자 부단한 자기 변신의 연속이다. 나는 살아가면서 나의 존재를 증명해보이기 위해 세 가지 실존적 축제를 벌이고 있다.

첫째, 읽지 않으면 읽힌다고 말하며 경계를 넘나들며 지독하게 독서 한다. 경계를 넘나들며 읽는 책이 세상을 남다르게 볼 수 있는 원동력 이라고 생각한다. 색다르게 읽어야 남다르게 세상을 읽을 수 있다는 신 념을 갖고 있다. 읽는 사람만이 마음의 밭을 일굴 수 있다. 우연히 만난 책이 한 사람의 운명을 바꿀 수 있다는 신념으로 많은 사람들에게 책을 통해 자신과 세상을 바꾸는 변화의 메시지를 전하고 싶다.

둘째, 쓰지 않으면 쓰러진다는 각오로 분야를 막론하고 열정적으로 글을 쓴다. 많이 읽고 다양한 체험을 하면서 보고 듣고 느낀 점을 색다 르게 쓰는 연습을 게을리하지 않는다. 쓰면 쓰임이 달라진다는 철학을 갖고 있다. 책은 전문 작가만이 쓰는 게 아니라 누구나 자신의 체험을 솔직담백하게 쓰는 과정에서 자신의 생각과 살아가는 이유를 보다 분명하게 공부하게 된다. 쓴다는 것은 단순히 글을 쓰는 것이 아니라 자신의 삶을 쓰는 것이다.

셋째, 의미를 심장에 꽂아 의미심장하게 만드는 감동적인 강연으로 사람들을 도전과 열정, 그리고 어제와 다르게 생각하고 행동할 수 있도록 선동한다. 모범생으로의 삶으로 인도하는 계몽과 설명보다 모험생으로 살아갈 수 있도록 설득과 선동을 하고 싶다. 방법을 가르치기보다 방향을 가리키는 진정한 멘토가 되기 위해 배움을 멈추지 않으려고 한다. 오늘도 어제와 색다른 도전을 즐기고 미지의 세계로의 여행을 즐기며 남다른 도약을 꿈꾸고 있다.

공부는 나의 존재를 드러내는 실존적 축제다

나의 존재를 드러내는 세 가지 실존적 축제는 읽기와 쓰기와 강연하기다. 읽으면서 공부하고, 쓰면서 한 번 더 공부하고, 그리고 강연하면서 청중과 호흡하며 다시 공부한다. 그래서 읽고 쓰면서 강연하기는 별개의 독립적인 활동이 아니라 앎과 삶이 맞물려 돌아가는 과정에서 하모니를 이루는 삼위일체다. 색다르게 읽고 나답게 쓰며 강연하기 위해서는 세 가지 색다른 나만의 색깔이 필요하다.

첫째, 평범한 일상과 체험 속에서 남다른 상상력을 발휘하여 체험적 통찰력을 연마하는 것이다. 나의 체험적 교훈이어야 공감대가 형성되고 다른 사람을 감동시킬 수 있는 원동력이 될 수 있다. 어제와 다른 체험적 도전을 계속하면서 공부하는 이유가 바로 남의 이야기가 아니라 나의 이야기를 들려주기 위해서다.

둘째, 감성적 설득력을 기르는 공부를 꾸준히 하는 것이다. 세상을 움직이는 사람은 논리적 설명을 통해 머리로 이해시키는 사람이 아니라 심장에 의미를 꽂아서 의미심장한 감동을 이끌어내는 사람이다. 의미심장한 감동은 체험적 스토리텔링에서 나온다. 감성적 설득력의 원천은 내가 경험하면서 보고 느낀 나의 이야기다.

마지막으로 체험적 통찰력과 감성적 설득력은 이론적 설명력으로 논리적 근거를 확보할 수 있다. 체험적 통찰력을 근간으로 감성적 설득이 이루어지고 이론적 설명력으로 근거가 제시되면 속수무책이다. 공부는 체험적으로 깨달은 점을 감성적으로 설득하고, 논리적으로 근거를 마련하며 몸과 마음과 머리가 혼연일체가 되어가는 과정이다. 체험적 통찰력, 감성적 설득력, 이론적 설명력은 아리스토텔레스가 수사학의 3대 요소로 들고 있는 에토스, 파토스, 로고스에 해당된다. 에토스는 그 사람의 체험적 통찰력에 비추어 생기는 인간적 신뢰감이다. 체험의 깊이와 넓이를 부단히 심화·확산시키는 공부를 계속해야 되는 이유다. 파토스가 있어야 에토스의 효력이 발휘되며 파토스와 에토스는 로고스의 도움을 받아 비로소 완성된다. 파토스는 몸이고 에토스는 심장이며 로고스는 머리에서 나온다. 체험적 통찰력으로 생기는 에토스와 감성적 설득력으로 생기는 파토스, 그리고 논리적 설명력으로 생기는 로고스는 우리가 공부를 통해서 갈고닦아야 될 영원한 숙제다.

지금 우리가 직면하고 있는 많은 문제는 어느 한 분야의 전문가가 보유하고 있는 지식만으로 해결되지 않는 복잡한 문제다. 우리가 앞으로 더욱 힘써 공부해서 길러야 될 능력은 다양한 전문 지식을 보유한 사람들과 어울려 저마다의 전문성이 융합을 통해 전문 분야를 아우를 수 있는 통합적 지혜다. 저출산, 초고령화 문제나 인공지능을 비롯한 사물인터넷 등 4차 산업혁명의 도래로 이어지는 급변하는 사회 환경을 이해하기 위해서는 전문 지식의 경계와 벽을 넘나들며 새로운 지성으로 무장할 수 있는 공부를 계속해야 한다. 그것이 바로 나의 실존을 이전과 다른 모습으로 부단히 재탄생 또는 변신시키는 공부다.

공부는 영원한 미완성이다

　체인지體仁知는 가슴에서 끝나지 않고 발까지 가는 여행, 다시 말해 변화와 창조로 이어져야 진정한 공부가 이루어진다는 신영복 교수가 《담론》에서 주장한 공부론과 일맥상통하고 있다. 진정한 공부는 머리로 생각한 논리든 가슴으로 느낀 감성이든 구체적인 상황에서 체험적 깨달음으로 갈무리가 되지 않는 이상 나의 지혜로 갈무리되지 않는다고 볼 수 있다. 체험적 느낌이 풍부한 사람이 행복한 사람이다. 행복은 거창한 추상명사가 아니라 일상에서 만날 수 있는 보통명사이자 구체적인 삶에서 실천하는 동사다. 행복한 사람은 그래서 몸을 움직여 체험하면서 느끼고 그것을 자기 것으로 정리하면서 부단히 공부하는 사람이다. 문제는 지나친 논리적 지식의 강조와 체험적 활동의 경시에서 오는

행복한 사람은 쉬지 않고 공부하는 사람이다.

지덕체의 부조화다. 이를 극복하는 한 가지 방법이 바로 체인지體仁知 공부다. 사실 체인지體仁知는 공부는 머리에서 가슴으로 가는 여행이고 다시 가슴에서 발까지 가는 여행이라는 신영복 교수의 말을 뒤집어서 생각한 공부다. 체인지體仁知 공부는 손발을 움직여 가슴으로 느끼는 과 정이고, 다시 가슴에 와 닿은 느낌을 논리적 사유를 통해 정리하는 과 정이다.

행복한 사람은 쉬지 않고 공부하는 사람이다. 공부하는 사람은 마음 속에 호기심의 물음표를 간직하고 미지의 세계를 향해서 부단히 여행 을 떠나는 사람이다. 공부를 멈추는 순간 몸도 마음도 늙기 시작한다. 행복한 사람들의 공통점은 비교적 장기간 지속적인 관심과 애정을 갖 고 뭔가를 꾸준히 공부하는 사람들이라는 점이다. 행복한 사람은 공부 하면서 관심을 갖고 있는 주제에 대해 깊은 애정을 갖고 열정적으로 몰 입하는 과정을 즐기는 사람이다. 행복한 사람은 우선 자기 몸이 말하는 소리를 귀담아들으며 꾸준히 일상에서 자기만이 할 수 있는 운동을 한 다. 대단한 운동이 아니어도 된다. 주기적으로 걷기만 해도 몸과 마음이 건강해진다.

몸이 건강한 사람은 배우고 싶은 욕망도 강하다. 한 가지 분야를 깊 이 파고들며 나이가 들어서도 배우는 즐거움을 잊지 않는다. 몸이 바쁘 게 움직이면 마음은 편안해지고 복잡했던 생각도 말끔하게 정리된다. 건강한 몸이 뒷받침되어야 즐거운 공부를 계속할 수 있으며 즐거운 공 부를 계속할 수 있어야 정신세계도 투명해지고 감정도 자유롭게 조절 할 수 있다. 그래서 공부는 자신이 깊은 관심과 애정을 갖고 동경하는 주제를 파고들며 마침내 해당 분야에서 존경받는 사람이 되기 위한 자기 수양이자 행복한 삶을 만들어가는 활력소다. 공부하는 사람이 행복한 이유는 공부를 할수록 공부를 통해 깨닫는 의미와 공부하는 과정에서 느끼는 재미가 함께 어우러지기 때문이다. 공부는 의미를 찾아가는 삶을 통해 재미를 동반하는 과정이며 그것이 곧 행복한 삶이다. 공부는 영원히 완성할 수 없지만 어제와 다른 의미 있는 차이를 반복하는 재미 있는 축제다.

세상에서 가장 즐거운 기쁨 중의 하나는 공부를 통해서 새로운 세계를 알아가는 것이고 미지의 세계로 들어가는 질문을 통해 깨닫는 즐거움이다. 세상에서 가장 불행한 사람은 더 이상 배울 게 없다고 생각하고 배움을 멈춘 사람이다. 학교 다니면서 배운 지식으로 사회생활에 필요한 지혜를 발휘할 수 없다. 오히려 배움을 과거 그 어느 때보다도 더 꾸준히 지속적으로 전개하지 않으면 과거의 틀에 갇혀 현재를 살지만 미래를 내다보지 못하며 현실에 안주하거나 과거로 퇴보할 수밖에 없다. 이전에 경험해보지 못한 새로운 문제나 위기가 발생해도 공부를 계속하지 않는 사람들은 기존 지식과 경험으로 판단하고 쉽게 결론을 내버리려는 안이함에 젖어 살아간다.

공부는 빠져서 몰입할수록 모르는 게 많다는 것을 알게 되는 깨달음의 과정이다. 공부는 하면 할수록 더욱 무지함을 깨닫게 되면서 나를 초라하게 만드는 장본인이기도 하다. 공부를 계속하는 사람은 그럼에도 불구하고 자신의 무지함과 한계를 극복하기 위해 어제와 다른 방법으로 오늘을 살아가려고 노력한다. 공부를 계속하는 사람은 지금까지 살아온 세상보다 앞으로 살아갈 세상이 훨씬 의미 있고 보람찰 것이라는 믿음을 갖고 있다. 공부하는 사람들은 지금 알고 있는 세상보다 더 멋진 미지의 세계로 향하는 호기심과 탐구욕을 불태운다.

이제 더불어서 행복한 삶의 공동체를 만들어가기 위한 공부 여정으로 독자 여러분을 초대하며 공부의 정도에 이르는 탐구 여행을 잠시 멈추고 또 다른 공부 여행을 준비하려고 한다. 망치로 깨뜨린 생각의 고치 위에 새로운 가치의 열매가 맺히기를 기원한다.

| 각주 |

1 유홍준,《나의 문화유산답사기 1권》(파주: 창비, 2011).

2 공자,《논어》, 김형찬 옮김(서울: 홍익출판사, 2016).

3 이성복,《네 고통은 나뭇잎 하나 푸르게 하지 못한다》(파주: 문학동네, 2001).

4 마르틴 하이데거,《존재와 시간》, 이기상 옮김(서울: 까치, 1998).

5 질 들뢰즈,《프루스트와 기호들》, 서동욱, 이충민 옮김(서울: 민음사, 2004).

6 질 들뢰즈,《차이와 반복》, 김상환 옮김(서울: 민음사, 2004).

7 클로드 레비스트로스,《야생의 사고》, 안정남 옮김(파주: 한길사, 1996).

8 아리스토텔레스,《니코마코스 윤리학》, 강상진, 김재홍, 이창우 옮김(서울: 길, 2011).

9 유영만,《브리꼴레르》(파주: 쌤앤파커스, 2013).

10 오마에 겐이치,《지식의 쇠퇴》, 양영철 옮김(서울: 말글빛냄, 2009).

11 오마에 겐이치,《난문쾌답》, 홍성민 옮김(서울: 흐름출판, 2012).

12 질 들뢰즈,《차이와 반복》, 김상환 옮김(서울: 민음사, 2004), pp.72-73.

13 질 들뢰즈, 위의 책, p.73.

14 강신주,《철학 삶을 만나다》(서울: 이학사, 2006).

15 마르틴 하이데거, 앞의 책.

16 질 들뢰즈,《프루스트와 기호들》, 서동욱, 이충민 옮김(서울: 민음사, 2004).

17 성백효,《현토완역 논어집주》(서울: 전통문화연구회, 2010).

18 신영복,《감옥으로부터의 사색》(파주: 돌베개, 1998), p.277.

19 정희진,《정희진처럼 읽기》(서울: 교양인, 2014), p.278.

20 김영민,《김영민의 공부론》(서울: 샘터, 2010), pp.40-41.

21 유영만,《생각사전》(서울: 토트, 2014).

22 조엘 오스틴,《긍정의 힘》, 정성묵 옮김(서울: 두란노, 2005), p.47.

23 신영복,《처음처럼》(파주: 돌베개, 2016), p.263.

24 김용옥, "공부란 몸, 그 인격 전체를 닦는 것이다", (《한겨레신문》, 2014. 6. 17.).

25 이원석,《공부란 무엇인가》(서울: 책담, 2014), p.41.

26 김영민, 앞의 책, pp.40-41.

27 김영민, 앞의 책, p.48.

28 조광제,《몸의 세계, 세계의 몸》(서울: 이학사, 2004).

29 정채봉,《날고 있는 새는 걱정할 틈이 없다》(서울: 샘터, 2004), p.151.

30 신영복,《처음처럼》(파주: 돌베개, 2016), pp.195-196.

31 신영복,《담론》(파주: 돌베개, 2015).

32 Sara H. Konrath, Edward H. O'Brien, and Courtney Hsing, "Changes in dispositional empathy in American college students over time: A meta-analysis", *Personality and Social Psychology Review*, 15(2)(SAGE Publications, 2011), pp.180-198.

33 수전 손택,《타인의 고통》, 이재원 옮김(서울: 이후, 2004).

34 구본권,《로봇 시대, 인간의 일》(서울: 어크로스, 2015).

35 구본권, 위의 책.

36 수전 손택, 앞의 책.

37 수전 손택, 앞의 책.

38 정여울,《공부할 권리》(서울: 민음사, 2016), p.133.

39 강신주,《강신주의 감정수업》(서울: 민음사, 2013), p.23.

40 김형경,《사람풍경》(고양: 예담, 2006), p.332.

41 클라우스 슈밥,《클라우스 슈밥의 제4차 산업혁명》, 송경진 옮김(서울: 새로운현재, 2016).

42 성백효, 앞의 책.

43 김영민, 앞의 책.

44 김영민, 앞의 책, p.27.

45 구본권, 앞의 책.

46 구본권, 앞의 책.

47 프리드리히 니체,《즐거운 학문, 메시나에서의 전원시, 유고》, 안성찬 옮김(서울: 책세상, 2005), p.302.

48 왕양명,《전습록 1(제2판)》, 한정길, 정인재 옮김(서울: 청계, 2007).

49 왕양명,《전습록 2(제2판)》, 한정길, 정인재 옮김(서울: 청계, 2007).

50 레프 톨스토이,《세 가지 질문》, 장영재 옮김(서울: 더클래식, 2016), p.73.

51 일리야 프리고진, 이사벨 스텐저스,《혼돈으로부터의 질서》, 신국조 옮김(파주: 자유아카데미, 2011).

52 유발 하라리,《사피엔스》, 조현욱 옮김(파주: 김영사, 2015).

53 정진홍,《완벽에의 충동》(파주: 21세기북스, 2006), p.303.

54 구본권,《당신을 공유하시겠습니까?》(서울: 어크로스, 2014).

55 구본권, 위의 책.

56 W. Samuelson, Richard J. Zeckhauser, "Status quo bias in decision making", *Journal of Risk and Uncertainty, 1*(Springer US, 1988), pp.7-59.

57 Brian W. Arthur, *Increasing returns and path dependence in the economy*(Ann Arbor, Michigan: University of Michigan Press, 1994).

Paul A. David, "*Path dependence, its critics and the quest for 'historical economics'*", *Evolution and path dependence in economic ideas: Past and present*(Cheltenham, England: Edward Elgar Publishing, 2001).

58 데이비드 포스터 월리스,《이것은 물이다》, 김재희 옮김(서울: 나무생각, 2012).

59 짐 콜린스,《좋은 기업을 넘어 위대한 기업으로》, 이무열 옮김(파주: 김영사, 2005).

60 노명우,《세상물정의 사회학》(파주: 사계절, 2013), p.245.

61 유영만,《나는 배웠다》(서울: 서울문화사, 2015).

62 공자, 앞의 책.

63 진중권,《진중권의 미학 오디세이 작가노트》(서울: 휴머니스트, 2004), pp.51-52.

64 질 들뢰즈. 펠릭스 가타리,《천 개의 고원》, 김재인 옮김(서울: 새물결, 2001).

65 요한 하위징아,《호모 루덴스》, 이종인 옮김(고양: 연암서가, 2010).

66 강신주,《철학 삶을 만나다》(서울: 이학사, 2006).

67 파블로 네루다,《질문의 책》, 정현종 옮김(파주: 문학동네, 2013), p.95.

68 마르셀 프루스트,《잃어버린 시간을 찾아서(전6권)》, 김희영 옮김(서울: 민음사, 2012).

69 강신주,《철학적 시 읽기의 괴로움》(파주: 동녘, 2011).

70 서광원,《살아 있는 것들은 전략이 있다》(파주: 김영사, 2014), p.12.

71 리처드 바크,《갈매기의 꿈》, 신현철 옮김(서울: 현문미디어, 2007), p.116.

72 프리드리히 니체,《차라투스트라는 이렇게 말했다》, 정동호 옮김(서울: 책세상, 2000).

73 고병권,《다이너마이트 니체》(서울: 천년의상상, 2016).

74 고병권, 위의 책.

75 정민 외,《살아 있는 한자 교과서 1》(서울: 휴머니스트, 2004).

76 이외수,《글쓰기의 공중부양》(서울: 해냄, 2007).

77 신영복,《처음처럼》(파주: 돌베개, 2016).

78 SERI CEO 콘텐츠팀,《삼매경三魅境》(서울: 삼성경제연구소, 2011), p.37.

79 권민,《유니타스 브랜드 Vol. 15: 브랜드 직관력》(서울: 유니타스브랜드, 2010), p.35.

80 강신주,《철학이 필요한 시간》(파주: 사계절, 2011).

81 박웅현,《다시, 책은 도끼다》(서울: 북하우스, 2016), p.61.

82 니코스 카잔차키스,《영국 기행》, 이종인 옮김(파주: 열린책들, 2008), p.128.

83 김훈,《라면을 끓이며》(파주: 문학동네, 2015), pp.175-176.

84 정수복,《책에 대해 던지는 7가지 질문》(서울: 로도스, 2013).

85 정희진,《정희진처럼 읽기》(서울: 교양인, 2014), p.36.

86 유영만,《지식생태학》(서울: 삼성경제연구소, 2006).

87 유영만, 위의 책.

88 진중권,《진중권의 미학 오디세이 2(20주년 기념판)》(서울: 휴머니스트, 2014).

89 유영만,《브리꼴레르》(파주: 쌤앤파커스, 2013), p.168.

90 고병권,《생각한다는 것》(서울: 너머학교, 2010).

91 신영복,《담론》(파주: 돌베개, 2015).

92 유영만, 유지성,《울고 싶을 땐 사하라로 떠나라》(파주: 쌤앤파커스, 2013).

93 알렉산드라 호로비츠,《개의 사생활》, 구세희 외 4인 옮김(파주: 21세기북스, 2011).

94 알렉산드라 호로비츠,《관찰의 인문학》, 박다솜 옮김(서울: 시드페이퍼, 2015).

95 알렉산드라 호로비츠, 위의 책.

96 Jacob von Uexküll, *A foray into the worlds of animals and humans: with a theory of meaning(Posthumanities)* (Minneapolis, MN: Univ Of Minnesota Press, 2010).

97 유영만,《체인지體仁知》(서울: 위너스북, 2012), p.189.

98 남충식,《기획은 2형식이다》(파주: 휴먼큐브, 2014).

99 프랑수아즈 사강,《브람스를 좋아하세요》, 김남주 옮김(서울: 민음사, 2008), p.44.

100 정희진, 앞의 책, p.45.

101 정희진, 앞의 책, p.266.

102 스튜어트 에이버리 골드,《핑!》, 유영만 옮김(파주: 웅진윙스, 2006).

103 틱낫한,《화(개정판)》, 최수민 옮김(서울: 명진출판사, 2013), p.176.

104 정희진,《페미니즘의 도전(개정판)》(서울: 교양인, 2013), pp.276-277.

105 니코스 카잔차키스,《일본·중국 기행》, 이종인 옮김(파주: 열린책들, 2008), p.248.

106 장석주,《글쓰기는 스타일이다》(서울: 중앙북스, 2015).

107 헤더 리치, 로버트 그레이엄,《창의적인 글쓰기의 모든 것》, 윤재원 옮김(서울: 베이직북스, 2009).

108 은유,《글쓰기의 최전선》(서울: 메멘토, 2015), p.9.

109 은유, 위의 책, p.68.

110 장석주, 앞의 책, p.194.

111 유시민,《유시민의 글쓰기 특강》(파주: 생각의길, 2015), p.260.

112 오스틴 클레온,《훔쳐라, 아티스트처럼》, 노진희 옮김(서울: 중앙북스, 2013), pp.15-17.

113 고미숙,《공부의 달인 호모 쿵푸스》(서울: 북드라망, 2012), pp.130-140.

114 유영만,《체인지體仁知》(서울: 위너스북, 2012).

115 윤석철,《삶의 정도》(고양: 위즈덤하우스, 2011). 감상실은 본래 윤석철 교수의《삶의 정도》에 나오는 감수성, 상상력, 탐색 시행이라는 말을 변용하여 만든 아이디어임을 밝혀둔다.

116 스티븐 나흐마노비치,《놀이: 마르지 않는 창조의 샘》, 이상원 옮김(서울: 에코의 서재, 2008).

117 스티븐 나흐마노비치, 위의 책, pp.104-112.

118 크리스토퍼 차브리스, 대니얼 사이먼스,《보이지 않는 고릴라》, 김명철 옮김(파주: 김영사, 2011).

119 아리스토텔레스, 앞의 책.

120 주철환,《청춘》(서울: 춘명, 2010), p.63.

121 다니엘 핑크,《Drive》, 김주환 옮김(서울: 청림출판, 2011).

122 유영만,《유영만의 청춘경영》(서울: 새로운 제안, 2015), p.184.

123 켄 로빈슨, 루 애로니카,《엘리먼트》, 승영조 옮김(서울: 승산, 2010).

124 마커스 버킹엄, 도널드 클리프턴,《위대한 나의 발견 강점 혁명》, 박정숙 옮김(서울: 청림출판, 2005).

125 하워드 가드너,《다중지능》, 문용린, 유경재 옮김(파주: 웅진지식하우스, 2007).

126 아리스토텔레스, 앞의 책.

127 윤구병 외 6인,《그대 아직도 부자를 꿈꾸는가》(서울: 양철북, 2011).

128 아리스토텔레스, 앞의 책.

129 공자,《논어》, 김원중 옮김(파주: 글항아리, 2012).

130 피에르 부르디외,《구별짓기(상)》, 최종철 옮김(서울: 새물결, 2005).

131 피에르 부르디외,《구별짓기(하)》, 최종철 옮김(서울: 새물결, 2005).

132 노나카 이쿠지로, 가쓰미 아키라,《생각을 뛰게 하라》, 양영철 옮김(서울: 흐름출판, 2012).

133 문성환,《전습록, 앎은 삶이다》(서울: 북드라망, 2012).

134 고병권,《살아가겠다》(서울: 삶창, 2014).

135 고병권,《추방과 탈주》(서울: 그린비, 2009), p.161

136 정수복,《응답하는 사회학》(서울: 문학과지성사, 2015), pp.129-130.

137 고병권,《살아가겠다》(서울: 삶창, 2014), pp.59-60.

138 안토니오 그람시,《그람시의 옥중수고 2》, 이상훈 옮김(서울: 거름, 1999), p.283.

139 노명우, 앞의 책, p.29.

140 신영복,《담론》(파주: 돌베개, 2015), p.278.

141 안토니오 그람시, 앞의 책, p.170.

142 김우창, 〈내 안에 드리운 전쟁의 그림자(오정희)〉,《평화를 위한 글쓰기》, (서울: 민음사, 2006), pp.307-308.

143 지행일치와 지행합일의 개념은 다음 책을 참고하기 바란다.
   김세정,《왕양명의 전습록 읽기》(서울: 세창출판사, 2014).
   문성환,《전습록, 앎은 삶이다》(서울: 북드라망, 2012).
   왕양명,《전습록 1(제2판)》, 한정길, 정인재 옮김(서울: 청계, 2007).
   왕양명,《전습록 2(제2판)》, 한정길, 정인재 옮김(서울: 청계, 2007).

144 장 앙텔므 브리야 사바랭,《브리야 사바랭의 미식 예찬》, 홍서연 옮김(서울: 르네상스, 2004).

145 프리드리히 니체,《선악의 저편·도덕의 계보》, 김정현 옮김(서울: 책세상, 2002).

146 강명관 외 30인, 〈공부하거나 존재하지 않거나〉, 《공부의 즐거움》(고양: 위즈덤하우스, 2006), pp.57-64.

147 홍세화, 《생각의 좌표》(서울: 한겨레출판, 2009).

148 강명관 외 30인, 〈공부는 즐거운 창조다〉, 《공부의 즐거움》(고양: 위즈덤하우스, 2006), pp.183-190.

149 강명관 외 30인, 〈어느 날 철학이 내게로 왔다〉, 《공부의 즐거움》(고양: 위즈덤하우스, 2006), pp.211-218.

150 고시연구사 편집부, 《다시 태어난다 해도 이 길을》(서울: 고시연구사, 2013).

151 한상범, 《고시를 향한 집념》(서울: 법지사, 1990).

- 강명관 외 30인,《공부의 즐거움》(고양: 위즈덤하우스, 2006).
- 강신주,《강신주의 감정수업》(서울: 민음사, 2013).
- 강신주,《철학 삶을 만나다》(서울: 이학사, 2006).
- 강신주,《철학이 필요한 시간》(파주: 사계절, 2011).
- 강신주,《철학적 시 읽기의 괴로움》(파주: 동녘, 2011).
- 고미숙,《공부의 달인 호모 쿵푸스》(서울: 북드라망, 2012).
- 고병권,《다이너마이트 니체》(서울: 천년의상상, 2016).
- 고병권,《살아가겠다》(서울: 삶창, 2014).
- 고병권,《생각한다는 것》(서울: 너머학교, 2010).
- 고병권,《추방과 탈주》(서울: 그린비, 2009).
- 고시연구사 편집부,《다시 태어난다 해도 이 길을》(서울: 고시연구사, 2013).
- 공자,《논어》, 김원중 옮김(파주: 글항아리, 2012).
- 공자,《논어》, 김형찬 옮김(서울: 홍익출판사, 2016).
- 구본권,《당신을 공유하시겠습니까?》(서울: 어크로스, 2014).
- 구본권,《로봇 시대, 인간의 일》(서울: 어크로스, 2015).
- 권민,《유니타스 브랜드 Vol. 15: 브랜드 직관력》(서울: 유니타스브랜드, 2010).
- 김세정,《왕양명의 전습록 읽기》(서울: 세창출판사, 2014).
- 김영민,《김영민의 공부론》(서울: 샘터, 2010).
- 김용옥, "공부란 몸, 그 인격 전체를 닦는 것이다"(《한겨레신문》, 2014. 6. 17.).
- 김우창,《평화를 위한 글쓰기》(서울: 민음사, 2006).
- 김형경,《사람풍경》(고양: 예담, 2006).
- 김훈,《라면을 끓이며》(파주: 문학동네, 2015).
- 남충식,《기획은 2형식이다》(파주: 휴먼큐브, 2014).
- 노나카 이쿠지로, 가쓰미 아키라,《생각을 뛰게 하라》, 양영철 옮김(서울: 흐름출판, 2012).
- 노명우,《세상물정의 사회학》(파주: 사계절, 2013).
- 니코스 카잔차키스,《영국 기행》, 이종인 옮김(파주: 열린책들, 2008).
- 니코스 카잔차키스,《일본·중국 기행》, 이종인 옮김(파주: 열린책들, 2008).
- 다니엘 핑크,《Drive》, 김주환 옮김(서울: 청림출판, 2011).
- 데이비드 포스터 월리스,《이것은 물이다》, 김재희 옮김(서울: 나무생각, 2012).
- 레프 톨스토이,《세 가지 질문》, 장영재 옮김(서울: 더클래식, 2016).

- 리처드 바크,《갈매기의 꿈》, 신현철 옮김(서울: 현문미디어, 2007).
- 마르셀 프루스트,《잃어버린 시간을 찾아서(전6권)》, 김희영 옮김(서울: 민음사, 2012).
- 마르틴 하이데거,《존재와 시간》, 이기상 옮김(서울: 까치, 1998).
- 마커스 버킹엄, 도널드 클리프턴,《위대한 나의 발견 강점 혁명》, 박정숙 옮김(서울: 청림출판, 2005).
- 문성환,《전습록, 앎은 삶이다》(서울: 북드라망, 2012).
- 박웅현,《다시, 책은 도끼다》(서울: 북하우스, 2016).
- 서광원,《살아 있는 것들은 전략이 있다》(파주: 김영사, 2014).
- 성백효,《현토완역 논어집주》(서울: 전통문화연구회, 2010).
- 수전 손택,《타인의 고통》, 이재원 옮김(서울: 이후, 2004).
- 스튜어트 에이버리 골드,《핑!》, 유영만 옮김(파주: 웅진윙스, 2006).
- 스티븐 나흐마노비치,《놀이: 마르지 않는 창조의 샘》, 이상원 옮김(서울: 에코의 서재, 2008).
- 신영복,《감옥으로부터의 사색》(파주: 돌베개, 1998).
- 신영복,《담론》(파주: 돌베개, 2015).
- 신영복,《처음처럼》(파주: 돌베개, 2016).
- 아리스토텔레스,《니코마코스 윤리학》, 강상진, 김재홍, 이창우 옮김(서울: 길, 2011).
- 안토니오 그람시,《그람시의 옥중수고 2》, 이상훈 옮김(서울: 거름, 1999).
- 알렉산드라 호로비츠,《개의 사생활》, 구세희 외 4인 옮김(파주: 21세기북스, 2011).
- 알렉산드라 호로비츠,《관찰의 인문학》, 박다솜 옮김(서울: 시드페이퍼, 2015).
- 오마에 겐이치,《난문쾌답》, 홍성민 옮김(서울: 흐름출판, 2012).
- 오마에 겐이치,《지식의 쇠퇴》, 양영철 옮김(서울: 말글빛냄, 2009).
- 오스틴 클레온,《훔쳐라, 아티스트처럼》, 노진희 옮김(서울: 중앙북스, 2013).
- 왕양명,《전습록 1(제2판)》, 한정길, 정인재 옮김(서울: 청계, 2007).
- 왕양명,《전습록 2(제2판)》, 한정길, 정인재 옮김(서울: 청계, 2007).
- 요한 하위징아,《호모 루덴스》, 이종인 옮김(고양: 연암서가, 2010).
- 유발 하라리,《사피엔스》, 조현욱 옮김(파주: 김영사, 2015).
- 유시민,《유시민의 글쓰기 특강》(파주: 생각의길, 2015).
- 유영만,《나는 배웠다》(서울: 서울문화사, 2015).
- 유영만,《브리꼴레르》(파주: 쌤앤파커스, 2013).
- 유영만,《생각사전》(서울: 토트, 2014).
- 유영만,《유영만의 청춘경영》(서울: 새로운 제안, 2015).
- 유영만,《지식생태학》(서울: 삼성경제연구소, 2006).
- 유영만,《체인지體仁知》(서울: 위너스북, 2012).

- 유영만, 유지성,《울고 싶을 땐 사하라로 떠나라》(파주: 쌤앤파커스, 2013).
- 유홍준,《나의 문화유산답사기 1권》(파주: 창비, 2011).
- 윤구병 외 6인,《그대 아직도 부자를 꿈꾸는가》(서울: 양철북, 2011).
- 윤석철,《삶의 정도》(고양: 위즈덤하우스, 2011).
- 은유,《글쓰기의 최전선》(서울: 메멘토, 2015).
- 이성복,《네 고통은 나뭇잎 하나 푸르게 하지 못한다》(파주: 문학동네, 2001).
- 이외수,《글쓰기의 공중부양》(서울: 해냄, 2007).
- 이원석,《공부란 무엇인가》(서울: 책담, 2014).
- 일리야 프리고진, 이사벨 스텐저스,《혼돈으로부터의 질서》, 신국조 옮김(파주: 자유아카데미, 2011).
- 장석주,《글쓰기는 스타일이다》(서울: 중앙북스, 2015).
- 장 앙텔므 브리야 사바랭,《브리야 사바랭의 미식 예찬》, 홍서연 옮김(서울: 르네상스, 2004).
- 정민 외,《살아있는 한자 교과서 1》(서울: 휴머니스트, 2004).
- 정수복,《응답하는 사회학》(서울: 문학과지성사, 2015).
- 정수복,《책에 대해 던지는 7가지 질문》(서울: 로도스, 2013).
- 정여울,《공부할 권리》(서울: 민음사, 2016).
- 정진홍,《완벽에의 충동》(파주: 21세기북스, 2006).
- 정채봉,《날고 있는 새는 걱정할 틈이 없다》(서울: 샘터, 2004).
- 정희진,《정희진처럼 읽기》(서울: 교양인, 2014).
- 정희진,《페미니즘의 도전(개정판)》(서울: 교양인, 2013).
- 조광제,《몸의 세계, 세계의 몸》(서울: 이학사, 2004).
- 조엘 오스틴,《긍정의 힘》, 정성묵 옮김(서울: 두란노, 2005).
- 주철환,《청춘》(서울: 춘명, 2010).
- 진중권,《진중권의 미학 오디세이 2(20주년 기념판)》(서울: 휴머니스트, 2014).
- 진중권,《진중권의 미학 오디세이 작가노트》(서울: 휴머니스트, 2004).
- 질 들뢰즈,《차이와 반복》, 김상환 옮김(서울: 민음사, 2004).
- 질 들뢰즈,《프루스트와 기호들》, 서동욱, 이충민 옮김(서울: 민음사, 2004).
- 질 들뢰즈, 펠릭스 가타리,《천 개의 고원》, 김재인 옮김(서울: 새물결, 2001).
- 짐 콜린스,《좋은 기업을 넘어 위대한 기업으로》, 이무열 옮김(파주: 김영사, 2005).
- 켄 로빈슨, 루 애로니카,《엘리먼트》, 승영조 옮김(서울: 승산, 2010).
- 크리스토퍼 차브리스, 대니얼 사이먼스,《보이지 않는 고릴라》, 김명철 옮김(파주: 김영사, 2011).
- 클라우스 슈밥,《클라우스 슈밥의 제4차 산업혁명》, 송경진 옮김(서울: 새로운현재, 2016).
- 클로드 레비스트로스,《야생의 사고》, 안정남 옮김(파주: 한길사, 1996).

- 틱낫한, 《화(개정판)》, 최수민 옮김(서울: 명진출판사, 2013).
- 파블로 네루다, 《질문의 책》, 정현종 옮김(파주: 문학동네, 2013).
- 프랑수아즈 사강, 《브람스를 좋아하세요》, 김남주 옮김(서울: 민음사, 2008).
- 프리드리히 니체, 《선악의 저편·도덕의 계보》, 김정현 옮김(서울: 책세상, 2002).
- 프리드리히 니체, 《즐거운 학문, 메시나에서의 전원시, 유고》, 안성찬 옮김(서울: 책세상, 2005).
- 프리드리히 니체, 《차라투스트라는 이렇게 말했다》, 정동호 옮김(서울: 책세상, 2000).
- 피에르 부르디외, 《구별짓기(상)》, 최종철 옮김(서울: 새물결, 2005).
- 피에르 부르디외, 《구별짓기(하)》, 최종철 옮김(서울: 새물결, 2005).
- 하워드 가드너, 《다중지능》, 문용린, 유경재 옮김(파주: 웅진지식하우스, 2007).
- 한상범, 《고시를 향한 집념》(서울: 법지사, 1990).
- 헤더 리치, 로버트 그레이엄, 《창의적인 글쓰기의 모든 것》, 윤재원 옮김(서울: 베이직북스, 2009).
- 홍세화, 《생각의 좌표》(서울: 한겨레출판, 2009).
- SERI CEO 콘텐츠팀, 《삼매경三魅境》(서울: 삼성경제연구소, 2011).
- Brian W. Arthur, *Increasing returns and path dependence in the economy*(Ann Arbor, Michigan: University of Michigan Press, 1994).
- Jacob von Uexküll, *A foray into the worlds of animals and humans: with a theory of meaning(Posthumanities)* (Minneapolis, MN: Univ Of Minnesota Press, 2010).
- Paul A. David, "*Path dependence, its critics and the quest for 'historical economics'*", *Evolution and path dependence in economic ideas: Past and present*(Cheltenham, England: Edward Elgar Publishing, 2001).
- Sara H. Konrath, Edward H. O'Brien, and Courtney Hsing, "Changes in dispositional empathy in American college students over time: A meta-analysis", *Personality and Social Psychology Review*, 15(2) (SAGE Publications, 2011).
- W. Samuelson, Richard J. Zeckhauser, "Status quo bias in decision making", *Journal of Risk and Uncertainty*, 1(Springer US, 1988).

공부는
망치다

초판 1쇄 발행 2016년 09월 28일
초판 5쇄 발행 2023년 11월 03일

지은이 | 유영만
펴낸이 | 한순 이희섭
펴낸곳 | (주)도서출판 나무생각
편집 | 양미애 백모란
디자인 | 박민선
마케팅 | 이재석
출판등록 | 1999년 8월 19일 제1999-000112호
주소 | 서울특별시 마포구 월드컵로 70-4(서교동) 1F
전화 | 02)334-3339, 3308, 3361
팩스 | 02)334-3318
이메일 | book@namubook.co.kr
홈페이지 | www.namubook.co.kr
블로그 | blog.naver.com/tree3339

ISBN 979-11-86688-61-8 03100

값은 뒤표지에 있습니다.
잘못된 책은 바꿔 드립니다.